**Pensando
Libertad**

IANDU SAC -
Primera Edición, Lima, 2023

Kindle Direct Publishing – Amazon.
ISBN: 9798857523865
Primera Edición, Castellano. 2023

Primera Edición Digital.   2023

Pensando Libertad

Reflexiones, peligros y ausencias

Berit Knudsen

*"Nadie está obligado a hacer lo que la ley no manda,
ni impedido de hacer lo que ella no prohíbe"*

Constitución Política del Perú

Indice

Prólogo

En un contexto de constantes cambios, donde las estructuras tradicionales parecen desvanecerse, surge la búsqueda de soluciones para resolver la profunda polarización en América Latina. Las preocupaciones y ansiedades generadas por la crisis en un país al borde del abismo despiertan la necesidad de encontrar el camino para recuperar la estabilidad y defender la libertad.

Los cambios abruptos, erosión de las instituciones, ignorancia y resentimiento marcaron la dinámica de la inestabilidad convertida en norma. Mientras que en el pasado se buscaba solidez y estructura en la sociedad, en la actualidad nos enfrentamos a una "modernidad líquida", caracterizada por su fluidez y su capacidad para socavar instituciones antes sólidas y duraderas. En este nuevo escenario, lo que conocemos se transforma, convirtiendo el odio y el resentimiento en elementos volátiles que atraviesan barreras, infiltrándose en todos los ámbitos. El caos se convierte en respuesta al orden establecido, donde la historia y las tradiciones son reinterpretadas, cediendo terreno a nuevos actores con nuevas normas.

Para aquellos que han experimentado regímenes dictatoriales o han sido víctimas del terrorismo, la libertad es un valor no negociable. Esta dinámica no es ajena a nuestra región; grupos en conflicto compiten por ejercer influencia, luchando por imponer sus agendas y visiones. Pero más allá de las diferencias políticas, la libertad es un valor esencial de la humanidad en sí misma. Por ello, la reciente coyuntura política, como consecuencia de las elecciones de 2021 en el Perú, consolidó una realidad que representó una de nuestras peores pesadillas ya que la libertad estuvo en juego. Muchos peruanos reaccionaron con indignación, resistiéndose a revivir traumas del pasado.

La amenaza de un gobierno que generó temor y represión provocó la sensación de estar "atrapados en una prisión cuyos límites eran nuestras propias fronteras". Este contexto turbulento se convirtió en un campo de batalla entre lo establecido y lo cambian-te, entre la desolación y un futuro incierto. Esta realidad nos expuso a otra dura verdad: muchos jóvenes que crecieron en épocas de relativa calma desconocían los episodios más oscuros de nuestra historia por falta de relatos. La escasa conciencia cívica se hizo evidente, debiendo ser también abordada. Así, surge la necesidad de dialogar con las nuevas generaciones, despertar la conciencia, explorar nuestra historia y desafiar verdades distorsionadas. Todo esto en medio de marchas y protestas clamando por un cambio que favorezca a los más vulnerables.

En este entorno, este libro se inicia con una carta que busca representar los reclamos ciudadanos en medio de una atmosfera de angustia. Marca el inicio de un proceso de reflexión para explorar las raíces de los inminentes peligros y la ausencia de valores, en medio de una polarización convertida en constante social. A pesar de los discursos de odio que contaminaron a nuestra sociedad, muchos se levantaron para enfrentarlos. Este compendio de artículos y publicaciones reúne reflexiones, pensamientos, análisis y una búsqueda incansable para recuperar la tranquilidad perdida, defendiendo a esa libertad en peligro.

Primera Parte

La campaña electoral, un fracaso anunciado

Para el Perú, una nación marcada por la inestabilidad política, el año 2021 representó un punto de quiebre en su historia, cambiando además el panorama político de América Latina. Desde el inicio de la campaña electoral en enero, durante la segunda vuelta en junio y hasta el final de las elecciones, el país se vio inmerso en un proceso electoral que reflejó la compleja intersección entre factores sociales y económicos, pero fue la población la que se pronunció con un voto de protesta contra el sistema.

Las elecciones generales de 2021, convocadas por el presidente Martín Vizcarra en medio de una coyuntura de crisis y descontento, buscaba elegir al presidente de la República, vicepresidentes y representantes ante el Congreso y Parlamento Andino. Sin embargo, el contexto en el que se desarrollaron estas elecciones fue todo menos sencillo. La nación padecía inestabilidad política desde finales de 2016, sumando 4 o tal vez 5 presidentes en 5 años, situación agravada por la crisis económica y sanitaria generada por la pandemia de COVID-19 y un aumento de la pobreza que pasó del 20 al 30%, arrastrando a más de tres millones de peruanos.

La campaña electoral estuvo marcada por la apatía y ausencia de entusiasmo entre los ciudadanos, sin una figura presidencial que captara el apoyo masivo. Las encuestas mostraban bajos niveles de simpatía hacia los candidatos, y los votos en blanco y viciados superaban al candidato con mayor preferencia. Los sondeos comenzaron a reflejar un sorprendente ascenso de Pedro Castillo, sindicalista que emergió como líder en las encuestas en un corto período.

Castillo, candidato del partido izquierdista Perú Libre, destacó por el apoyo en las áreas rurales, históricamente marginadas y empobrecidas, lo que le permitió ganar en la primera vuelta el 11 de abril, con una corta ventaja. A pesar de ello, sus votos no superaron a los votos en blanco, viciados y solo el 70% del electorado acudió a las urnas. Keiko Fujimori, líder del partido de derecha Fuerza Popular, logró posicionarse como la segunda candidata más votada y avanzó a la segunda vuelta.

Mientras Pedro Castillo nos sorprendió en la primera vuelta, para la segunda era ya conocida su trayectoria como dirigente sindical y sus antecedentes vinculados con los grupos de fachada del movimiento terrorista Sendero Luminoso en el ámbito de educación. El partido político al que fue invitado para representar, se declaraba marxista leninista y su secretario general estaba directamente vinculado con la dictadura cubana.

La segunda vuelta, realizada el 15 de junio, enfrentó a Castillo y Fujimori en una atmósfera de polarización política, intensificada con el apoyo dividido de grupos conservadores a Fujimori, y el entusiasmo político de los seguidores de Castillo, provenientes de la izquierda y del interior del país. Este ambiente se vio acentuado por las acusaciones a los seguidores de Castillo como "terrucos", término vinculado a Sendero Luminoso, y por la retórica anti fujimorista de los partidarios de Castillo.

A medida que las proyecciones revelaban los resultados finales, un empate técnico mantenía a los candidatos Pedro Castillo y Keiko Fujimori en una disputa que tuvo a la nación en vilo. En un inicio, las proyecciones daban a Fujimori una pequeña ventaja, pero el proceso de conteo de votos presentó una reducida diferencia, y las actas de las áreas rurales inclinaron la balanza a favor de Castillo.

En este contexto, afirmaciones sobre la influencia comunista internacional, manipulación de actas y "fraude electoral" resonaron en la arena política y mediática. El Jurado Nacional de Elecciones rechazó las impugnaciones presentadas por Fuerza Popular y ante la negativa de sus demandas, Keiko Fujimori finalmente reconoció su derrota el 19 de julio. Ese mismo día, el Jurado Nacional de Elecciones proclamó oficialmente a Pedro Castillo como presidente electo, pero el Jurado recibía a su vez denuncias por las cuantiosas irregularidades, incluidas violaciones a la Constitución. La toma de posesión tuvo lugar el 28 de julio de 2021, fecha simbólica para el Perú al coincidir con el bicentenario de su independencia.

Pedro Castillo se convirtió en el presidente elegido con uno de los márgenes porcentuales más ajustados en la historia del país, solo superado por el caso de Pedro Pablo Kuczynski en 2016. Con su asunción al cargo, el Perú iniciaba una nueva etapa bajo el liderazgo de un representante de la izquierda, en medio de un contexto político y social cargado de tensiones y expectativas. La elección de Castillo y los acontecimientos que la rodearon fueron más que un cambio, simbolizaron una transformación en el panorama de Perú y una señal de las corrientes cambiantes en el escenario político latinoamericano.

Este proceso electoral no solo definía el futuro de Perú, sino que arrojó luces sobre las dinámicas políticas de América Latina en un contexto de cambios y desafíos. La disyuntiva entre visiones políticas opuestas, reflejaron la complejidad y diversidad de un continente que no encuentra su rumbo en medio de tensiones.

100 interminables días

Los primeros 100 días de Pedro Castillo en la presidencia de Perú fue un período de turbulencia y controversia que dejó al país sumido en una profunda incertidumbre política, económica y social. Lo que comenzó como un giro político con la elección de un maestro rural sin experiencia, se convirtió en un mandato marcado por la inestabilidad, acusaciones de corrupción y tensiones internas.

Desde el inicio del régimen Pedro Castillo enfrentó desafíos, pero sobre todo dudas y críticas. El estilo de su mandato, caracterizado por decisiones erráticas y falta de visión del país, dejó a los peruanos más que preocupados sobre la ausencia de capacidad para liderar una nación en crisis. A ello se sumaban los constantes discursos para "acentuar las contradicciones", enfrentando a ricos contra pobres, campesinos contra empresarios, provincianos contra limeños, creando un ambiente de polarización insostenible.

Uno de los aspectos más preocupantes de los primeros 100 días fue la constante reestructuración del Gabinete ministerial. y las luchas internas en su partido, Perú Libre. Al final de los 16 meses de su régimen llegó a sumar 5 gabinetes y 78 ministros. Si bien es natural que un nuevo líder forme su equipo de confianza, la forma en que Castillo manejó esta situación generó inestabilidad, con demostrada incapacidad para tomar decisiones coherentes y estratégicas.

Además, las acusaciones de corrupción que no dejaron de surgir en su contra empañaron seriamente su mandato. Estas dudas fueron confirmadas meses más tarde con más de 40 acusaciones por corrupción y un intento de golpe de estado, con lo que la credibilidad de Castillo como defensor del pueblo resultó ser solo un discurso populista. Las acusaciones minaron su legitimidad, pero socavaron además la confianza ciudadana en el sistema político en su conjunto.

En el ámbito económico, las medidas adoptadas por el régimen fueron inconsistentes, generando incertidumbre entre los inversores. La falta de claridad en las políticas económicas y la indecisión en la inversión privada tuvieron un impacto negativo en la confianza de los mercados y en la estabilidad financiera del país. La inflación en aumento y la falta de un plan concreto para reactivar la economía generó entre los peruanos serias preocupaciones por el futuro. El balance final fue un lamentable incremento en los niveles de pobreza en el país.

En el contexto de la pandemia de COVID-19, la respuesta del gobierno fue criticada por falta de planificación y coordinación. Aunque la vacunación avanzó en cierta medida, la reapertura de las escuelas fue desigual y la atención a la salud pública insuficiente. Los ciudadanos quedaron expuestos a los efectos continuos de la pandemia sin una dirección clara del gobierno. Hoy se estudia con mucha preocupación los resultados de una "generación perdida", por las consecuencias de los tres gobiernos consecutivos que tuvieron a su cargo la educación durante la pandemia.

Esos primeros 100 días de Pedro Castillo en el poder fueron tan sólo la antesala de lo que padecería el país. Periodo marcado por la inestabilidad política, acusaciones de corrupción y una falta de claridad en su liderazgo que sólo fue en aumento. Su mandato generó más preguntas que respuestas, y la confianza en su capacidad para guiar al país estuvo siempre en entredicho. Mientras el Perú seguía enfrentando desafíos en medio de una crisis política y económica, quedó claro, pocos meses más tarde, que Castillo era no solo incapaz de lograr superar las dificultades y cumplir con las expectativas de su cargo, sino que estuvo rodeado desde el primer día de su mandato por personajes de siniestra procedencia. En este escenario, las deficiencias se fueron agravando, el país marchó a la deriva, la corrupción siguió en aumento y las consecuencias no se hicieron esperar, de presidente pasó a convertirse en presidiario.

Cabe adelantar que en el Perú primó la institucionalidad y que tan pronto se produce el golpe de estado el 17 de diciembre de 2022, los representantes de los principales organismos del Estado actuaron con claridad, eficiencia y celeridad.

15 diciembre de 2021

Señor Pedro Castillo Terrones

Luego de más de cuatro meses de desgobierno, es evidente que no es profesor, ya que lo único que nos ha enseñado es que no sabe hacer nada productivo. Tampoco es rondero, ya que los miembros de ese gremio lo niegan. Dice tener estudios superiores y una maestría en psicología cuyos títulos sería interesante constatar, ya que resultan dudosos sus conocimientos y su nivel intelectual es evidente.

Ya sabíamos que su preparación sobre temas económicos era inexistente, pero tampoco ha mostrado tener mínimas nociones de administración o alguna otra materia que aporte en algo a la gobernanza de nuestro país, por el que no muestra piedad alguna.

Lo pondré en forma sencilla. Si fuéramos sólo 100 peruanos y 30 se encuentran en estado de pobreza (por causa de su antecesor que fue destituido). Tendría que ver la forma de ayudar a esos 30 peruanos. ¿verdad? ¿Cómo los ayudamos?

Imagine que el Perú tenía 100 soles para gastar cada año. Pero el anterior gobierno con sus malos manejos redujo los ingresos de 100 a 85 soles. Esos 85 soles no alcanzan para cada peruano y justamente por eso hay 30 peruanos pobres. ¿Qué tenemos que hacer?

¿Viajar en helicóptero a su pueblo? No. ¿Organizar el cumpleaños de su hija en Palacio? No. ¿Ofrecer nuestros recursos a países vecinos? No. ¿Cortar el jamón y repartirlo entre sus amigos y parientes? Tampoco.

El país no es un sindicato y los sindicalistas no saben producir. Tal vez por eso no entiende que los 100 peruanos que hoy tienen 85 soles anuales se quedaron endeudados porque no les alcanzó. Muchos cerraron sus negocios y tuvieron que despedir al personal porque sus clientes no tenían dinero para comprar. Así que necesitan recuperar los 100 soles anuales y 15 soles más para pagar sus deudas.

Para solucionar los problemas que no termina de entender, tiene que comenzar por contratar a personas capaces y no a incompetentes corruptos. Buenos ministros, sin antecedentes penales, con conocimientos y experiencia sobre cada uno de los temas de sus carteras.

Si de los 85 soles que recibe el Perú, 35 soles provienen de la minería formal y resulta que los minerales están subiendo de precio, tal vez podríamos conseguir unos 5 soles extras para ayudar al presupuesto. Pero sus ministros no solo no apoyan al sector minero, sino que por el contrario están llevando a ese sector una situación de crisis extrema y conflicto social tal, que las mineras están cerrando.

Siguiendo con el ejemplo, esta situación nos ha hecho perder unos 15 soles –por lo menos– y 5 soles adicionales por la paralización minera, así que ahora el ingreso será de 60 soles, cada vez habrá más desempleados y los pobres serán más de 30.

Esto está pasando con todos sus ministerios. Los ministros buscan su propio beneficio, el de su partido, el de sus amistades y están llevando a la ruina al país. No pida consejos a todos esos colegas presidentes y expresidentes latinoamericanos cuyas economías están en crisis. El Perú tiene profesionales competentes, pero lamentablemente no están en el círculo que Ud. frecuenta.

Hoy anunciaron que los que pagan más de cien soles de luz tendrán que pagar más para que los que pagan menos disminuyan sus recibos. Pero lo mismo dijo con el gas y, al igual que la luz, sigue subiendo de precio. ¿Por qué? Porque ninguna de las medidas ofrece soluciona el problema real. Los que hoy pagan 100 soles tienen también sus presupuestos ajustados y para ahorrar, tal vez tengan que despedir a alguien o dejar de consumir y eso hará que los ingresos bajen. Eso no es reactivación.

Necesitamos profesionales competentes –no corruptos–, que vean la forma de reactivar la economía del país. No necesitamos discursos en las plazas con promesas que no se cumplen. Necesitamos acciones, obras, confianza… También necesitamos que nos rinda cuentas de sus desatinadas decisiones. El Perú no es su chacra, el dinero que gasta lo pagamos los peruanos con nuestros impuestos, ese dinero es nuestro.

Entiendo que quieran vacarlo ya que se ha rodeado de gente corrupta e incompetente que está llevando el país a la deriva. Yo personalmente estoy en contra de la vacancia, porque el país no tiene un sucesor, el sistema electoral es tan corrupto como muchos de los que lo acompañan y porque países como Bolivia, Venezuela, México y Cuba dirán que es un golpe de estado, Ud. se victimizará y habrá más inestabilidad.

Acá hay dos alternativas: buscar profesionales competentes en lugar de vender favores por miedo a ser vacado o reconocer ante los peruanos que no cuenta con las capacidades necesarias para solucionar los problemas del país y salir con dignidad renunciando a este cargo que le ha quedado demasiado grande. No encuentro otra salida.

Sinceramente,

Berit Knudsen

¿Incompetencia inconsciente o deliberada?

El Montonero, 9 de febrero de 2022

La prensa internacional ha puesto en evidencia la incapacidad, ceguera, cinismo, impunidad y prepotencia del desgobierno de turno, matizada por la constante y patética victimización, en un país donde los verdaderos damnificados son 33 millones de peruanos, 10 millones de los cuales se encuentran en situación de pobreza. Pero esa misma prensa internacional hoy cuestiona la capacidad de la oposición, una clase política que en el Perú *"... no da muchas garantías..."* según afirma el analista político Diego Salazar, columnista de *The Washington Post*.

Haciendo un poco de historia encontramos que ya en abril de 2021 muchos peruanos manifestaron una escasa conciencia cívica. De una masa electoral de más de 25 millones, solo 14 millones de peruanos emitieron votos válidos. Así, Perú Libre pudo encabezar la segunda vuelta con tan sólo 2.8 millones de votos, equivalente al 10.77% de los electores hábiles.

La segunda vuelta no fue mucho mejor. Más de siete millones de peruanos se quedaron en casa o viciaron su voto, lo que permitió a Perú Libre instaurar el actual desgobierno que sufrimos con los votos del 36% de la masa electoral, y no el 50.1% que publicaron las autoridades electorales. Pedro Castillo, quien se autoproclama la voz del "pueblo", lo único que ha ganado en seis meses es la desaprobación del 64% de la población (Fuente: Datum y CPI), perdiendo el apoyo de 21 millones de peruanos decepcionados ante su breve, convulsionada, turbia y corrupta gestión.

El desgobierno de turno y los partidos políticos que lo respaldan, están demasiado concentrados en sus propias agendas como para ver o escuchar los reclamos de la población. Copar el poder, perpetuarse en el Gobierno y limitar las libertades individuales, emulando los fracasados modelos político-económicos de las tiranías amigas (Cuba, Venezuela, Bolivia, Nicaragua, México…) parecen ser las consignas que los tienen deslumbrados. Y no solo es poder lo que los embriaga, porque ahí están el 1.4 millones de empleos del sector público para la repartija, con sueldos promedio de US$3,000 mensuales con los que siguen comprando favores y lealtades de incompetentes, corruptos y prontuariados que sólo buscan su propia conveniencia.

Pedro Castillo, que admite no estar preparado para gobernar, aturdido por el poder y seducido por un gabinete paralelo de paisanos, maneja el presupuesto de la república con licencia para despilfarrar los más de US$ 50,000 millones, producto de los impuestos generados por el 28% de peruanos que trabajan honradamente y que es justamente la población a la que estos nuevos ricos del gobierno quieren destruir.

Este señor, que reconoce ser incompetente para su cargo y que parece sufrir de ataques de ansiedad, recurre a sus *"colegas"* socialistas corruptos quienes lo aconsejan e incluso envían a sus expertos para continuar con la agenda y las transgresiones. Hay que ser muy cándido o limitado intelectual para imaginar que sus *"colegas"* sólo quieren ayudarlo. No sólo buscan irrumpir en nuestro territorio, buscan convertir a nuestro país en un narcoestado, y otros necesitan alimentar sus alicaídas economías con los ingresos y riquezas de un país que hasta hace poco fue ejemplo en Latinoamérica. Pero las consecuencias no son cifras, son personas, seres humanos: 10 millones de peruanos en situación de pobreza, dos millones en estado de pobreza extrema, nueve millones que no encuentran empleo y tienen que afrontar el incremento de precio de productos básicos como el pollo, verduras, combustibles, entre muchos otros.

La realidad palpable es que la crisis y los conflictos sociales se incrementan, nada se resuelve y ninguno de sus allegados está dispuesto a abrirle los ojos y recomendarle que renuncie. Más lamentable aún es ver que entre los 130 padres de la patria elegidos por voto popular, llamados a proteger a la nación y a cada uno de los peruanos, no podemos encontrar a 87 representantes con la sensibilidad para entender una situación que se agrava a pasos agigantados en pocos meses. Qué triste saber que muchos solo piensan en abrazarse a sus curules para no perder los jugosos ingresos garantizados por cinco años.

Todo demuestra un hecho: la clase política está en crisis. Una crisis que no comenzó ahora, que lleva décadas. Una crisis en la que el mejor argumento es criticar a los otros y hacerse de la vista gorda, mientras la corrupción sigue avanzando y multiplicándose. Una crisis que muestra la ausencia de una clase política competente, que ha sido suplantada por *outsiders,* muchos con egoístas intenciones e incapaces de formar coaliciones en favor del país.

Lo lamento por el Perú que amo, pero duele más por ese grito de auxilio de muchos peruanos que los políticos incompetentes no entienden o no quieren escuchar. Solo queda esperar a que tomen forma los movimientos que van surgiendo desde las bases de la población civil. Ciudadanos y jóvenes que comienzan a entender que solo unidos y tomando partido podremos contener la corrupción.

Qué pasa… a la luz y la Sombra

El Montonero, 16 de febrero de 2022

Crisis de valores, ausencia de una agenda clara, carencia de mensajes con principios que inspiren la construcción de una ideología que haga posible una democracia participativa y una ciudadanía unida y comprometida. Esos son algunos de los problemas que no permiten que el Estado tenga un rol facilitador que propicie el desarrollo y mejore las condiciones de vida para la población más necesitada.

En la arena política el Ejecutivo se enfrenta al Legislativo, haciendo evidentes las fisuras del Poder Judicial. Los partidos de las izquierdas y las derechas forman alianzas, cada grupo por separado, sin reflejar el sentir y las demandas de la población que votó a favor de una esperanza. Los empresarios se concentran en su propia recuperación para compensar los desbalances producidos por la pandemia y la crisis; pero las grandes perdedoras son las micro y pequeñas empresas. Esto es parte de un escenario donde los peruanos estamos enfrentados y el gobierno de turno se esfuerza por acentuar la lucha de clases.

En medio de este antagonismo, las redes sociales y los medios de comunicación nos inundan con información que refuerza esta misma lucha de clases, en la que nada termina de resolverse, intensificando la confusión con ruido mediático que nos inunda para sumergirnos en un mar de mensajes desarticulados. La sociedad civil manifiesta su desaprobación ante el desgobierno, con escasos mecanismos, elementales herramientas y ensayando acciones que distan de lograr una verdadera estrategia contra el desgobierno. La resistencia de esa derecha, muchas veces fragmentada, ha logrado algunos triunfos, como contribuir a la postergación de la Asamblea Constituyente, piedra angular de la agenda del Partido de Gobierno.

La historia muestra hechos reales que, en medio de la confusión, no terminamos de asimilar. Entender que Cuba representa la dictadura más antigua de América es un buen punto de partida para analizar el contexto. En 1970 apoyaron a la dictadura de Nicaragua; en 1999, luego de un proceso de adiestramiento, llevaron a Hugo Chávez al gobierno de Venezuela. Y no es casualidad que Cuba haya elegido en 2012 a Nicolás Maduro, hombre con limitadas capacidades intelectuales, como sucesor en la presidencia de este país.

Esta misma fórmula ya había sido ensayada en la Bolivia del 2006 que llevó a Evo Morales a la presidencia. Este sindicalista boliviano de escasas habilidades para el gobierno resultó de suma utilidad para la maquinaria cubana. Por ello, no debe llamar nuestra atención que Perú Libre eligiera a Pedro Castillo, otro sindicalista que reconoce "no saber gobernar" y aun así llega a la presidencia.

El pilar del neomarxismo es la superestructura, con procesos de adoctrinamiento en los que es fundamental copar todos los niveles educativos. Por ello el maoísmo (Movadef – CONARE – Fenatep) trabajó en su proyecto para controlar a los grupos sindicales del sector educativo y difundir su ideología. Es a la cabeza del CONARE que se ponen a prueba las capacidades de Pedro Castillo como sindicalista durante la huelga magisterial acatada por 238,536 miembros del magisterio de junio a septiembre de 2017, huelga que perjudicó a 1.5 millones de estudiantes de Educación Pública a nivel nacional. Es así como la extrema izquierda radical avanza en su propósito para conseguir el poder.

No es casualidad tampoco que el gobierno cubano invitara a Vladimir Cerrón para estudiar Medicina luego de la dramática muerte de su padre en 1990. Jaime Cerrón Palomino, se desempeñaba como Vicerrector de la Universidad Nacional del Centro y los testimonios de la Comisión de la Verdad (CVR) no dejan claras sus inclinaciones políticas o las razones de su muerte.

Lo que es un hecho es que esta universidad había sido tomada por Sendero Luminoso y el Movimiento Revolucionario Túpac Amaru (MRTA), quienes competían por el control y que en medio de ese conflicto asesinaron a alumnos, profesores y trabajadores de dicho centro de estudios. Con estos antecedentes resultaba muy conveniente para Cuba convocar a Vladimir Cerrón, joven especialmente vulnerable, una víctima atrapada por la rabia y tristeza.

Para la dictadura cubana, la medicina representa uno de sus más importantes pilares. Informes sobre el Sistema de Salud Cubano detallan que *"de 1959 a 2020 Cuba realizó más de 600 000 misiones en 158 países, con la participación de 326 000 profesionales de la salud"*. Sobre estas misiones, en marzo de 2019, *The New York Times* denuncia que Nicolás Maduro usó a médicos cubanos y a los servicios de salud para presionar a los votantes. Una revelación sustentada con el testimonio de 16 médicos que fueron forzados a manipular a la población y que finalmente desertan al cuerpo médico de Cuba. Ello delata el accionar de la isla, confirmando que no son hechos aislados.

Poca importancia se dio en el Perú a la llegada de un contingente de médicos cubanos en junio de 2020, para colaborar con la lucha contra la pandemia de la Covid-19. Un total de 85 médicos, enfermeras y otros profesionales de la salud arribaron en un avión de la Fuerza Aérea de Perú (FAP). En julio del mismo año, el Colegio Médico del Perú denunció que dichos médicos fueron enviados a lugares de menor necesidad (Moquegua, Arequipa, Ayacucho y Áncash), sin justificar el motivo por el cual fueron traídos al país. Hasta la fecha no se conoce el paradero exacto de estos médicos y tampoco se ha hecho mucho al respecto.

Las alarmas suenan y simplemente son apagadas. La mecánica que aplica Cuba para intervenir las democracias en América es siempre la misma. Es un guion cuya eficacia ha sido demostrada. Algunos autores afirman que a Napoleón le llegó su Waterloo por confiar demasiado en su hegemonía, aplicando una y otra vez la misma estrategia que, al ser entendida por sus adversarios, lo llevó a la derrota.

"No, muchachitos tontos"

El Montonero, 23 de febrero de 2022

Una pequeña isla originalmente habitada por tribus caribes, convertida en colonia española durante el primer viaje de Colón en 1492, fue el último país de América en independizarse, lo que solo fue posible con la intervención de los Estados Unidos, quienes instauraron un gobierno militar en 1899, que fue derrocado por el movimiento revolucionario de Fidel Castro en 1959. Una nación que no puede comprender lo que es la democracia. Así se resume la historia de ese territorio que se autodenomina República Socialista Unipartidaria, un país dominado por un régimen autoritario con grandes pretensiones y cuyo proyecto contempla la dominación y control de Latinoamérica. Ya estamos alertados, y según parece no se toman las debidas acciones para protegernos.

Uno de los pilares del gobierno cubano es la Dirección de Inteligencia (DI), institución que dirige el aparato de penetración, influencia y subversión de Cuba en todo el mundo. Los servicios de espionaje y contraespionaje actúan mediante una red de operadores, originalmente entrenados por la KGB de la Unión Soviética, que actúan de forma clandestina, llegando a ocupar cargos en importantes organizaciones internacionales. Enrique García Díaz, alto oficial de inteligencia cubana que desertó en el año 1989, afirma que durante el Gobierno Revolucionario de las

Fuerzas Armadas del General Juan Velasco (1968-1980) y hasta 1989 por lo menos, los principales centros de Inteligencia de Latinoamérica, con el mayor número de operadores eran México y Perú por su importancia estratégica. Antes de ese gobierno comunista, en 1963, Cuba había enviado al Perú uno de los primeros contingentes de lo que se denominó Ejército de Liberación Nacional (ELN), con Javier Heraud y Héctor Béjar, entre otros integrantes.

Cuba no ha renunciado en su propósito de copar los gobiernos latinoamericanos, avanzando para instaurar sus Asambleas de Poder Popular en todos nuestros países. Los hechos son evidentes. El nombramiento de Carlos Rafael Zamora Rodríguez como embajador de Cuba en Perú en diciembre de 2021 es una importante maniobra, ya que el Gallo Zamora es uno de los más experimentados miembros de la DI, pero una vez más acallamos las alarmas. En el mismo mes, el diario *Perú 21* entrevistó a Enrique García Díaz, alto ex oficial de inteligencia cubana quien afirmó que: "Todos sabemos que Cerrón es un hombre de Cuba. Los nombramientos que realizó en su primer momento en el Gobierno eran personas muy cercanas a la dictadura cubana. Si el presidente Castillo decide mantener la intención de radicalizar Perú, tiene en Rafael Zamora y su esposa Maura Isabel Juanperez, también oficial operativa de la Inteligencia, los mejores asesores enviados por la dictadura cubana."

Más claro, imposible. Pero el Legislativo está demasiado concentrado en apagar los incontables incendios producto de los distractores y no entienden que lo importante es la agenda y no el nombramiento de cada uno de los incompetentes personajes que forman parte de los cuatro gabinetes de los seis meses de su desgobierno.

La trayectoria de Carlos Rafael Zamora habla por sí misma. En 1974, fue designado oficial de análisis en el centro de la Inteligencia cubana en Nueva York. En 1984, fue embajador de Cuba en Ecuador, llegando acompañado por su esposa, también oficial operativa de la Inteligencia. En 1989, a raíz de la deserción en Ecuador de Enrique García Díaz, alias "Walter," alto oficial operativo de la Inteligencia cubana, Zamora y su esposa tuvieron que salir del Ecuador al quedar comprometida la base clandestina que buscaba desestabilizar y controlar la democracia ecuatoriana, financiando ilegalmente las campañas políticas presidenciales de ese año. En 1998, recibe el encargo como embajador de Cuba en Panamá permaneciendo hasta 2004, año en el que se produjo la ruptura de relaciones diplomáticas entre ambos países. Cabe recordar que en 1999 se venció el plazo en el que Estados Unidos debía abandonar las operaciones en el Canal de Panamá. De 2009 a 2013, fue embajador de Cuba en Brasil al final del gobierno de Lula da Silva y posterior destitución de Dilma Roussef. De 2017 a 2018 se establece en El Salvador, durante la presidencia de Salvador Sánchez Cerén, dirigente del partido de extrema izquierda Frente Farabundo Martí para la Liberación Nacional. En marzo de 2019 el coronel Zamora presentó sus credenciales como embajador de Cuba en Bolivia, acompañando a Evo Morales durante el fraude electoral de finales del mismo año y que obliga al candidato a asilarse en México, otro país simpatizante del régimen. ¿Qué nos hace pensar que la presencia del Gallo Zamora tiene un propósito político distinto al evidente intervencionismo cubano en el Perú?

Los terroristas siguen denominándose a sí mismos revolucionarios, como forma de justificar los actos subversivos que se iniciaron con el adiestramiento de peruanos en Cuba. La realidad es que los peruanos sentimos miedo en su expresión máxima, durante toda esa época y ahora resulta que los abusos durante el periodo 1980-2000, y la violencia que sufrimos por causa de la lucha política que perseguía la destrucción del orden establecido fue un "conflicto interno". Es importante entender que las cosas deben ser llamadas por su nombre: la población vivió dos décadas aterrorizada y eso es "terrorismo".

Hoy vivimos una constante inestabilidad política en la que la población está desconcertada y alarmada. Por ello es importante denunciar y erradicar toda iniciativa intervencionista como la presencia de Evo Morales y su proyecto para "integrar" a las américas. Todos estos hechos son parte del plan diseñado por estos grupos de poder para derrocar las democracias latinoamericanas.

Avalancha de Denuncias y Renuncias

Diario La Razón, 13 de febrero de 2022

El desgobierno de los 4 gabinetes en 6 meses enfrenta una oleada de acusaciones cada vez más frecuentes, agravada en los últimos 20 días. Altos funcionarios abandonan sus cargos o son retirados en medio de crecientes irregularidades. Los hechos hablan por sí solos, el desgobierno se sale de control y la población sufre las consecuencias.

23.01.22 Subcomandante general de la PNP Javier Bueno pide pase al retiro (15.11.2021). En enero acusa al comandante general Javier Gallardo quien habría beneficiado a allegados del presidente Castillo. El exsecretario de Palacio, Bruno Pacheco manejaba los ascensos y cobraría 20 mil dólares por cada uno.

28.01.22 Ministro del Interior, Avelino Guillén, renuncia por falta de respaldo de Pedro Castillo al recomendar la destitución del comandante general de la Policía Nacional (PNP), quien propuso pasar al retiro a seis generales que consideraba eficientes. Gallardo se niega a acatar las demandas.

31.01.22 Presidenta del Consejo de Ministros, Mirtha Vásquez, renuncia por el nulo apoyo del presidente Castillo al exministro del Interior, Avelino Guillén, para sacar del cargo de Comandante General de la Policía Nacional, José Gallardo.

01.02.22 Secretario de la Presidencia de la República, Carlos Jaico, renuncia por "ausencia de sistema organizado de trabajo, falta de rigurosidad en el cumplimiento de los reglamentos y procedimientos". Se refiere al entorno de asesores del presidente Castillo como "gabinete en la sombra".

02.02.22   Procurador General del Estado, Daniel Soria, es destituido por el presidente Castillo y el ministro de justicia Aníbal Torres, encendiendo alarmas. El Procurador Soria denunció (17.12.2021) ante la Fiscalía al presidente Castillo por la presunta comisión de delitos de patrocinio ilegal y tráfico de influencias en el caso Puente Tarata III.

02.02.22   Gerente Corporativo de Cumplimiento de Petro-Perú, Zenaida Calderón Anticona, es despedida tras denunciar ante el directorio irregularidades en la firma de la licitación por US$74 millones en biodiesel con HOP. Samir Abudayeh, gerente de HOP, tuvo reuniones previas en Palacio con el Pedro Castillo.

02.02.22   Subcomandante general de la PNP, Martín Parra Sarmiento, pidió su pase al retiro luego del nombramiento de Alfonso Chávarry como ministro del Interior. Revela intereses creados del presidente Castillo contra el titular del Mininter Javier Gallardo.

05.02.22   Presidenta del Consejo Nacional Penitenciario del INPE, Susana Silva Hasembank es retirada del cargo. Pedro Castillo y Aníbal Torres, ministro de Justicia, firman su salida en medio de los rumores por la liberación de Antauro Humala, condenado a 25 años por el homicidio de 4 policías, secuestro, rebelión y sustracción de armas en el Andahuaylazo.

07.02.22   Viceministro de Justicia, Gilmar Andía Zúñiga renuncia, denunciando al Ministro de Justicia Aníbal Vásquez por "debilitamiento institucional y técnico", "autoritarismo, menosprecio al trabajo técnico y maltrato injustificado hacia los profesionales…" Lamentó el retiro de Daniel Soria, procurador General.

10.02.22   Viceministro de Salud Pública, Gustavo Rosell y Equipo Consultivo de Alto Nivel del Ministerio de Salud renuncia por no existir "condiciones para un ejercicio autónomo y consecuente del encargo", ante el nombramiento de Hernán Condori como ministro de Salud, cuestionado e investigado por presuntos actos de corrupción y promover productos sin base científica.

11.02.22 Viceministro de Minas e Hidrocarburos, Jorge Luis Chávez Cresta, renuncia denunciando al gobierno por "... asignación de funcionarios, cuya incorporación responde a una consigna partidaria de repartición de puestos y no a méritos profesionales."

Sin comentarios.

El arte de adelantarse al futuro

El Montonero, 2 de marzo de 2022

Los medios de comunicación y las redes sociales están colmados de mensajes, noticias y denuncias sobre las innumerables irregularidades, infracciones y delitos cometidos por el desgobierno de turno. El gobierno, por su parte, nos inunda con esa avalancha incontrolable de "distractores" con los que busca engañar, confundir, aturdir y atemorizar a la población. Qué mejor que una cuadrilla de ronderos a caballo, con machetes o sin ellos; un presidente hablando a la multitud fuete en mano, muchedumbres convocadas y financiadas por el propio gobierno con agresivas marchas para desarticular a la oposición.

En la arena política la noticia del día, fracción reciente del pasado, se multiplica en las redes generando "ruido". Muchos mensajes políticos parecen explicar cómo apagarán el último incendio o cuál es la hoguera más urgente. El Congreso de la República no la tiene fácil, todos lo sabemos, pero tal vez podrían ensayar un breve alto al fuego para evaluar la situación, sincerar sus posiciones y desarrollar una estrategia.

En las empresas se trabaja con indicadores históricos en base a los cuales se analizan y evalúan tendencias para determinar objetivos y desarrollar estrategias. Simulando escenarios, resulta posible hacer proyecciones, predecir en base a tendencias y abastecer una demanda futura. Las empresas capaces de adelantarse al futuro o por lo menos imaginarlo suelen lograr sus objetivos.

> *Aunque no hay mucho que puedas hacer acerca de las tendencias o los cambios... puedes asegurar una reacción oportuna a tales fuerzas.*

"Vacancia ya" es el estribillo que caló en la población que votó por la libertad y la democracia. Pero el tiempo ha demostrado que hacer realidad ese reclamo es más complicado de lo que suponíamos, generando una sensación de desaliento. "Renuncia ya" por el contrario, hace recaer en el mandatario toda la responsabilidad.

Desde agosto fue evidente la necesidad de impedir la permanencia de un gobierno que auguraba lo que hoy vivimos. Pero la vacancia, entendida como el proceso con la fórmula 26/52/87, es una alternativa hasta hoy inalcanzable. No ha sido posible conseguir 52 votos del Congreso, lo que es lamentable porque esos votos hubieran permitido ejercer el derecho a demandar al presidente "una rendición de cuentas" (Artículo 31 de la Constitución), como punto de partida en defensa de la democracia. Esa vacancia que nunca llega genera frustración en esa población que se va incrementando en solo siete meses con niveles de desaprobación al gobierno de 74% según algunas encuestadoras.

En un escenario utópico de vacancia inmediata… ¿Luego qué? Enfrentaríamos al mismo JNE solo que hoy cuenta con tres miembros y no cinco; se repetirán las mismas irregularidades que el informe de la OEA menciona sin dar importancia; volveríamos a presenciar otro carnaval electoral atestado de *outsiders,* con la ausencia de verdaderos partidos políticos; podemos agregar, que en ese ilusorio escenario se haya producido un cambio en la presidencia del congreso. Panorama similar que se vislumbra para las elecciones regionales.

En ese contexto, somos testigos de la perseverancia de los colectivos ciudadanos que siguen luchando por la defensa de la democracia. Surgen agrupaciones que desde las tribunas de la sociedad civil se adelantan a escenarios futuros: el No a la Asamblea Constituyente; movimientos para promover el nombramiento del pleno del JNE; propuestas para la próxima presidencia del Congreso y diversas iniciativas legislativas. Pero aún quedan cabos sueltos. Los problemas que vivimos en las anteriores elecciones atestiguan la ausencia de un verdadero Código Electoral; dudas sobre el sistema informático de la ONPE; infracciones a la constitución de todo tipo; partidos políticos que no son capaces de unirse por el bien del país y otros temas que de no ser resueltos nos llevarían a un nuevo proceso electoral irregular.

Hay mucho trabajo por delante. Defender nuestros derechos y libertades es una ardua labor que requiere de estrategias de corto, mediano y largo plazo. Por contradictorio que pueda parecer el tiempo puede estar jugando a nuestro favor, siempre y cuando sigamos avanzando con pequeños pero importantes triunfos a favor de la democracia.

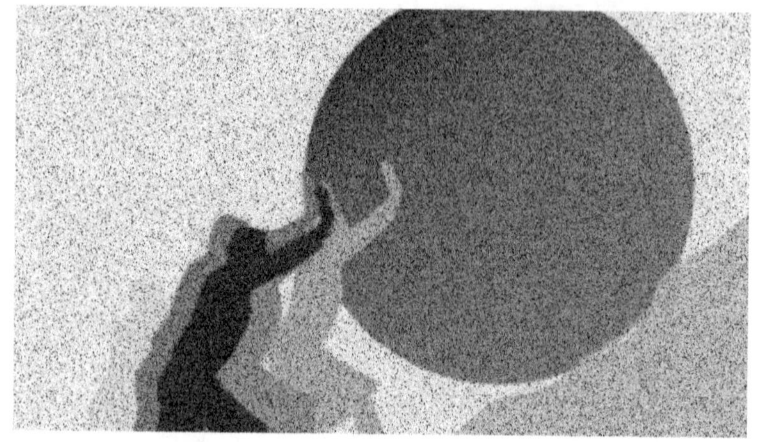

Crisis de Valores y desgobierno

El Reporte, 12 de marzo de 2022

En medio de esta nueva crisis mundial, seguimos enfrentando la batalla cultural que no terminó con la caída del muro de Berlín, ni con la disolución de la Unión Soviética. Hoy el mundo y también el Perú siguen divididos.

El profesor Yuval Harari, doctor en Historia Universal, afirma que "la batalla cultural enfrenta corrientes contradictorias como si tuvieran que elegir la derecha por el nacionalismo y la izquierda por el liberalismo. Ucrania nos recuerda que ambos conceptos van juntos, que no se oponen y se unen en el valor central que es la Libertad. Hoy vemos a una nación que pelea por su supervivencia y su libertad. El terreno común es que el nacionalismo no se centra en el odio de las minorías, sino en el amor por tus compatriotas y llegar a acuerdos pacíficos sobre cómo queremos manejar el país juntos y acabar con esa guerra cultural".

El Perú necesita construir una identidad basada en el concepto de nación y el sentimiento de pertenencia a una colectividad histórico-cultural, pero con características propias en las diferentes regiones. El sentido de nación se construye de abajo hacia arriba, partiendo del núcleo familiar donde el individuo desarrolla los primeros rasgos de su identidad, círculo que se va ampliando en el barrio, colegio y las instituciones a las que va perteneciendo, mientras se ajusta a las normas sociales. Este proceso de asimilación cultural incluye también el desarrollo de sentimientos como el sentido del deber, capacidad de "renuncia" para garantizar el bien común y las necesidades colectivas.

Este esquema es inverso con respecto al Estado y los gobernantes, ya que la rendición de cuentas viene de arriba hacia abajo como obligación de la clase dirigente ante la ciudadanía. Este concepto no es entendido por los gobernantes de turno en el Perú, evidenciado por un autoritarismo que va en detrimento de la democracia.

En el Perú existe otra realidad más grave y burda. Pareciera haber una triste "confusión" en la clase dirigente que antepone sus intereses personales y valores económicos, abandonando la ética y la moral en esta lucha por copar el poder y destruir las instituciones. La ignorancia que manifiestan los actores del ejecutivo y el egoísmo en los tres poderes del estado se ve agravada por esa ausencia de principios y valores, un escenario donde los verdaderos perdedores somos todos los peruanos y los más perjudicados, los ciudadanos de escasos recursos.

El orden económico depende del orden moral que sólo puede existir si la sociedad respeta las normas y los valores con un sentido de responsabilidad que genere confianza. La semilla del odio y el discurso divisionista hacen peligrar estos valores, propiciando el conflicto y el enfrentamiento irracional del que somos testigos.

El sueño de los gobernantes autoritarios es lograr el poder controlado por un grupo minoritario, donde el sentir de la población tiene poca importancia. El Pueblo, por su parte, sólo busca un futuro mejor para sus familias, un gobierno que garantice estabilidad y confianza, calidad de vida y una convivencia en armonía.

Qué podemos esperar de un gobierno donde el presidente del consejo de ministros de turno, Aníbal Torres, en un acalorado discurso público manifiesta que "... la democracia es el Gobierno del que triunfa en las elecciones y el que triunfó fue el presidente Pedro Castillo para gobernar este país por cinco años... en caso de que se amenace a la democracia, podemos descolgarnos por los cerros y llegar a la capital para defenderla…”

Yo le pregunto al doctor Aníbal Torres: ¿no es la democracia un sistema político que defiende la soberanía del pueblo y el derecho del pueblo a elegir, pero también a controlar a sus gobernantes? Es por eso que esos cinco años están supeditados, según la Constitución, a la capacidad moral, principios y valores que hoy no vemos en este desgobierno. Ese presidente al que defiende debe rendir cuentas al Pueblo por la incompetencia y corrupción de sus funcionarios; explicar todos y cada uno de los escándalos, justificar el dinero malversado, fondos que son de los contribuyentes y no del Estado. Eso es lo que reclama el Pueblo.

Defendiendo la libertad de expresión

El Montonero, 16 de marzo de 2022

Me pregunto qué sentirían los jóvenes si el gobierno prohibiera el acceso a las redes sociales, dejándolos sin internet y sin medios para expresar sus pensamientos o manifestar sus ideas…

Las generaciones nacidas en épocas de relativa tranquilidad política no terminan de entender la importancia de la libertad de expresión que camina de la mano con la libertad de prensa. No comprenden que sin libertad de expresión no existe una sociedad democrática; que ese derecho es imprescindible para formar la opinión pública; pero sobre todo que la libertad de prensa es el freno contra los abusos en el ejercicio del poder del Estado.

En octubre de 1968 se produce el golpe de estado del General Juan Velasco, instaurando esa dictadura comunista que duraría 12 años. En ese tiempo un periodista le preguntó al general Alvarado: "¿Se respetará la libertad de expresión?" y él respondió: "Depende".

En 1969, mientras la Convención Americana sobre Derechos Humanos legislaba sobre la protección de la libertad de pensamiento y expresión; en el Perú se publicaba el "Estatuto de la Libertad de Prensa" con normas para controlar y censurar a los medios de comunicación, fiscalizando diarios, revistas, emisoras radiales y televisivas, que más tarde serían expropiados. El Estado controló estos medios hasta 1980, fecha en la que se restaura la democracia con el gobierno de Fernando Belaunde Terry.

En 1971, durante un breve encuentro entre Velazco y Fidel Castro, este le dijo: "Oye chico, tú no puedes hacer la revolución con prensa libre". Esta era la filosofía de Cuba y en Perú se siguió al pie de la letra aquella recomendación.

Durante la expropiación del diario El Comercio en 1974, periodistas y la ciudadanía se levantó exigiendo el respeto a la libertad de expresión. En las manifestaciones participaron jóvenes que protestaron ante este nuevo atropello del gobierno golpista, pero la dictadura había avanzado demasiado. Decenas de jóvenes fueron detenidos y muchos periodistas deportados, iniciándose un periodo oscuro y turbulento donde imperó la censura y poco se supo sobre lo que realmente sucedía en el país.

Hoy vemos movimientos exigiendo la libertad de no vacunarse. Pero pocos peruanos cuestionan los atropellos contra la prensa, ni toman suficientes acciones respecto a las falsas denuncias fiscales contra quienes rechazan la corrupción en las instituciones del Estado, tampoco se escuchan protestas contra los sucesivos Estados de Emergencia declarados y prorrogados sucesivamente desde el 2020, privándonos de nuestras garantías individuales.

El movimiento más grande visto en Venezuela fue organizado por jóvenes que sintieron violada su privacidad, indignados cuando la dictadura apagó la señal de Radio Caracas Televisión (RCTV). Estos jóvenes enfrentaron al gobierno cuando Chávez lanzó una reforma constitucional que buscaba destruir el Estado Liberal venezolano, saliendo a las calles por millones para hacer respetar su voluntad y lograron vencer al dictador con 50.70% de los votos. Chávez, al ser obligado a reconocer su derrota dijo: "de mierda, es una victoria de mierda, y la nuestra, llámenla derrota, es de coraje…" Pero en esos tiempos, el poder ya había sido copado.

Sigo preguntándome ¿Cuándo despertarán todos los peruanos?

La Calle es Nuestra

El Montonero, 25 de marzo de 2022

Como consecuencia de una reciente y masiva marcha en Lima, el presidente Castillo durante una de sus clásicas manifestaciones públicas declaró "quienes marchan son los ricos, atendiendo a intereses particulares". También afirmó "Algo raro está pasando, antes marchaban los pobres para obtener reivindicación".

Las manifestaciones, marchas o huelgas son acciones ciudadanas para promover públicamente ideales, mostrar descontento o censurar a los gobernantes. Esto no es nada nuevo, en el año 1152 a.C. un grupo de artesanos en Egipto se declaró en huelga ante Ramsés III. Pero hoy las motivaciones son complejas, siendo generalmente una consecuencia del incremento en el costo de vida, decrecimiento del poder adquisitivo, acceso a los servicios públicos, brechas sociales, corrupción generalizada, gobiernos autoritarios, dictaduras, abusos de grupos de poder, clientelismo, entre otras variables.

Una de las más graves adversidades del mundo moderno es la corrupción en los diferentes niveles del Estado y las clases dominantes, lo que ha traído como consecuencia incluso la crisis de partidos políticos tradicionales; problemática que hoy preocupa a las grandes empresas que perciben los peligros de estos conflictos disfuncionales. Estas crisis son los motores de las movilizaciones y manifestaciones de protesta agrupados especialmente en el hemisferio sur, donde se concentran los países menos desarrollados, siendo emblemático el caso de Latinoamérica.

En América Latina, las protestas populares por reclamos contra los gobiernos -especialmente de derecha-, nos remiten a Félix Guattari y Gilles Deleuze, filósofos de los movimientos post marxistas, quienes a partir de estudios sobre la "desconstrucción del lenguaje" inspiraron estallidos de violencia urbana denominados "Revoluciones Moleculares Espontáneas" acontecidos entre 2019 y 2020 en Perú, Chile, Colombia, Ecuador, Argentina e incluso Estados Unidos. Estos levantamientos son organizados por pequeñas pero numerosas agrupaciones especializadas por sectores o por ideales como el feminismo, ecología, defensa de la vida, etc. Se activan como células independientes movilizando a sus seguidores con mensajes direccionados según los intereses específicos de cada grupo para llevarlos a la acción. Una de las características en todos estos países fue que una vez logrado el objetivo político – apoyando siempre a grupos de izquierda–, estas células se desactivaron.

Al respecto, un estudio de la Organización para la Cooperación y el Desarrollo Económico (OCDE) sostiene que durante la década del 2000 se produjo un crecimiento de las clases medias en América Latina llegando a representar el 70% de la población. Estas clases ascendentes, que bordean 37 puntos del total de la población latinoamericana, se caracterizan por la precariedad, siendo una clase incipiente, con limitados ingresos que van entre los 170 y 450 dólares mensuales. Esta movilidad social que posibilitó el retroceso de la pobreza presenta a una clase media inestable, siendo estas poblaciones las que descienden con facilidad a niveles de pobreza durante las crisis

Por estos motivos, la crisis económica de 2008 agravada por la corrupción, el abuso del poder, los Estados autoritarios y las dictaduras, crearon un ambiente de tensión que evidenció la precariedad de estas clases medias que sienten peligrar su rudimentario ascenso social. Ello trae como consecuencia que sean justamente estos grupos quienes suelen salir a las calles en señal de protesta, defendiendo sus derechos ante la fragilidad de sus economías. Estas movilizaciones se ven amplificadas por las redes sociales que facilitan las convocatorias y la presencia masiva en las calles.

Ante las afirmaciones del presidente Castillo, algunos manifestantes respondieron: "los ricos no marchan, los ricos compran un pasaje y se van del país. Marcha el pueblo, marcha la ciudadanía".

¿Nueva Constitución o nuevo Gobierno?

Diario La Razón, 6 de mayo de 2022

Los vaivenes de Pedro Castillo y sus camaradas en el gobierno vuelven a sorprendernos. El 4 de marzo declaró públicamente: "…vayamos quitando de la cabeza ese fantasma de que Pedro Castillo llegó al Gobierno para instalar una Asamblea Nacional Constituyente, un modelo Chavista o comunista, la rechazo rotundamente…" Pero, 50 días después, regresa a la carga con su desacreditada Asamblea.

Nuestra Constitución no contempla la figura de una Asamblea Constituyente. El artículo 32° habla de "reforma total o parcial", por las vías que la misma Constitución establece en el artículo 206°, con la aprobación del Congreso. Pero el ejecutivo ya hizo llegar su Proyecto de Ley de reforma constitucional para someter a referéndum la convocatoria de una Asamblea Constituyente. Incluye esta vez Disposiciones Transitorias para reglamentar la elección de los 130 miembros: 52 representantes de organizaciones políticas inscritas (40%), 39 candidatos independientes (30%), 34 representantes de pueblos indígenas (26%) y 5 de los pueblos afroperuanos (4%). La Octava disposición transitoria explica que "los pueblos indígenas y afroperuanos, constituyen una circunscripción electoral especial, siendo la asignación de escaños proporcional a su representación en cada región." Esta indefinición podría terminar insertando a los agitadores sindicales que hoy paralizan la minería.

Para promover los derechos de las poblaciones minoritarias caracterizadas por una historia, cultura, identidad, organización social y política propia, anterior a los procesos de colonización y evitar su discriminación, la Organización de los Estados Americanos (OEA) planteó la Declaración sobre los Derechos de los Pueblos Indígenas y Tribales, promoviendo además su derecho a la auto identificación, que les permite decidir declararse o no integrantes de estos grupos Indígenas. En el Perú, la Base de Datos Oficial de Pueblos Indígenas u Originarios (BDPI) del Ministerio de Cultura, reconoce 55 pueblos en los Andes y la Amazonía, organizados en comunidades campesinas y nativas, identificando 48 lenguas. Según las publicaciones de 2020, estas poblaciones dispersas en los andes y la selva son 2'014,534 personas, representando el 6,9% de los peruanos.

El INEI, en el cuestionado censo de 2017, incluyó la pregunta: "Por sus costumbres y sus antepasados. ¿Usted se siente o considera?". Las respuestas dieron lugar a un grupo indeterminado: "Población indígena u originaria de los Andes", que parece aludir a un concepto de raza o ubicación geográfica y no a un colectivo étnico cultural con identidad y organización política propia. Los peruanos somos originarios de la costa 55.9%, sierra o andes 29,6% o la selva 14.5%. Además, 79,3% son poblaciones urbanas y 20,7% rurales, por lo que son inconsistentes los últimos datos de la BDPI que incrementan a 25.8% la población Indígena originaria.

En cualquier caso, discriminaría a 20 Pueblos en situación de Aislamiento voluntario que habitan las Zonas Protegidas de las Reservas Naturales y que no tienen contacto con la civilización desde finales del siglo XIX. También excluiría a pueblos originarios de la costa peruana, cuna de importantes civilizaciones. Otro tema por aclarar, en la disparatada composición para esta Asamblea, son esos 39 candidatos independientes, pero ese será tema de otro análisis.

Podemos sugerir un par de preguntas para el referéndum: ¿Cree que Pedro Castillo, incapaz para gobernar, acusado por corrupción y mitómano recurrente, tiene las competencias para liderar una Nueva Constitución? ¿Cree que un gobierno que infiltra todo tipo de delincuentes en el aparato Estatal tiene autoridad moral para criticar la Constitución de 1993? Si de un referéndum se trata, la pregunta podría ser: ¿deberían renunciar Pedro Castillo y Dina Boluarte?

Mas bien debemos exigir la renovación de las autoridades del JNE, la ONPE y la RENIEC, reemplazando el sistema informático para el escrutinio, a fin de garantizar resultados electorales sin cuestionamientos en el proceso de elecciones de alcaldes y regidores de Octubre.

Entre el mal y el bien

El Montonero, 31 de marzo de 2022

"No más pobres en un país rico" Polarización entre ricos y pobres, división entre limeños y provincianos, trabajadores y empresarios enfrentados. Estos son algunos de los insistentes mensajes con los que Pedro Castillo azuza a la población en esos discursos con los que se victimiza. ¿Pero qué está haciendo el Gobierno? Nada. Se quejan, protestan y dividen. ¿Cuáles son los resultados? Más de 200 conflictos sociales en todo el Perú, 53 de los cuales se encuentran en fase de escalada y acumulación de tensión.

Históricamente las dictaduras han buscado referentes, presentando "lo malo" oponiéndolo a "lo bueno" para agudizar las contradicciones.

Maquiavelo hablaba de dos grupos opositores: los nobles y la plebe; Marx enfrentó a dos sectores como enemigos: la burguesía y el proletariado; Hitler señaló a los judíos como "lo malo" para investir a la raza aria como "lo bueno". Presentaron siempre a un enemigo interno para convencer y atraer a las masas.

La polémica entre polos opuestos en el discurso son el mecanismo del autoritarismo. Se fundamentan en los principales temores que enfrentan los seres humanos a nivel individual y grupal: el miedo y el sentimiento de inferioridad. Los temores que arrastran a los individuos son parte de nuestra naturaleza. Necesitamos ser "lo bueno" para sentir seguridad. Para vencer esos mismos temores, se aplican mecanismos colectivos como forma para vencerlos, otorgando el estatus de víctimas para convertirlos en "los buenos" atributo superior propiciado por medio del odio y la división. Al lograr identificación grupal, este ideal hace peligrar los valores ya que los grupos subordinados suelen abandonar todo tipo de discriminación moral.

En 2003 se publica en el Perú el informe final de la Comisión de la Verdad y la Reconciliación, aplicando mecanismos divisionistas que causaron serias críticas al denominar "conflicto armado interno" al terrorismo que nos aterrorizó por más de dos décadas. Este documento imputa a las Fuerzas Armadas una "sistemática violación de los derechos humanos", por hechos que fueron reales, pero aislados. Finalmente se atribuyen graves faltas al presidente Fujimori, quien en términos reales acabó con una de las peores etapas de nuestra historia, en la que el terrorismo privó a la población de su libertad y tranquilidad. Pero el verdadero resultado fue la creación del anti-fujimorismo como "lo malo", conveniente apelativo que permite a grupos sediciosos participar hoy en el gobierno.

Durante años grupos de estudio analizaron desde diferentes aristas la fórmula para lograr la unidad. Se evaluaron nuestros valores hasta encontrar grandes pilares como la cocina peruana, barras de la selección, monumentos históricos como Machu Pichu, valores de nuestra mixtura cultural, nuestras tradiciones y todo aquello que despierta nuestra peruanidad, haciéndonos sentir orgullosos de ser peruanos.

Pero hoy vemos tambalearse esos mismos principios y valores. La mentira, mediocridad, corrupción, división, deslealtad, clientelismo, incapacidad se vuelven tan frecuentes que parecen normalizados. Es evidente que el discurso propalado por el gobierno de turno está logrando que los grupos subordinados olviden la discriminación moral que debería guiar los actos y pensamientos que promueven el respeto y defensa de los derechos, valores y libertades que hacen posible la convivencia en armonía.

¿Hasta cuándo soportaremos esta crisis de valores? ¿Cuándo entenderemos que la única fórmula para disminuir la pobreza es la confianza, empleo y un gobierno que trabaje sin corrupción?

Injusticia de la Justicia

El Montonero 28 de abril de 2022

Mientras los peruanos reclaman y ponen sobre la mesa las 5 tareas prioritarias que debería solucionar el actual desgobierno: la inseguridad ciudadana, la corrupción; generación de empleo y reactivación económica; reducción de la pobreza; control de la inflación y aumento en el costo de vida; recibimos a cambio una crisis política que no da tregua.

La tranquilidad de los peruanos se ve alterada diariamente por nuevos escándalos, producto de una corrupción que va en aumento y eventos que parecen ser orquestados por mentes maquiavélicas. Mientras tanto, el secretario general del partido de gobierno insiste en sus afirmaciones: "El proceso de las elecciones y ganar el Gobierno es solamente un elemento que va formando el engranaje del poder, porque al ganar un Gobierno, que es lo que uno hace, es solamente confiscar las instituciones del Estado."

El escándalo del día es de otro calibre. El hasta ayer alcalde de Lima Metropolitana, Jorge Muñoz, fue destituido de su cargo por la expeditiva y apresurada resolución del Jurado Nacional de Elecciones (JNE) quien declaró en última instancia la vacancia del burgomaestre de Lima. La denuncia contra Muñoz se sustentó en la participación del destituido alcalde en 4 sesiones de directorio de la empresa estatal Sedapal, mientras era alcalde, acusado de haber infringido la ley al ocupar dos cargos públicos. Cabe anotar que el dinero producto de las dietas como director fueron devueltas a la empresa estatal meses atrás. Por lo tanto, ocupaba dos cargos públicos y cobraba por uno solo, entonces, trabajó gratis para Sedapal.

Pero esta historia comienza tiempo atrás. En enero de 2019 asume el cargo de alcalde de San Juan de Lurigancho Alex Gonzales Castillo por el partido Podemos Perú. Desde 1986 Gonzales había incursionado en la política tentando varios cargos públicos y puestos con diferentes partidos: Apra, Armonía Ferempol del Susana Higuchi, Perú Posible, Lima Siempre Unidos, Cambio Radical, Democracia Directa y Fuerza Popular; todas sin éxito, hasta esta última postulación cuya victoria fue motivo de sorpresa para muchos.

En setiembre del mismo año el distrito de San Juan de Lurigancho sufre las consecuencias de un prolongado corte del servicio de agua, causado por el colapso de una tubería del colector de aguas servidas Canto Grande. Ello causó inundaciones, además del desabastecimiento de agua, problema en el cual la alcaldía de Lima intervino directamente suministrando agua potable a las familias afectadas por el aniego. La intervención activa de la Alcaldía de Lima, en aras de solucionar las consecuencias del problema, motivó a los funcionarios de SEDAPAL a invitar al alcalde Muñoz a participar en sus directorios.

Poco tiempo después el mismo alcalde Gonzales, actual candidato a la Alcaldía de Lima, quien había formado su propio partido político denominado Demócrata Verde, invita al ciudadano Carlos Hinostroza Rodríguez a participar en su agrupación ofreciéndole una alcaldía distrital. Y es justamente Hinostroza quien acusa al alcalde Muñoz por haber infringido el artículo 22° del numeral 10 de la Ley Orgánica de Municipalidades. Inicialmente el Concejo Municipal de Lima rechazó el pedido de destitución del alcalde en noviembre del 2021; y tras la apelación de Hinostroza ante el JNE contra este acuerdo del Concejo, el JNE en un breve plazo decide aceptar su pedido.

Cabe recordar que en febrero de este año, entre otras denuncias y reclamos al cuestionado alcalde de San Juan de Lurigancho, el Ministerio Público inició una investigación contra Edgar Tello, congresista de Perú Libre, por el presunto delito de tráfico de influencias agravado al haber intercedido ante el alcalde de San Juan de Lurigancho, Alex Gonzales Castillo, en un concurso público que involucra una licitación de la Municipalidad por más de 15 millones de soles. El caso aún se encuentra en fase de investigación, pero pone en evidencia la relación de Gonzales con Perú Libre, simplemente como dato interesante.

Lo que resulta incomprensible es esa celeridad del JNE para vacar al alcalde del municipio más grande del Perú, durante un periodo de crisis e inestabilidad política, a solo 8 meses de culminar su mandato, acusándolo por trabajar ad honorem para una empresa estatal. Los cuantiosos y escandalosos juicios por corrupción de funcionarios y autoridades del gobierno no prosperan, pero el JNE quien parece actuar como fiel aliado del gobierno decide y promulga en breve plazo una vacancia que ha motivado la preocupación nacional e internacional. Me pregunto: ¿por qué no se actuó con la misma celeridad en el caso de Dina Boluarte quien ocupó dos cargos públicos paralelamente? ¿Por qué Dina Boluarte decide desistir a su cargo en la Reniec justamente esta semana? Queda una vez más en evidencia que el Magistrado Salas Arenas es quien debería ser destituido, esta vez por algo que llamaremos: ¿falta de criterio?

Responsabilidad ante un Gobierno irresponsable

El Montonero, 5 de mayo de 2022

Los resultados de las elecciones presidenciales de 2021 parecen no quedar totalmente claros. Hasta hoy algunos no escuchan o no entienden el verdadero mensaje que la población marginada envió por medio de su voto. Más de 25 millones de electores hábiles fueron, o no, a votar por un nuevo gobierno. Perú Libre obtuvo 2.72 millones de votos en primera vuelta, menos del 11%; y 8.84 millones de votos en segunda vuelta, equivalente al 35% del total. Sabemos también que todos los partidos de izquierda sumados habían logrado una cifra similar a la de Perú Libre en primera vuelta, por lo tanto, en ellos recaería una buena dosis de responsabilidad respecto a los problemas que actualmente enfrentamos. Hoy que la izquierda progresista ha perdido su cuota de poder, tiene que asumir su compromiso y no acusar a Perú Libre como único causante de la crisis y el desgobierno.

Pero la suma de los votos de Perú Libre y la izquierda progresista en la primera vuelta no alcanza la cifra que lleva a Pedro Castillo al gobierno. Este es el tema que parece no ser entendido por todos en la oposición, ni tampoco por algunos medianos y grandes empresarios. El triunfo de Perú Libre no hubiera sido posible sin los votos de protesta de las clases más necesitadas, cuyas economías se vieron especialmente agravadas por la pandemia. Es justamente en las urnas donde estos sectores han expresado el verdadero sentimiento popular que debemos escuchar.

Según la Encuesta Nacional de Hogares (Enaho) del INEI el 1% de la población pertenece al nivel A, y si le sumamos el nivel B alcanzan el 10%. Estos mismos informes de la Enaho indican que de 2019 a 2020 la población en situación de pobreza monetaria pasó del 20.2% al 30.1%, y que para 2022 ha alcanzado al 33.3%; pero más grave aún es la situación de la población en estado de pobreza extrema, que pasó del 2.9% al 5.1%. Estas son solo cifras, igual que el crecimiento en el PBI del 13% del que tanto se ufana el Gobierno y que a duras penas se aproxima a los niveles prepandemia. Los pobres son familias con ingresos mensuales menores a 1,440 soles; mientras que las familias con ingresos mensuales inferiores a 764 soles viven en condiciones de pobreza extrema. Hablamos de más de 11 millones de personas, seres humanos que no cuentan con los medios suficientes para subsistir.

Mientras el voto de la izquierda progresista los convierte en copartícipes de la problemática actual, el voto de la población en estado de pobreza no puede tildarse de irresponsable, incompetente o ignorante, porque eso se llama necesidad, sensación de abandono, reclamo, protesta, hartazgo e impotencia. Si alguno de los 11 millones de pobres escuchó el mensaje de un "profesor" que les habló directamente sobre una realidad con la que se sintieron identificados, en medio de una situación económica abruptamente agravada por la pandemia. ¿No resulta comprensible que elijan creer en promesas que sintieron como una esperanza?

Hemos escuchado las protestas en Huancayo, donde algunos hicieron extensivo su reclamo a la gente de "la capital", convocando e incitándolos a sumarse al reclamo de las provincias, justamente porque sienten muy lejana la realidad de Lima. Ellos no entienden de institucionalidad, no entienden de macro indicadores ni cifras que ponen en una misma canasta a personas con una situación política, económica y social diametralmente opuesta.

En muchas regiones aún se conserva el principio de la "reciprocidad" como aspecto esencial de la cultura andina, que se sustenta en las tradiciones. En una sociedad donde no existía el dinero, la reciprocidad prevaleció como elemento mediador entre sus integrantes, comprometiéndolos colectivamente a participar en actividades comunitarias para garantizar relaciones duraderas. Hasta ahora, en muchos pueblos la comunidad entera participa en la construcción de una vivienda, como acto comunitario de reciprocidad, sin esperar una retribución individual o inmediata, que tiempo más tarde seguirá beneficiando a otros miembros.

Por ello, cuando el presidente Castillo accede a viajar a Huancayo para atender a un Consejo de Ministros Descentralizado, no importó que por temor haya ido acompañado por más de mil efectivos policiales, lo que importó fue que la máxima autoridad se hizo presente para hablarles en su territorio. ¿Ese pueblo está esperando algo a cambio? Obviamente que sí. El presidente ha quedado recíprocamente en deuda respecto a todo lo prometido, pero el pueblo es noble y respeta estos y otros principios. Las aguas y la población se han calmado, esperarán y seguirán tranquilos hasta que aparezca un nuevo detonante.

Recordemos que sólo 14 de los 25 millones de peruanos en edad para trabajar (PEA) cuenta actualmente con un ingreso fijo. De los peruanos que trabajan, 6 de cada 10, solo 2 trabajan para una mediana o gran empresa; el resto labora en las micro y pequeñas empresas, que representan el 99.5% del total. Esa es la clase media que sustenta el crecimiento económico del país, informal muchas veces. Estos emprendimientos, que fueron los más golpeados por la pandemia, desaparecieron o no pudieron recuperarse al mismo ritmo que las grandes empresas, lo que sigue acrecentando las brechas.

La crisis política, económica y social parece no ser un atributo exclusivo de los países latinoamericanos; informes recientes indican que estas problemáticas se han convertido en un nuevo tipo de pandemia que ha alcanzado niveles mundiales. Por ello muchos empresarios reevalúan su propio rol, ya no solo como promotores de la economía y la generación de impuestos, que hacen sostenible los presupuestos de las naciones. Hoy es evidente la necesidad de contar con la participación de las empresas, los empresarios y la clase dirigente para garantizar la eficacia y eficiencia en el desarrollo de los estados, con una actitud responsable que contribuya a acortar las brechas.

La Ciudad entera Bajo Arresto

El Montonero, 7 de abril de 2022

Somos testigos de las manifestaciones de protesta a lo largo de todo el Perú, pero esta crisis escaló con el paro del gremio de transportes, agravado con la infeliz declaración del ex sindicalista Pedro Castillo quien manifestó: "Se está anunciando algunos paros y bloqueos en las carreteras malintencionados y pagados…". Frase que encendió la llama del sindicato de transporte y con ellos al pueblo entero de Huancayo y otras ciudades del país.

Hoy el país es un polvorín, situación acelerada por la incompetencia de los ministros y sus declaraciones desconectadas de la realidad. Merece especial mención el Premier Aníbal Torres quien ha brindado declaraciones con las que ha decidió competir con la reina María Antonieta transformando esa frase en "A falta de pollo, buenos son pescados", sin saber que esto también le podría costar la cabeza, rumor que corre por los medios de prensa.

El sentir del pueblo es de irritación y zozobra, los precios suben, petróleo incluido, el dinero no alcanza, la inseguridad se incrementa, la educación está en crisis, el sector salud también, no se vislumbran indicios de proyectos que propicien la generación de empleos. La población insiste en que el gobierno no hace nada. Pero prosigue el nombramiento de autoridades corruptas, incompetentes para sus cargos, la delincuencia se incrementa, la pobreza aumenta y con ella el descontento, la indignación y el hartazgo.

¿Pero qué paso el 5 de abril? Marcharon los adultos, los jóvenes, la clase media trabajadora, las clases populares, marchó la población civil y el Pueblo, marcharon todos, porque todos se sintieron afectados. Pero el detonante, especialmente para los jóvenes, fue la sensación de pérdida de libertad, el intento de un gobierno sin autoridad de encerrarnos al puro estilo del expresidente Vizcarra, anunciando el Estado de Emergencia y la consecuente suspensión de las libertades individuales. El primer ministro había anunciado que dicha medida podría ser prorrogada por 15 días y el pueblo se pronunció haciendo uso de su derecho a la desobediencia civil en defensa de los derechos constitucionales. Los limeños llegaron caminando a la plaza San Martin y al congreso para manifestar su indignación.

Pero ese mismo 5 de abril el Congreso había invitado a Pedro Castillo a una reunión para evaluar "propuestas y medidas para encontrar la solución a la crisis que afronta el país". Durante esa misma reunión Pedro Castillo se mostró nervioso, inseguro, perdiendo el ardor del que hace gala durante sus monólogos cuyo contenido solo busca dividir al país. El temor ante la presencia de la ciudadanía en las calles, quienes decidieron no acatar su orden inamovilidad, haciendo todo lo contrario y salieron masivamente a las calles con dirección justamente al Congreso, donde él se encontraba. El resultado fue la anulación del toque de queda y las mentiras de Pedro Castillo, esta vez ante el Congreso, aseverando que tenía que ir a Palacio a firmar un decreto nunca publicado. Así, tanto el ejecutivo, como el legislativo dieron por concluido el incidente, mientras el pueblo entero continuaba protestando.

¿Cuál fue el verdadero objetivo de la marcha? Proclamar la indignación colectiva, exigiendo la renuncia de Pedro Castillo y su equipo de gobierno. Pero la cruda realidad es que no contamos con verdaderos representantes de la Población Civil, es evidente la ausencia de un líder y la clase política no defiende los reales intereses de la población. Las incesantes protestas y la lamentable muerte de 8 personas durante las multitudinarias manifestaciones a nivel nacional, luego de meses de hartazgo ante los abusos del partido de gobierno no puede cerrarse con un decreto de libertad condicional, dando marcha atrás al toque de queda y dejar que sigan pisoteando nuestros derechos y libertades.

Valores y Tradiciones que se Desmoronan

El Montonero, 15 de abril de 2022

El derrumbe de los muros de la fortaleza de Kuelap, es una cruel analogía de la grave crisis que vivimos. Se siente como un nuevo llamado, esta vez por el abandono, que reclama nuestra atención hacia las zonas alejadas de ese Perú profundo que muchos no quieren escuchar. Ese complejo arqueológico que permaneció en pie por más de 800 años, dos siglos más que Machu Picchu, hizo rugir sus cimientos haciendo rodar sus gigantescos muros.

Nuestros valores culturales son nuestra esencia, son el legado que nos define como peruanos, una tradición forjada a lo largo de nuestra historia milenaria. Expresión de nuestro pasado, que debemos preservar para las generaciones futuras. No hablamos solo de monumentos históricos, nuestro legado comprende las expresiones vivas heredadas de un pasado donde la asimilación de culturas, la mixtura y la diversidad ha sido la constante, que hoy debemos luchar por preservar, porque "vale un Perú".

Compartimos como peruanos, nuestro territorio, origen común, tradiciones y nuestra nacionalidad. Hace más de 5,000 años se desarrolló en las costas de Lima la civilización más antigua de américa con un nivel de organización que permitió el intercambio entre costa, sierra y selva. En todo nuestro territorio se desarrollaron innumerables culturas que fueron evolucionando y fusionándose, dejando a su paso invalorables testimonios de nuestra peruanidad. Son conocidas en el mundo las líneas de Nazca que datan del año 500 a.C., centro ceremonial no poblado con una extensión de 450 km. cuadrados, famoso por los peregrinajes para rendir culto a sus dioses y sus gigantescos geoglifos que representan seres vivos, plantas estilizadas y seres imaginarios que parecen haber sido una constante a lo largo de toda la costa peruana. La zona Arqueológica de Chan Chan ubicada en la ciudad de Trujillo es un centro político, religioso y administrativo habitado hasta el siglo XV que representa la más grande ciudad construida con adobes en América precolombina. El sitio arqueológico de Chavín dio nombre a la cultura que se desarrolló entre los siglos XV y V antes de Cristo, en la provincia de Huari, departamento de Áncash, en el corazón de los Andes centrales del Perú, centro ceremonial y de peregrinaje para el mundo religioso andino. La ciudad del Cuzco integrada por edificios con funciones religiosas y administrativas organizados durante la época del inca Pachacútec en el siglo XV, fue rediseñada y remodelada luego de un proceso de ocupación preinca de más de 3 mil años, siendo la capital del Imperio del Tawantinsuyo, que abarcaba gran parte de Sudamérica. La Lista es tan numerosa que el inventario resulta casi imposible de listar.

Vale la pena mencionar a Chankillo, complejo astronómico más antiguo de América, declarado Patrimonio Cultural de la Humanidad en 2021. Este conjunto ceremonial ubicado en Casma, región de Ancash, fue habitado en el año 500 a.C. y contiene 13 torres de piedra y barro, dedicadas a la observación de los movimientos solares, que permitían señalar los solsticios y equinoccios, cambios de estación y movimientos cíclicos del astro solar a través del año con impresionante precisión. Este tesoro de nuestra tradición es desconocido por muchos peruanos y su puesta en valor no ha sido concluida, lo que pone en constante peligro este patrimonio.

El sitio arqueológico preinca de Kuélap, ubicado en los Andes amazónicos del Perú, en la Provincia de Luya, fue edificado por la cultura Chachapoyas. El conjunto arquitectónico de grandes piedras que abarca un área de 600 metros fue construido sobre el cerro Barreta a una altitud de 3 mil msnm, habitado durante el siglo XIII, dos siglos antes que nuestro famoso Machu Picchu. El perímetro de esta monumental fortaleza tiene muros perimétricos que alcanza los 19 metros de altura, uno de los cuales colapsó como consecuencia del mantenimiento deficitario y un aniego de unos 5 metros consecuencia de las lluvias que parece no haber sido drenado a tiempo. "...Declarado en emergencia se ha empezado a caer producto del abandono que ha tenido por muchos años, estamos con un plan de ejecución para poder contener este deterioro de Kuélap" fue lo que dijo el Ministro de Cultura ante su propia inacción.

Pero nuestros valores van más allá de los testimonios arqueológicos. El peruano es amable, es alegre, es chambero, es recursero como producto de una identidad que se ha ido forjando durante siglos. Nuestros valores, tradiciones y todos los elementos de la mixtura cultural están presentes a lo largo de todo nuestro territorio, con una amplia diversidad climática evidenciada por la presencia de 84 de los 109 pisos ecológicos que existen en el mundo. 42 comunidades Nativas se concentran especialmente en la selva amazónica, donde cohabitan poblaciones que se comunican en más de 26 dialectos hasta nuestros días. Esa diversidad, mixtura cultural y capacidad de los peruanos de asimilar, transformar y reinventar lo mejor del conocimiento local y foráneo, es lo que nos convierte en ese país único que debemos defender, proteger y preservar frente a cualquier tipo de depredadores.

Una Nación que lucha por su identidad

El Montonero, 21 de abril de 2022

La identidad nacional es el resultado de una historia que forja en el tiempo nuestro sentido de pertenencia. Expresa esa forma de actuar y pensar, que se nutre de nuestros antepasados, tradiciones, cultura y religión, representando nuestra conciencia nacional. Es un sentimiento vivo que toma forma en el tiempo, determina nuestro presente, convirtiéndose en el legado de generaciones futuras.

La identidad nacional se nutre permanentemente de errores y aciertos, herencia del proceso histórico de una colectividad. Su construcción se inicia en las bases de la sociedad, yendo en un sentido de abajo hacia arriba, desde la población hacia el Estado, quien debe resguardar su esencia. Los ciudadanos tenemos la responsabilidad de cuidar y transmitir esos valores en los hogares, colegios, universidades, emprendimientos, empresas y en todas nuestras acciones. Defender y preservar nuestra identidad es responsabilidad no solo de historiadores y antropólogos, sino también de intelectuales, escritores, artistas, políticos, militares y la población civil, quienes son los llamados a difundir nuestro legado. Nuestra identidad nacional está formada por cada uno de nuestros mitos, tradiciones, símbolos, memorias, creencias y valores que aceptamos como acuerdo tácito nacional.

La historia del Perú comienza hace 14 mil años con las primeras migraciones de grupos nómades que crean una agricultura incipiente, domesticando especies producto de una interacción y selección prolongada y deliberada. Según Nikolai Vavilov, botánico y genetista, de los 8 centros de domesticación que producen las 700 principales variedades comestibles del mundo, la zona occidental de América del Sur aportó 150 especies botánicas, gracias a la tecnología, canales de regadío, reservorios, andenes, instrumentos de labranza, sistemas de abono, manejo genético, calendarios agrícolas y el intercambio entre regiones.

Mas tarde se desarrollan focos culturales hasta forjar Caral, civilización más antigua de América hace 5 mil años, 5 siglos después que las primeras civilizaciones del mundo: Egipto y Mesopotamia. Centros de desarrollo van surgiendo a lo largo de nuestro territorio, dando lugar a nuevas culturas: Chavín, Paracas, Vicus, Nazca, Mochica, Sicán, Huari, Chachapoyas, para nombrar algunos ejemplos.

El imperio incaico mítico (siglo XIII), da lugar a leyendas como la de los Hermanos Ayar, que marcan el inicio de nuestras raíces territoriales; pero es Pachacutec (1418-1472) quien consolida el imperio al derrocar a los Chancas, surgiendo el Tawantinsuyo que sobrevivió menos de 100 años, hasta la llegada y conquista de los españoles en 1532. Así, tanto el imperio incaico, que unifica y domina las culturas peruanas; y 300 años de Virreinato, son periodos relativamente efímeros en nuestra larga historia.

Los movimientos independentistas en América, liderados por próceres, San Martín y Bolívar, buscaron la emancipación de nuestras naciones, mientras Europa intentaban librarse del dominio Napoleónico. Estas corrientes marcan el hito para la construcción de nuestra identidad como Estado Nación independiente, con elementos simbólicos únicos: nuestra bandera bicolor, escudo y el himno nacional, convertidos en emblemas de nuestra identidad, propiciando la reconstrucción de nuestros propios destinos.

La república, que durante 200 años de luchas y conflictos demarcaron nuestras fronteras, nos permite labrar un territorio caracterizado por la multiplicidad cultural, tradiciones y valores que propician nuestra integración. Es así como en la década de 1930 se consolidan los movimientos indigenistas que logran representatividad y reconocimiento del Estado. En busca de esta integración aparecen los partidos de derecha e izquierda, el reconocimiento de los gremios obreros, pero también el populismo que, con la ampliación de la red vial, trae como consecuencia movimientos migratorios del campo a la ciudad. Los inmigrantes andinos se trasladan, trayendo consigo elementos culturales y en este éxodo la población urbana pasa del 17% al 23%.

La historia reciente nos recuerda al Gobierno Revolucionario de Juan Velazco, 12 años de dictadura comunista que surge con el golpe de estado de 1968. El lema fue: "Campesino, el patrón ya no comerá más de tu pobreza", falsa ambigüedad de síntesis paternalista. Es cierto que Fernando Belaunde evaluaba la implantación de una Reforma Agraria, que sin concretarse dio pie a un golpe militar vertical, autoritario y burocrático. El fracaso de esa Reforma Agraria donde la propiedad quedó en manos del estado, el abandono del agro y la expropiación de las principales industrias de hidrocarburos, entre otras, resultó en una de las peores crisis económicas de nuestra historia y la migración del campesinado a la ciudad, alcanzando la población urbana el 65 % del total de la Nación.

Hoy presenciamos la agenda del actual gobierno con una fórmula más inoperante aún, mas no improvisada. Una agenda ensayada que busca la destrucción de nuestras instituciones, trastocando nuestras tradiciones, con fórmulas que intentan importar de Cuba, Venezuela y Bolivia, y cuyos resultados producen tan solo pobreza y ausencia de libertades. Dividen a los peruanos, destruyen nuestra economía, colmando de ignorancia y corrupción a todas nuestras instituciones. Conflictos Sociales que se multiplican, 208 en el mes de marzo, 160 activos, hechos de violencia, 363 manifestaciones de protesta en rechazo al gobierno en solo un mes, con el lamentable saldo de 8 muertos y más de 300 heridos es el triste balance; pero para este gobierno "aquí no pasa nada".

En el Perú existe una sola identidad nacional dominante y esta es "ser peruano", aludiendo a un sentido de continuidad entre sucesivas generaciones. Somos el producto de nuestro pasado milenario, de muertos que han forjado nuestros valores y tradiciones, y de vivos que tenemos la obligación de preservarlos para próximas generaciones. Esa es la historia que nos convierte en la nación de "todas las sangres" y que todos debemos amar y defender.

Cuba, referente para la constituyente

El Reporte, 8 de mayo de 2022

Ante el debate que ha propiciado el proyecto de ley para modificar la constitución y someter a referéndum una asamblea constituyente, Vladimir Cerrón, declaró ante la BBC: "queremos abolir la Constitución de Perú y desmontar el modelo neoliberal". Como es sabido, él fue formado y es "hombre de Cuba", por lo que resulta interesante revisar el contenido de la última constitución cubana, analizando sus 229 artículos, ya que este modelo podría representar el referente a debatir en una asamblea constituyente.

La quinta constitución se promulga en 2019, promovida por Raúl Castro, definiendo a Cuba como Estado socialista. "El Partido Comunista de Cuba único, martiano, fidelista, marxista y leninista, de vanguardia organizada de la nación cubana… es la fuerza política dirigente superior de la sociedad y del Estado", señala. El Partido "organiza y orienta los esfuerzos comunes en la construcción del socialismo y el avance hacia la sociedad comunista". Esta organización que ostenta el monopolio político impide la pluralidad, cerrando las puertas a toda iniciativa fuera de los lineamientos del PCC que regula, controla y dirige la ideología y las candidaturas, validando o vetando a los aspirantes a cargos públicos. En la práctica, solo las organizaciones respaldadas por el partido podrán participar o proponer candidatos para la Asamblea Nacional del Poder Popular, órgano supremo que concentra todos los poderes en forma totalitaria.

La Asamblea Nacional del Poder Popular, conformada por 605 diputados elegidos por periodos de 5 años con reelección indefinida, "es el órgano supremo del poder del Estado. Representa a todo el pueblo y expresa su voluntad soberana". Además de las funciones legislativas de todo parlamento, al no existir la división de poderes, la Asamblea concentra las facultades para elegir entre sus miembros al Consejo de Estado, Presidente y Vicepresidente de la República, Consejo de Ministros, Presidente y Magistrados del Tribunal Supremo, Fiscal General, Contralor General, Directores de instituciones judiciales de control y administración, Consejo Nacional Electoral, en pocas palabras, nombra a todas las principales autoridades, que deben rendirle cuentas, con poder para revocarlas.

El actual presidente de Cuba, Miguel Díaz-Canel, es además Presidente del Consejo de Estado, Consejo de Ministros, Consejo de Defensa Nacional y Primer Secretario del Partido Comunista. Tiene entre sus funciones la dirección de la política exterior, el control de la Fiscalía General y la Dirección de Inteligencia, subordinadas a esta presidencia con poder prácticamente absoluto.

La continuidad del sistema socialista, normado por la Constitución, depende de los candidatos que sean elegidos por voto popular para formar parte de la Asamblea Nacional del Poder Popular o como delegados de las 167 Asambleas Municipales del Poder Popular. Es ahí donde se desarrolla el monopolio del poder, ya que los candidatos tienen que estar vinculados con el Partido Comunista Cubano, lo que impide el pluralismo ideológico, además de ser excluidas las personas que hayan sido procesadas o condenadas. Esto motiva detenciones arbitrarias a quienes emiten propuestas políticas independientes para evitar su candidatura e inhabilitando su participación en cualquier proceso electoral, además de las denuncias por los mecanismos de represión que impiden la participación efectiva de todo el electorado.

La situación se agrava al no existir una real libertad de expresión, ya que está sujeta a los "fines de la sociedad socialista"; la propiedad de los medios de comunicación es socialista -llámese Estado-, el acceso a internet es selectivo, obstaculizado o limitado con medidas legales restrictivas; los permisos para salir del país son restringidos; las organizaciones sociales que no incorporan en sus tareas la consolidación y defensa de la "sociedad socialista" son objeto de persecución política, regulando o impidiendo su existencia. El Estado promueve la formación de jóvenes específicamente en los principios revolucionarios; siendo un deber la defensa de la "patria socialista", explicitando en el mismo artículo que la traición a la patria es el más grave de los crímenes sujeto a la más severa de las sanciones. Esta salvedad es preocupante dado que 127 manifestantes recibieron penas de entre 6 a 30 años en 2022 y que en Cuba existe la pena de muerte. Cabe anotar que los ciudadanos no tienen derecho a la defensa legal hasta 7 días después de haber presentado una medida cautelar, los juicios no son públicos y son sentenciados por jueces legos o fueros militares que no practican el principio de imparcialidad.

En sus fundamentos económicos "rige un sistema de economía socialista basado en la propiedad de todo el pueblo sobre los medios fundamentales de producción como la forma de propiedad principal"; aunque reconocen diversos tipos de posesión, el Estado regula y controla el ejercicio y alcance de cada una de las formas de propiedad.

Es preocupante observar a los agentes de la dictadura promoviendo estas ideologías sin argumentos o sustentos; defendiendo sus convicciones en busca de una cuota de poder y con una visión parcializada de la realidad. Pero en el Perú ya sufrimos las consecuencias de un régimen comunista durante el Gobierno Revolucionario de Juan Velasco, dictadura que nos llevó a una de las peores crisis económicas, políticas y sociales, con fuertes migraciones del campo a la ciudad a pesar de la Reforma Agraria, ausencia de libertad de expresión y un fuerte incremento de la pobreza. En este mismo contexto, aquellos que estuvieron en la cúpula del poder con una posición privilegiada, al igual que hoy en Cuba, no entienden el peligro que representan sus propuestas para la continuidad, crecimiento y desarrollo del país.

Normalidad de lo anormal

El Montonero, 12 de mayo de 2022

Durante la campaña electoral, Pedro Castillo cerraba sus arengas con la frase: "Palabra de maestro". En esa misma campaña, la ignorancia e incapacidad del mandatario fueron evidentes, al igual que sus dotes de sindicalista y agitador para "agudizar las contradicciones" con un discurso divisionista que caló especialmente en la población marginada. Pero fue fácil percibir el triste dominio no solo del lenguaje, sino también su escasa cultura, conocimientos y capacidades, que pusieron en duda la autenticidad de su grado de Maestría, iniciándose así la búsqueda de una tesis que tomó 9 meses obtener, descubriendo más mentiras, engaños y la comisión de nuevos delitos, esta vez por parte de la pareja presidencial.

Para entender el daño que causa en nuestra sociedad esa ausencia de sentido moral y la incapacidad de Pedro Castillo para distinguir entre el bien y el mal, es suficiente analizar las decisiones y omisiones durante su breve gobierno. Mientras que su discurso busca dividir a los peruanos, victimizándose y proclamando sus mentiras; su comportamiento pone en evidencia la ausencia de valores universales básicos como: igualdad, solidaridad, verdad, respeto, bondad, valentía, honor, responsabilidad, justicia, libertad, búsqueda de paz, armonía, entre otros. Mas grave aún, estas carencias se traducen en conductas antisociales sin sentido moral que lo llevan a rodearse por personas con antecedentes penales, con historiales cuestionados y que buscan solo beneficios personales; desencadenando más actos ilícitos, desatando niveles de corrupción sin precedentes, y ausencia del sentido del valor, que lo llevan a esconderse o eludir la rendición de cuentas al país.

El peruano se considera a sí mismo empeñoso, creativo, amable, trabajador, tolerante y perseverante; reconoce la importancia de valores colectivos como el respeto, la honestidad y la responsabilidad, considerando que es necesario seguir afianzándolos. El Barómetro de las Américas indica en un estudio reciente que el 88% de los peruanos percibe que sus gobiernos están involucrados en actos de corrupción. Todos sabemos que la corrupción no es una novedad, lo que resulta insostenible hoy es el descaro y la impunidad para cometer dichos delitos, la indolencia de los gobernantes de turno, situación que va en aumento. Este escenario se agrava ante la manifiesta falta de credibilidad en los partidos políticos y los representantes electos.

El sentido moral, como fundamento que norma el comportamiento y equilibrio entre los miembros de una sociedad busca la convivencia armónica entre sus miembros; se basa en valores y conductas aceptadas como buenas para el bien común. Estos valores pueden cambiar de una sociedad a otra, pero también pueden ir transformándose en el tiempo al interior de una colectividad. En ello radica el gran peligro de la "normalización de la anormalidad", a la que nos vemos expuestos, bombardeados diariamente con nuevos escándalos de corrupción, actores políticos con antecedentes penales o infractores de toda índole. Ello desestabiliza nuestra escala de valores amenazando principalmente a la población joven entre quienes aparecen posiciones confusas o contradictorias respecto a la justicia y los valores morales.

El secretario general de Perú Libre, Vladimir Cerrón, sobre el que Pedro Castillo afirmó que: "Está impedido judicialmente y no lo van a ver ni de portero en ninguna de las instituciones del Estado", en menos de un año de gobierno no solo tiene más apariciones y declaraciones que el mismo Castillo, sino que además ha afirmado: "En el Perú no va a haber cambios si es que no se cambia la Constitución Política, ya sea por una vía pacífica o sea por una vía no pacífica, lamentablemente".

¿Cuál es el mensaje? La palabra de maestro es mentira; la verdad no es un argumento importante; la violencia se justifica cuando fracasa un proyecto; la clase gobernante tiene impunidad; el tráfico de influencias está por encima de la meritocracia; la ignorancia debe ser tolerada; el dinero de los contribuyentes puede ser malversado; los antecedentes penales son irrelevantes; la impunidad está garantizada para los grupos de poder; la justicia es lenta o nunca llega; la corrupción ha sido normalizada; la libertad de expresión es irrelevante; la solución de conflictos sociales no es prioritaria, aun cuando atenten contra servicios básicos como el agua; es más importante hacer campaña para las elecciones regionales con dinero de los contribuyentes que solucionar los problemas de los peruanos: incremento de la pobreza, incremento de precios, ausencia de nuevas fuentes de empleo, problemas del sector salud, educación deficiente, inseguridad ciudadana, corrupción generalizada, entre otros.

En una sociedad donde la violencia y la corrupción parece normalizada debemos reconocer la importancia de la participación ciudadana para denunciar todos y cada uno de estos atentados contra el orden establecido. Los peruanos tenemos el deber y el derecho a protestar y declararnos en rebeldía ante autoridades que no nos respeten. Nadie debe obediencia a un gobierno o autoridad que asuma funciones públicas en violación de la constitución y de las leyes. La población tiene derecho a rechazar tales actos en defensa del orden constitucional, mensaje que debemos hacer llegar a todas las autoridades corruptas.

Síndrome del "Ciudadano Estafado"

El Montonero, 18 de mayo de 2022

Los Consejos Descentralizados de Ministros son una interesante iniciativa que podría acercar a los gobernantes a las zonas más apartadas del país para conocer su realidad y resolver su problemática. En la práctica, lamentablemente, sólo se invita a los simpatizantes del gobierno a participar en estos espacios donde Pedro Castillo ataca a la oposición "agudizando las contradicciones", promoviendo su propia agenda para la Asamblea Constituyente. Ante la inoperancia, demandas desatendidas y una crisis que va en aumento, la ciudadanía reclama la solución a graves problemas como el costo de vida y la corrupción que vienen agudizándose, según las últimas encuestas un 42% de la población manifiesta su voz de protesta con el pedido de vacancia y un 17% está evaluando esa misma opción.

El Perú sufre de un mal llamado corrupción, que se agrava y generaliza a todo nivel. Cuando nos definimos como "criollos" muchas veces nos referimos a esa tendencia tan peruana de sacarle la vuelta un sistema que no piensa en las necesidades de los ciudadanos, sino que ha sido diseñado priorizando las exigencias del mismo sistema. No se construyen iniciativas desde las bases a partir de los requerimientos de la población; sino de acuerdo con las imposiciones del gobierno de turno. Nadie vela por que las normas se cumplan y, por el contrario, las autoridades creen que promulgar más leyes solucionará todos los problemas.

El Estado peruano debería funcionar como una empresa, con diferentes unidades de negocios, productos y servicios. El capital humano estaría representado por los servidores públicos y el consumidor final, en torno al cual se desarrolla la organización para favorecer a los ciudadanos, que son quienes hacen posible que la empresa garantice sus ingresos y funcione. El Consejo de Ministros debería ser el directorio responsable de hacer funcionar el sistema en forma organizada y eficiente, con estrategias para satisfacer las necesidades de sus clientes, los ciudadanos, que resultan ser además accionistas con voz y voto, a quienes deben rendir cuentas, asegurando rentabilidad y continuidad.

Las empresas son organizaciones que ofrecen productos o servicios cuyo objetivo es satisfacer las necesidades de sus clientes mejor que la competencia. El capital humano aporta la eficiencia que garantiza que el producto/servicio cumpla con los niveles de calidad, compromiso que deben lograr para conservar la fidelidad de sus clientes. La empresa se organiza en torno al consumidor y la calidad del capital humano es la clave del éxito y la continuidad.

El problema radica justamente en que el Estado no opera de esta forma y, peor aún, los partidos que ganan las elecciones creen haberse sacado una lotería que les permite tomar las riendas del país de la forma que les resulte más conveniente para sus propias agendas, devolviendo los favores con los que hicieron posible su ascenso al poder con puestos en el aparato Estatal. El caso del partido de gobierno, Perú Libre, es más dramático ya que critican a los monopolios como principal argumento político; pero intentan instaurar un monopolio estatal rodeados de personajes incapaces, sin experiencia, desconociendo cómo funciona el estado, cómo opera una empresa y marginando a aquellos empleados públicos con larga trayectoria en su sector. El resultado: esa empresa llamada Perú es cada día más inoperante, los clientes están insatisfechos por el desabastecimiento, la falta de servicios y por el incumplimiento respecto a la calidad de los servicios que prometieron. En pocas palabras: el cliente-ciudadano se siente estafado.

Se calcula que más del 40% de los empleados estatales no cumplen con el perfil idóneo para el puesto que ocupan, lo que representa a más de 600 mil funcionarios. Esta ha sido la práctica de todos los gobiernos, pero hoy debemos sumar a la inoperancia, antecedentes penales, ignorancia y una sed por saquear las arcas del Estado. El perfil predominante de los nuevos dirigentes representa, además, un mal ejemplo para nuestra sociedad cada vez más golpeada por la crisis.

La raíz del problema está en los mismos partidos políticos que no utilizan filtros durante la convocatoria de sus representantes, los que pasarán a integrar los poderes del Estado. Por ello vemos ministros, congresistas, miembros del poder judicial y de los organismos independientes que no solo no cumplen con los perfiles del puesto; sino que carecen de valores morales para conducir la Nación con vocación de servicio y preocupados por resolver los problemas de la ciudadanía.

La prioridad de la currícula escolar debería ser: promover principios, valores y formar peruanos honestos, que piensen en el futuro, solo así podrá salir adelante el Perú.

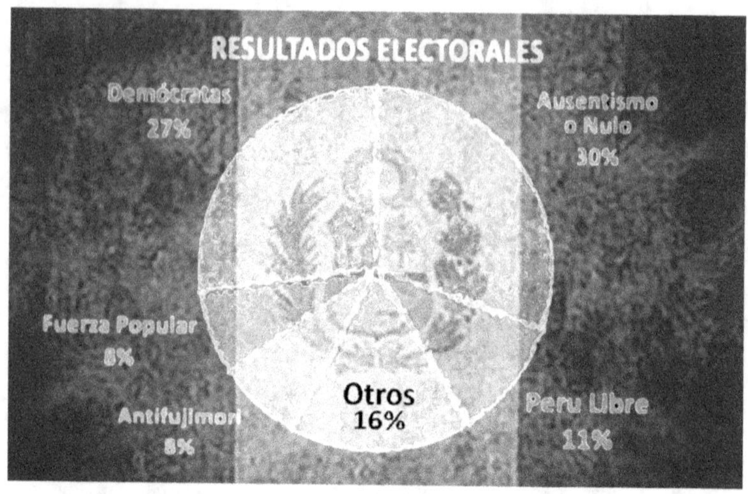

Protestan los otros, protestan todos

El Montonero, 14 de abril de 2022

Peruanos indignados se debaten entre la pobreza, la escasez y el hartazgo, protestando contra el desgobierno y la improvisación; 33 millones de compatriotas ven al país pulular sin rumbo comprensible, encaminados a una de las peores crisis de la era republicana. Es preciso buscar explicaciones, respuesta que deberíamos encontrar en los 25 millones de electores hábiles que fueron llamados a decidir ese futuro que hoy padecemos. Solo 57 de cada 100 peruanos emitió un voto válido en primera vuelta. ¿El motivo? Temores por la pandemia o ausencia de un candidato con el que verdaderamente se vieran representados; así, menos de 11 de cada 100 electores apostó por Perú Libre.

En segunda vuelta, Perú Libre obtuvo la mitad de los votos válidos: 35 de cada 100 electores. La pregunta es, si Pedro Castillo tenía menos de 11%, ¿A quiénes representan los 24 puntos adicionales que lo llevaron a la presidencia? El voto anti fujimorista es una realidad, acrecentado por las campañas de desprestigio que fueron la bandera de los grupos de izquierda. Estos podrían representar 8 puntos; pero aun quedaría por explicar el comportamiento y los votos del 16%. ¿Quiénes son?

Son los "Otros" que reclamaban ser escuchados y encontraron en la propuesta extremista de Castillo la alternativa, utilizando

82

el voto para expresar su pedido de auxilio, diciendo basta a una situación que vieron agravada. La pandemia había golpeado sus economías mermando su capacidad adquisitiva y muchos peruanos de clase media pasaron a formar parte del grupo de los pobres. Son habitantes de zonas marginadas del Perú profundo, en situación de pobreza extrema. Son la población poco conocida o indefinida para el sentir de algunos demócratas, que protestan legítimamente por sus propios derechos, sin tomar en cuenta la pobreza y el abandono de las zonas alejadas.

Terminemos de una vez con el discurso polarizante que enfrenta a pobres contra ricos, llamando a las cosas por su nombre. El problema radica justamente en ignorar la existencia de la clase media, verdadero motor de toda sociedad. La riqueza de un país no se define por el número de ricos o pobres, se define por la cantidad de personas ubicadas en el centro, quienes hacen posible la creación y multiplicación de los mercados, son los emprendedores que promueven nuevas oportunidades, haciendo posible la movilidad social, son los "Otros" excluidos en la nueva narrativa.

Sociológicamente, la clase media se define por sus propios reclamos: empleo estable, educación de calidad, acceso a la propiedad y derecho a esa propiedad garantizada para ellos y su descendencia. En términos económicos, son aquellos con ingresos no menores a 10 dólares diarios per cápita. Pero, cuanto más cercano se encuentre sus ingresos a ese límite inferior, mayor será la probabilidad de caer en estado de pobreza. Es por ello que lo que queda de la clase media, fundamento de la sociedad, luego de la pandemia y gobiernos corruptos consecutivos, sienten el peligro de ver mermadas sus frágiles economías.

El Instituto Nacional de Estadística e Informática – INEI, se refiere a dos grupos: pobres y no pobres. ¿Querría decir que, si ganas 1,100 soles mensuales, actual sueldo mínimo, ya no eres pobre? Entonces… ¿eres rico? El informe agrupa a trabajadores no asalariados (11%), asalariados (46%), independientes (39%) y empleadores (4%). Este esquema de ricos y pobres resulta insostenible.

Lo resulta indiscutible es que la aceptación de Pedro Castillo va en caída libre, pasando de 42% a 19% en solo 8 meses. Estas cifras solo cuantifican el hartazgo de los peruanos que se manifiesta en las encuestas y en cada conflicto social que el gobierno no puede o no quiere solucionar. Pero ese es tema de otro análisis.

Nuevas Elecciones… Un oscuro panorama

El Reporte, 20 de mayo de 2022

Por el bien del Perú y los peruanos, las autoridades electorales deberían dar un paso al costado, permitiendo investigar y reorganizar el sistema electoral. La población tiene dudas y no confía en estas autoridades aferradas a sus cargos ad-portas de nuevos comicios Municipales cuya falta de trasparencia es motivo de justificada desconfianza. El recuento sobre los acontecimientos durante las Elecciones Presidenciales de 2021 es motivo suficiente de "sospecha", por "irregulares" usando adjetivos benévolos; sobre actos inconstitucionales.

Desde 2020 el Pleno del Jurado Nacional de Elecciones JNE contó con sólo cuatro miembros, hecho anticonstitucional según el artículo 179 de la Constitución: "Jurado Nacional de Elecciones es un Pleno compuesto por cinco miembros". La ausencia del quinto representante del Colegio de Abogados se debió a elecciones fallidas sin apoyo de la OMPE. Así, Jorge Salas Arenas es presidente del JNE con voto dirimente (doble voto), despertando dudas sobre la transparencia del proceso electoral, ya que este magistrado defendió en el pasado a miembros de Sendero Luminoso acusados de terrorismo y fue militante del partido comunista Patria Roja. El Congreso exigió su renuncia, pero el Magistrado respondió que el cargo era irrenunciable.

La plancha presidencial de Pedro Castillo fue admitida con un solo candidato a vicepresidente, contradiciendo el articulo 111 de la Constitución: "Junto con el Presidente de la República son elegidos […] dos vicepresidentes". En diciembre de 2020 se rechazó la candidatura de Vladimir Cerrón, por una sentencia vigente por corrupción. Cuatro partidos políticos habían sido tachados quedando fuera de la contienda; pero el JNE admitió las Declaraciones Juradas de Pedro Castillo que omitía información, a pesar de las investigaciones de la Fiscalía que demostraron que mientras Pedro Castillo dirigía la huelga magisterial de 2017 (acatada por más de 230 mil profesores, afectando a 1.5 millones de estudiantes durante 3 meses), inscribió su empresa Consorcio Chotano de Inversionistas Emprendedores JOP S.A.C., como accionista, gerente general y un aporte de 18 mil soles. Se investigó también la incompatibilidad de funciones de Dina Boluarte como vicepresidenta, por laborar en el Organismo Electoral de la RENIEC; pero nada pudo frenar al JNE, cuya desaprobación sobrepasó el 56% por su lamentable gestión.

En el mismo contexto Oswaldo Hundskopf renuncia a la presidencia del Tribunal de Honor del Pacto Ético Electoral del JNE y meses después, Delia Revoredo dimite al mismo cargo con Gastón Soto Vallenas, vicepresidente, y Carmen McEvoy quien lamentó un proceso electoral al que calificó de "complejo y violento", que exigía un Tribunal de Honor con mayor apoyo institucional del JNE. Pero, el Informe de los Observadores Electorales de la OEA indicó que "Hubo falta de celeridad del Tribunal de Honor del Pacto Ético Electoral", mencionando las renuncias y no las causas.

El Magistrado Luis Arce Córdova "declinó" participar en el pleno del JNE en junio, acusando a sus colegas de "parcialidad", señalando que ya tenían una línea decidida y que no cambiarían su posición. El presidente del JNE acusa al magistrado por su vinculación en el caso "Los Cuellos Blancos", pero el Ministerio Público designa en su reemplazo al fiscal Víctor Raúl Rodríguez Monteza, paradójicamente también vinculado al mismo caso.

La misión de la OEA, con sólo 34 observadores cubrieron 17 de los 27 distritos electorales nacionales y 5 en el extranjero, emitió su Informe en junio, mencionando múltiples irregularidades sobre el sistema de cómputo "el simulacro constituyó una prueba limitada en su alcance", "había presentado más de 800 solicitudes de nulidad de mesas, por supuestas irregularidades", "Reconoce el derecho a presentar los recursos para manifestar, a través de la vía legal, eventuales disconformidades", pero no se pronunciaron sobre la revisión de las impugnaciones, cambios en los plazos de entrega, rechazo de los pedidos al JNE y sobre actas electorales que nunca fueron entregadas. Se refieren al Debate Presidencial, mas no a las irregularidades del arbitrario encuentro en Chota, donde es Perú Libre y no el JNE, quien fija la agenda del debate. Se omiten los debates a los que Pedro Castillo se rehusó a asistir o comentarios sobre el único encuentro que el JNE organizó con la triste participación de quien hoy es presidente.

La OEA manifestó su preocupación por "el acoso político contra las mujeres", pero no sobre los videos de la terrorista de Sendero Luminoso, Florabel Vargas Figueroa "camarada Vilma", quien llama al boicot y a no votar por Fuerza Popular; tampoco mencionan el asesinato de 16 personas durante el atentado terrorista de Sendero Luminoso. Ningún hecho impidió tampoco que el JNE entregara credenciales a los congresistas electos, incluyendo a aquellos con procesos abiertos acusados por afiliación a Sendero Luminoso como Guillermo Bermejo, Alfredo Pariona y Guido Bellido. Bermejo fue juzgado y el caso reabierto pidiendo 20 años de cárcel.

La situación prosiguió con escándalos como la denuncia de la Fiscalía Anticorrupción por el caso de "Los dinámicos del centro", que financió ilícitamente la campaña de Perú Libre, con depósitos en las cuentas de Vladimir Cerrón, de la vicepresidenta electa y otras inmoralidades avaladas por el JNE, el presidente interino Francisco Sagasti y otras autoridades. Hoy Zamir Villaverde denuncia a Castillo por presunto soborno al presidente del JNE, lo que debe ser seriamente investigado.

La corrupción se agudiza en pocos meses… ¡Pero aquí no pasa nada! Tanto Castillo, como Salas Arenas y Corvetto, si fueran capaces de sentir un poco de amor por la patria, deberían dar un paso al costado ante las nuevas elecciones.

Una selva fascinante y un Estado ausente

El Montonero, 25 de mayo de 2022

Es inaceptable la descarada adulación y charlatanería con la que los ministros de Estado intentan esconder su incompetencia y defender lo indefendible para proteger a Pedro Castillo. En una reciente entrevista el ministro de Cultura, Alejandro Salas, afirmó que "en el Perú no hay conflictos sociales o tal vez uno". No sabemos a qué Perú se refiere, pero el hecho demuestra desconocimiento sobre la coyuntura nacional, egoísmo que lo mantiene enfrascado en su propia agenda. El desprecio ante los reclamos de la población es la constante entre los miembros del Gabinete. Sería bueno sugerir a este representante del Estado, que revise la historia de la Cultura Chachapoyas, tomar cartas en los asuntos de su cartera e informar a la población sobre el estado de Kuelap, entre otros monumentos arqueológicos en peligro. Pero parece mucho pedir.

Existen en el Perú 209 Conflictos sociales, 160 activos, 100 en proceso de diálogo y únicamente uno ha sido resuelto durante el mes de abril. Loreto, que representa el 29% del territorio peruano y sólo el 3% de la población, tiene el récord con 29 Conflictos Sociales no resueltos, 25 de los cuales son protestas de Comunidades Nativas. Podemos entender entonces por qué los pobladores que reclaman la presencia de ese "Estado ausente", demuestran su malestar con atentados contra

PetroPerú y sus instalaciones que para ellos simbolizan la organización más cercana a lo que perciben como Gobierno.

Es lamentable el abandono del Estado y el desconocimiento de la realidad de la Selva profunda, su historia, su pensamiento mágico religioso, su cultura, sus usos y costumbres tan distintos a la realidad de la costa y de los Andes. Cómo entender que en la selva son contadas las ciudades y pocos los pueblos; que las comunidades que habitan en los grandes ríos son mestizas; que las comunidades nativas viven en la selva profunda y que hasta hoy existen comunidades indígenas en aislamiento voluntario, que habitan territorios declarados Reservas Indígenas, que estas comunidades aisladas no han tenido contacto con aquello que llamamos civilización por más de un siglo. Se ha evaluado diversas hipótesis sobre las causas del aislamiento voluntario; en muchos casos se cree que abandonaron sus comunidades como estrategia para escapar de las misiones evangelizadoras o epidemias, pero existen fundadas teorías sobre comunidades enteras que huyeron del abuso y la esclavitud durante la época de los caucheros a finales del siglo XIX y por ello, siguen siendo nómades y eluden la civilización. De cualquier forma, esta problemática es responsabilidad del ministerio de Cultura.

La selva, protegida por naturalistas y defensores del medio ambiente, es un espacio lleno de misterios e historias, algunas descubiertas recientemente y otras por descubrir. Un ejemplo apasionante es el Sistema de Pebas, un mar ubicado en nuestra Amazonía que abarcaba un área aproximada de un millón de km2 (120 veces el tamaño del lago Titicaca), cuya desembocadura hacia el océano Pacífico se encontraba en el departamento de Tumbes. Hace 40 millones de años, durante el inicio de la formación de la cordillera de los Andes (cadena montañosa más joven del mundo), estas elevaciones cerraron la salida al mar y 33 millones de años más tarde se forman los ríos Marañón, Huallaga y Ucayali sobre la superficie de ese mar de antaño. Este fenómeno parece explicar el contraste en los niveles de las aguas de estos mismos ríos cuyas alturas pueden variar hasta 4 metros entre la temporada de inundaciones y la temporada de seca. Estos territorios fueron ocupados por especies de grandes dimensiones, lagartos de 10 metros de largo y osos perezosos de más de 6 metros de altura, habitantes de nuestra fascinante selva hace 18 millones de años y parte también de nuestro legado cultural.

Estas historias y otras más deberían ser contadas por el Ministro de Cultura y otras carteras, pero prefieren dilapidar el dinero de los contribuyentes tratando de enredarnos con sus cuentos, falsedades y engaños con los que intentan justificar la incapacidad y corrupción del gobierno de turno.

A aquel que ame al Perú le sobrarán motivos para sentirse orgulloso, luchar por sacar adelante al país y contribuir con mejorar la calidad de vida de los pobladores de las zonas abandonadas. Es por eso por lo que esa responsabilidad no puede seguir delegándose a políticos irresponsables, incapaces o corruptos. Hoy la supervisión y vigilancia de la política es un compromiso que debe ser asumido por la ciudadanía, empresarios incluidos.

¿Cómo actúa un mentiroso?

El Reporte, 27 de mayo de 2022

Los mentirosos se enfadan haciéndose las víctimas, responden a la defensiva y se reúsan a dar explicaciones. Desvían la atención mostrándose ofendidos o apenados. Cuando su mentira es descubierta, negarán todo hasta que sus historias resulten insostenibles. Aquí algunos ejemplos.

Los problemas del Perú, especialmente la corrupción, vienen de muchos años o décadas atrás. Hemos tenido malos gobernantes, con diferentes graduaciones y la corrupción siempre estuvo ahí. Pero pocos como Martín Vizcarra que hizo de la mentira un arte mediante el cual dañó profundamente nuestro sistema, engatusando a la población, manipulando a la prensa, encerrándonos por meses mientras más de 200 mil peruanos morían y muchos otros actos imperdonables. Pero más grave fue que paralelamente continuaba con su agenda para controlar al país, incluso después del abrupto final de su mandato. Hoy que se van poniendo en evidencia sus descaradas mentiras, 10 años de inhabilitación para ejercer cargos públicos debería ser sólo el primer paso.

Martín Vizcarra nos engañó con el famoso referéndum del "Si, Si, Si, No" y hasta hoy muchos desconocen la función qué ejercía el Consejo Nacional de la Magistratura, cómo se reguló el funcionamiento de las organizaciones políticas, por qué se prohibió la reelección de congresistas y por qué rechazamos la bicameralidad, pero apoyamos a Vizcarra. Se cerró el Congreso, nadie salió a protestar y nuestras vidas continuaron. Lo que no conocimos fueron todas las maquinaciones y jugadas políticas que van poniéndose en evidencia una a una. Todo esto fue la antesala de lo que hoy vivimos, porque nadie sabe para quien trabaja. Los peruanos están cambiando, tal vez menos de lo que quisiéramos, pero esta dramática coyuntura nos debe hacer tomar conciencia del peligro de endosar nuestro futuro con un cheque en blanco a los gobernantes. Ahí está en Palacio el ex asesor de Vizcarra, Daniel Salaverry… Para muestras un botón.

La complicidad de Francisco Sagasti y su descaro para mentir aparentando una imagen intachable, hicieron posible la llegada al gobierno de Pedro Castillo y sus secuaces. Su presencia en palacio fue una ingeniosa jugada de laboratorio del partido Morado y los partidos progresistas, urdida para desarticular una vez más la democracia, avalados por los grupos de izquierda promotores de las marchas y la prensa a cargo de la convocatoria. Sagasti se opuso al nombramiento de los miembros del Tribunal Constitucional, destituyó al Comandante General de la Policía, desacreditó a las Fuerzas Armadas ante su preocupación por el proceso electoral, se negó a atender la solicitud de auditoría de las elecciones, se parcializó a favor del candidato vinculado a movimientos terroristas, sin mantener la obligada imparcialidad, emitiendo opiniones favorables a Pedro Castillo. Hoy nos enteramos de que este admirador de terroristas, que conserva con orgullo los autógrafos a él dedicados por los miembros del MRTA, fue quien allanó el camino a Bruno Pacheco hacia la Secretaría General de Palacio, modificando los requisitos mínimos para ocupar dicho cargo.

Hay mucho que contar sobre el presidente de turno, pero me limito a mencionar los monólogos durante sus elaboradas apariciones, eludiendo a la prensa por temor y donde su recurrente mensaje es: no me dejan gobernar, el problema se forjó hace 200 años y la tristemente célebre frase "podemos meter las patas, pero no las uñas". Siempre adelantando excusas, acusando de mentirosa a la oposición, mostrándose ofendido, en espacios donde nadie puede contradecirlo, evadiendo su propia deshonestidad. Esa es la realidad de un país, con gobernantes sumergidos en la corrupción y la mentira.

Hoy esas mentiras se ven convertidas en actos desesperados por buscar la propia salvación y esos gobernantes de Perú Libre se debaten ante la ola de destapes y denuncias que esperamos sigan en aumento hasta que caiga el gobierno más incapaz y corrupto de nuestra historia.

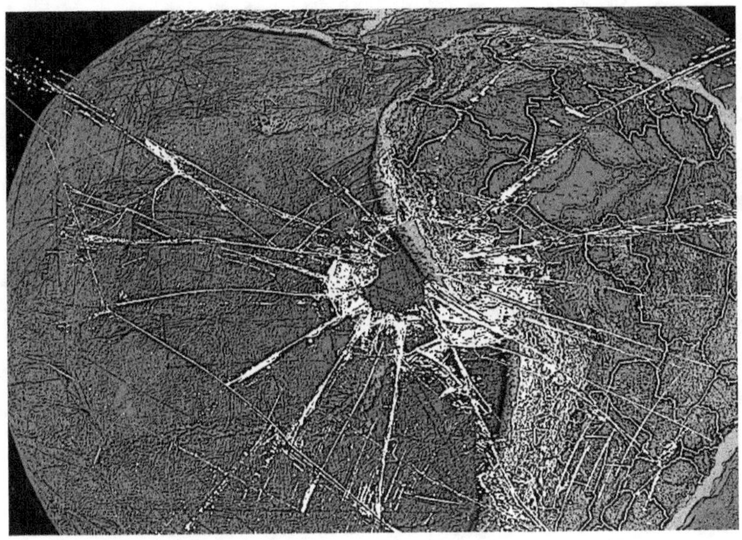

Cómo hacer pedazos a un país

El Montonero, 1 de junio de 2022

Transparency International define la corrupción como "el abuso de un poder encomendado, para un beneficio personal", publicando anualmente el Índice de la Percepción de la Corrupción con 180 países participantes. Los resultados de 2021 muestran que solo el 7% de los países obtuvo una nota por encima de 14; sólo el 24% presentó una nota aprobatoria; el Perú se ubica en el puesto 105, descalificado con 07 y Venezuela logra una nota de 03.

Sondeos del Barómetro de las Américas encuentran que el 88% de los peruanos sienten que la corrupción es un grave problema. Encuestadoras locales afirman que el 54% de los peruanos considera que nuestro principal problema es la corrupción, seguido por la delincuencia y el costo de vida ocupa la tercera prioridad, a pesar de que la pobreza sigue incrementándose de 30.8% en 2020 a 33% en 2021.

La corrupción es una multifacética problemática estudiada desde diversas perspectivas. Una aproximación económica estimada por la Contraloría General de la República muestra que la corrupción tiene un costo equivalente al 3% del PBI: 4 mil millones de dólares anuales por pérdidas directas, sin contar las pérdidas indirectas. Especialistas afirman que existe una directa relación entre la renta per cápita y la corrupción, por lo que la disminución de los ingresos estaría ligada al aumento de las conductas corruptas; pero el problema parece ser más complejo.

Para llevar a cabo actos como nepotismo, soborno, malversación de fondos públicos, fraude, extorción, entre otras manifestaciones de corrupción, es necesaria una relación de confianza recíproca entre los implicados y conlleva un riesgo. Estudios sobre la problemática encuentran una correlación entre el riesgo de ser descubierto y el posible castigo, cuya relación es inversamente proporcional a la probabilidad de cometer actos de corrupción; pero afortunadamente no todos se inclinarían hacia la corrupción en estas circunstancias. Está demostrado también que el temor al castigo no representa un freno suficiente contra la corrupción.

Existen implicaciones culturales que hacen tolerables algunas conductas impidiendo percibir el nepotismo como comportamiento corrupto. La reciprocidad, mecanismo de ayuda mutua entre familiares y vecinos de una comunidad e importante elemento de la identidad en el Perú, hace que se confundan los límites entre la ayuda y el favoritismo como base de una competencia justa lo que impacta en la meritocracia. Así, muchos funcionarios ingresan al sector público por compadrazgo, sacando de carrera a candidatos más calificados.

La teoría de la "pendiente resbaladiza de las conductas deshonestas" explica cómo estos comportamientos se incrementan de forma gradual, justificándose pequeños actos de corrupción. Un antecedente leve podría incrementar las probabilidades futuras de corrupción al desactivarse los mecanismos de autorregulación moral.

El entorno laboral también influye en el comportamiento de los integrantes de una organización, donde las emociones morales pueden verse alteradas, fenómeno descrito por el "modelo de la corrupción colectiva a través de la emoción evocada". La violación de las reglas por parte de un miembro de la institución produce una ambigüedad moral, atenuando los sentimientos de culpa o vergüenza que deberían ser la norma. Por el contrario, el modelo de "corrupción colectiva" indica que el comportamiento fraudulento se convierte en norma, incrementando el número de burócratas corruptos. Con ello los sentimientos de culpa disminuyen, el temor al descrédito y la pérdida de reputación decrece, aunque sean descubiertos, ya que las conductas corruptas se generalizan y la probabilidad de ser denunciado disminuye, encubriéndose unos a otros. Esta es justamente la realidad que vivimos con el actual gobierno de Pedro Castillo.

Estos comportamientos al interior del Aparato Estatal se traducen en la disminución de la inversión en sectores poco rentables para la corrupción, como la educación. Paralelamente se produce la pérdida de la confianza en las instituciones políticas, incertidumbre que afecta a las inversiones nacionales e internacionales, entre otros problemas que hoy padecemos.

El desequilibrio moral y pérdida de valores tiene como consecuencia que la corrupción se establezca como norma, trastocando nuestra identidad grupal al convertirse en prácticas predominantes en el tiempo. La presencia de este fenómeno en las instituciones educativas es motivo de gran preocupación por los efectos devastadores a largo plazo. Un sistema universitario corrupto, que admita pequeñas actividades corruptas será el punto de partida para que el problema se expanda. Las conductas corruptas admitidas, se irán extendiendo, desarrollando ciudadanos corruptos para el futuro. Es por ello por lo que, hechos como el plagio de la tesis de Pedro Castillo, avalado por una Universidad como la Cesar Vallejos tiene una repercusión tan grave o mayor que la Traición a la Patria.

La peste de la corrupción y su portátil

El Reporte, 3 de junio de 2022

La corrupción, "abuso de un poder encomendado, para un beneficio personal", tiene un alto costo para todas las naciones, representando en el Perú el 3% del PBI o sea unos 4 mil millones de dólares que podrían tener mejor destino. Pero esta problemática tiene otras aristas, consideradas siempre como pérdida indirecta.

Teorías sobre el comportamiento humano indican que si bien los actos de corrupción cometidos por los implicados van incrementando su volumen y frecuencia de forma paulatina; uno de los factores que inciden en la "Corrupción Colectiva" es el entorno que propicia los actos fraudulentos convirtiéndolos en norma. La violación de las reglas por parte de un miembro de la institución produce una ambigüedad moral que atenúa los sentimientos de culpa y vergüenza, incrementándose el número de burócratas corruptos en el tiempo. Al disminuir los sentimientos de culpa, el temor al descrédito y la pérdida de reputación, aunque sean descubiertos, se generalizan, aminorando la probabilidad de denuncia al encubrirse unos a otros. Esta realidad, no es nueva en el Perú, pero hoy se suman graves componentes como: ignorancia, falta de experiencia para ejercer cargos públicos, antecedentes penales, grotesco compadrazgo, ausencia de valores; todos factores que agravan la probabilidad de una corrupción generalizada.

Pero lo que presenciamos en el país, con el presidente de turno a la cabeza, está calificado como "Organización Criminal" que implica la asociación de varias personas en una estructura sistemática, con jerarquías, roles definidos y funciones, con el objetivo de cometer delitos.

En estas circunstancias y muy lejos de ofrecer explicaciones al país, Pedro Castillo ha demostrado mentir sin remordimientos, utilizando los Consejos de Ministros Descentralizados para objetivos muy distintos a los fines para los que fueron creados: espacios de diálogo y concertación que tienen la finalidad de trabajar la Agenda de Desarrollo Territorial, priorizando las demandas de las localidades para el cierre de brechas de desigualdad a favor de la población más necesitada. Pero, mientras la población exige la solución a sus demandas, estos espacios son dedicados a los monólogos de Pedro Castillo y su gabinete, sin actas de esas sesiones porque no llegan a acuerdo alguno, donde la única agenda es el intento de limpiar la imagen de un Gobierno desprestigiado, con discursos que sólo incrementan las brechas y la desigualdad, en lugar de buscar soluciones para los serios problemas del país. Hoy escuchamos la nueva triste y célebre frase de este señor que intenta exigir respeto a una investidura que nunca debió recibir: "la hambruna les va a dar solamente a los que no trabajan, a los ociosos", hecho que ha merecido no sólo la indignación general sino también el pronunciamiento de la Organización de las Naciones Unidas para la Alimentación y la Agricultura (FAO) explicando que "la hambruna no implica que la población no quiera trabajar".

Pero esto no es suficiente, estas actividades del Ejecutivo tienen una difusión masiva por los medios de comunicación, construyendo escenarios donde sólo pueden ingresar los miembros del partido y sus allegados, acompañados por personas (llamados la portátil) cuya participación consiste en aplaudir cada una de las mentiras y exabruptos del presidente y sus ministros, todo parte de un montaje inteligentemente armado para confundir a la opinión pública, despilfarrando el dinero de los contribuyentes.

En este entorno, la corrupción sumada a los discursos desesperados para encubrirla trae como consecuencia un desequilibrio moral y pérdida de valores que va socavando nuestra identidad. El partido de gobierno busca minimizar la gravedad de estos actos delincuenciales, con el peligro de que estos hechos sean vistos en el tiempo como actos cotidianos. La presencia de este fenómeno en instituciones educativas es motivo de mayor preocupación por los efectos devastadores a largo plazo. Un sistema universitario corrupto, que admita pequeñas actividades corruptas será el punto de partida para que el problema se expanda. Las conductas corruptas admitidas, se irán extendiendo, desarrollando ciudadanos corruptos para el futuro. Es por ello por lo que, hechos como el plagio de la tesis de Pedro Castillo, avalado por la Universidad Cesar Vallejos tiene una repercusión tan grave como la Traición a la Patria.

Defendiendo la bicolor…

El Reporte, 16 de junio de 2022

El desenlace del tan esperado "repechaje" en el que el Perú se enfrentó con la selección de Australia, ha dejado en los peruanos sinsabores y sentimientos encontrados al perder la última oportunidad de continuar en la competencia con miras a participar en la Copa Mundial de la FIFA Catar 2022. Los medios de comunicación, las redes sociales y en los diferentes círculos se ha comentado ampliamente los resultados del sueño que vieron truncado al final de un partido que se definió por penales. Pero también fue el fin de fiesta para los hinchas del deporte más popular del Perú quienes se alistaban para acompañar a la selección, empeñando sus sueños y también sus economías ya que se calcula que los peruanos en promedio destinan un 10% de sus ingresos en camisetas, televisores e incluso invierten más allá de sus recursos en viajes para alentar al equipo peruano.

La peruanidad, que se pone de manifiesto en este acontecimiento deportivo, une a la nación con un solo objetivo: alentar a la selección. Esa "peruanidad", término que no fue aceptado por la Real Academia de la Lengua Española hasta 2014, definiéndola como carácter o condición de peruano, es mucho más que eso. La peruanidad se refiere al "sentimiento de identidad que vincula a los pueblos y habitantes del Perú, basado en el afecto hacia sus tradiciones y la fe en su destino". Esa peruanidad que nos une a todos está representada por los colores blanco y rojos de nuestra bandera, con el que la hinchada se viste y pinta sus rostros; los himnos y canciones que llevan a estas multitudes a entonarlas con un sentimiento profundo que emociona a propios y extraños.

Pero esta competencia por la clasificación, en medio de una coyuntura en la que los peruanos estamos enfrentados, nos ha mostrado que es posible unir al Perú con un solo objetivo. Ricardo Gareca, entrenador argentino de la selección, les habla a los peruanos no solo de futbol "...la gran capacidad peruana, de un maravilloso pueblo que lo tienen abandonado lamentablemente, por todas las deficiencias que tiene un país que lo único que quiere es trabajar, que le den la posibilidad de crecer esencialmente. Si, crecer a los jóvenes, a la gente que sale a buscar el día a día para comer... para que el pueblo tenga acceso a esa posibilidad que es trabajo de todos". Se dirige a la prensa diciendo: "Ustedes tienen que estar comprometidos, que son los que informan y son los que dicen lo que está ocurriendo... es la obligación de ustedes decir la realidad de lo que está pasando y presionar, si no es muy difícil que Perú crezca". Estas palabras nos permiten ver más compromiso en un entrenador extranjero que en los miembros del ejecutivo que son los llamados a luchar contra esta problemática.

Ese lunes 13 de junio, fecha en la que se llevó a cabo el tan esperado partido contra Australia, fue declarado feriado para el sector público, noticia anunciada por el Ministro de Cultura y que causó alegrías; pero también malestar entre los gremios empresariales quienes manifestaron su preocupación por el impacto negativo que podría tener en la economía, calculándose una pérdida de 1,500 millones de soles.

También fue motivo de gran malestar en algunos sectores de la población la promulgación de este feriado que convenientemente coincidió con la fecha en la que Pedro Castillo había sido citado por la Fiscalía de la Nación para declarar en el marco de la investigación por presunto delito de organización criminal, tráfico de influencias y colusión agravada. Ya que el mandatario ha sido citado hasta en 3 ocasiones sin haber asistido, se ha decidido cambiar su condición, ya no como testigo, sino como investigado por el caso Sarratea.

Así terminó ese fin de fiestas, con resultados deportivos, políticos, económicos, sociales y también judiciales. Así es el Perú, ese país que amamos y defendemos. Me quedo con ese sentimiento de unión y peruanidad que es lo único que sacará adelante al país.

Antagonismo y negación de la realidad

El Montonero 16 de junio de 2022

Hemos sido testigos del papel desempeñado por Pedro Castillo en la IX Cubre de las Américas cuyo objetivo era debatir la problemática continental, promoviendo la integración de los países participantes y desarrollar una visión compartida para el futuro de la región. En los lineamientos acordados en la Carta Democrática Latinoamericana firmada en setiembre de 2011, se acordó excluir en este tipo de reuniones a aquellos países que no practiquen políticas democráticas. Pero los presidentes de Bolivia, Honduras y México no asistieron en rechazo por la exclusión de Cuba, Venezuela y Nicaragua, países que no fueron invitados por sus gobiernos autocráticos que atentan contra los derechos humanos.

Alberto Fernández, presidente de Argentina, denunció a Estados Unidos por imponer el derecho de admisión sobre los países miembros, así como por el bloqueo a Cuba y las políticas dañinas para la región. Criticó a la OEA por facilitar un golpe de estado en Bolivia, apropiarse del Banco Interamericano de Desarrollo y la intervención en el Fondo Monetario Internacional. Señalo los daños producto de la imposición de un pensamiento único en América Latina.

En el discurso que leyó Pedro Castillo, habló sobre el manejo del COVID, los problemas del sector salud, la ayuda proporcionada a unas 18 mil familias víctimas del COVID, programas de bonos y alimentos distribuidos. Mencionó el crecimiento de la exportación en un 35% y que contamos con la mejor calificación crediticia de América Latina. Anunció la presidencia del Foro de Cooperación Económica Asia Pacifico que se llevará a cabo en 2024. Convocó a los empresarios a promover el intercambio comercial con un país que ofrece una producción agrícola con valor agregado de alta calidad que debe ser potenciada como aspiración prioritaria y permanente.

Mas tarde, Pedro Castillo sostuvo una reunión con empresarios Norte Americanos para promover las inversiones en el Perú. Intentó con su estilo propio, mostrar las bondades de la agricultura manifestando: "El productor, que está ya abandonado en chacra totalmente fértiles, sigue llevando a lomo de caballo sus productos al mercado. Hay que nosotros hablábamos con los ministros de transportes, abrimos una trocha carrozable, chocamos en un río, llega hasta el alimento, no hay un puente, los alimentos se pudren allí. Entonces creo importante de que estos espacios son muy importantes. Y cuando ustedes se trasladan en el marco de que mayor confianza tengan como parte del Estado".

Pareciera ser que Pedro Castillo, además de sus serias dificultades para expresarse, no tuviera claro el concepto de predictibilidad, confianza y seguridad jurídica que requiere un empresario para asumir los riesgos de cualquier inversión. Se refiere a la confianza que recibirían del Estado y de los agricultores, sin comprender que es el Gobierno peruano el que debe garantizar las condiciones que hagan propicia la transferencia de capitales. También declaró: "Nos duele haber encontrado una gestión históricamente enlodada en actos de corrupción. Tenemos miles de obras estancadas, proyectos que están sometidos años ahí, que se ha concluido más del 50, 60, 70% el presupuesto de esas obras y la obra en su construcción apenas ha llegado a 40, 50%. Los hospitales están ahí, a medio construir y la población, esperando que cuando se va a construir. Entonces creo importante, como ustedes, transparentar las cosas y eso simplemente lo que queremos y si hay que hacerla y hay que invertir, hagámoslo directamente con la Comunidad a través de nosotros, que somos los actores y la voz oficial."

A pesar de ello, Castillo se abstuvo de hacer comentarios que propicien la polarización regional, pero el objetivo de consolidar la inversión privada para generar el crecimiento económico y el bienestar del país resultarán imposibles de alcanzar. A juzgar por sus declaraciones y la descripción de la realidad del Perú, más que mostrar nuestras fortalezas describe una nación que requiere donaciones o bonos para salir de una triste situación de atraso y no del país que cuenta con la mejor calificación crediticia de América Latina, según lo que el mismo había referido.

Por el bien del país, esperemos que, en próximas citas internacionales, Castillo acate las recomendaciones de la delegación o no asista, para evitarnos situaciones bochornosas. Pero tal vez, si los escándalos de corrupción continuaran, no será necesario que nos represente.

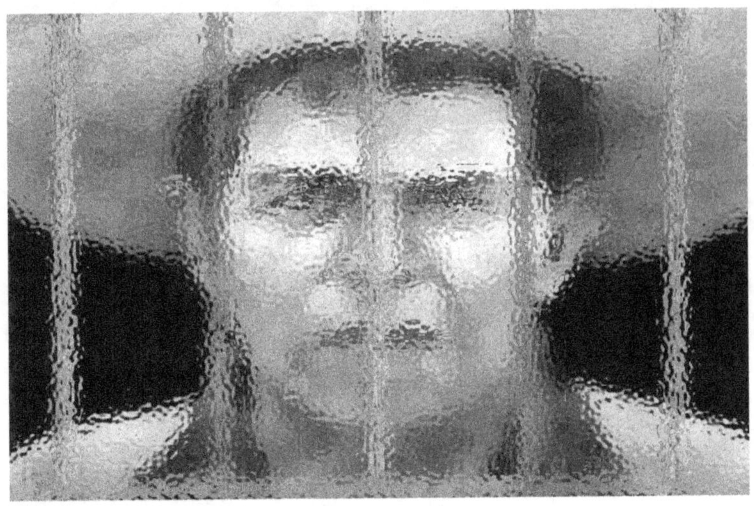

Gracias Castillo…

El Montonero, 8 de junio de 2022

La población está aturdida por los escándalos y múltiples denuncias, cada vez más graves y frecuentes, que golpean al país antes de poder recuperarnos del agravio anterior. Así, resulta prácticamente imposible el debido seguimiento y proceso a cada denuncia. ¿Este es un montaje diseñado por grupos de inteligencia? Si. Pero ese servicio de inteligencia también comete errores.

El secretario general de Perú Libre, Vladimir Cerrón, declaró a la prensa que Pedro Castillo y Dina Boluarte son unos traidores: "Evidenciaron su ambición por el poder, la intensión de repartija...", sobre el bloque magisterial afirma que "los que dicen haber renunciado por principios o conciencia parecen ser meros mercantilistas bermejianos", comentario con el que ataca también al grupo de Guillermo Bermejo. El hecho es que, de una bancada de 37 Congresistas sólo quedan 17 y más bien pareciera ser que el error de cálculos lo cometió Perú Libre. Eligieron al Sindicalista vinculado con el Conare-Movadef-Sendero Luminoso, para encabezar la plancha Presidencial del Partido, hasta resolver el problema de Vladimir Cerrón, inhabilitado para ocupar cargos públicos por orden judicial. Este perfil de presidente ignorante, que había funcionado en

Venezuela y Bolivia, muestra serios indicios de fracaso en el Perú. ¿Las causas? Pareciera ser que se excedieron en la dosis de corrupción agregada en la fórmula presidencial.

Cuba, 63 años de dictadura (desde 1959), un país en ruinas; Venezuela, 23 años de deterioro (desde 1999); Brasil, con Lula da Silva y su sucesora Dilma Rousseff por 13 años (2003-2016); Bolivia, Evo Morales por 14 años hasta su renuncia (2006-2019), partido aún en el poder; Nicaragua, con Daniel Ortega retornando al gobierno en 2007, perennizándose por 16 años; Ecuador, con Rafael Correa gobernando por 10 años (2007-2017) y la lista continua. Estos ejemplos nos llevan a reflexionar sobre las dictaduras que se enquistan en el poder y sentirnos casi agradecidos, por los errores políticos y la desmedida corrupción con la que Pedro Castillo ha sacudido al país en pocos meses. Por ello, si logramos deshacernos de este gobierno en menos de dos años, podríamos sentirnos afortunados. Castillo teme renunciar por las evidentes consecuencias, a pesar de que los daños causados al país son indudables, pero así parece funcionar esa falsa democracia.

En medio de la grave crisis, enfrentados a redes de corrupción nacional e internacional, todo parece derrumbarse como castillo de naipes. Si Pedro Castillo y su séquito cayera en pocos meses, el costo del error cometido al elegir a este Gobierno resultaría ser proporcionalmente reducido. Esta crisis sacude a los tres poderes del Estado, con denuncias y renuncias, acusados y prófugos, culpables y cómplices de una corrupción enquistada en toda la burocracia Estatal. Todos los actores comprometidos hoy se encuentran alarmados ante las evidencias sobre redes instaladas por décadas, activadas con cada gobierno.

Es necesario salir del círculo vicioso y buscar soluciones a la "corrupción", cuya erradicación hace necesaria la fumigación de las instituciones del Estado, comenzando por el Sistema Electoral. Si esta crisis nos está permitiendo evidenciar esas redes y reorganizar al gobierno central y regional de forma integral, bienvenidas sea la restauración.

La población está cansada de esos gobernantes, de esos políticos que no son elegidos verdaderamente por el Pueblo, porque son los partidos los que deciden a los candidatos, quienes entran a formar parte del gobierno. Ellos disponen cómo gobernarnos, olvidando a quien los eligió tan pronto se sienten parte de esa casta privilegiada que maneja y toma decisiones respecto al país, sus ingresos y sus pobladores.

El problema es latinoamericano y las soluciones deben buscarse en esas mismas esferas. Esta coyuntura hace necesaria una coalición Latinoamericana formada no por gobiernos u organizaciones gubernamentales, sino por miembros de la población civil organizada cuya función sea promover mecanismos de control, supervisión y transparencia que garanticen la idoneidad y buen gobierno por parte de las autoridades con la consecuente mejora en las condiciones de vida para los ciudadanos, especialmente para aquellos sectores olvidados y marginados.

Pedro no te escondas

El Reporte, 2 de julio de 2022

La Junta de Portavoces del Congreso de la República invitó a Pedro Castillo a una reunión para el martes 5 de abril por la tarde en el Palacio Legislativo, el objetivo era analizar propuestas y medidas para solucionar la crisis que afrontaba y sigue afrontando el país. Pero, minutos antes de la media noche del día anterior, fuimos sorprendidos con el mensaje a la Nación de Pedro Castillo quien declaraba la inmovilización ciudadana en Lima y Callao desde las 2 de la madrugada hasta las 11:59 de la noche del martes 5 de abril. Los motivos de la medida entre gallos y media noche fueron evidentes, pero los resultados fueron muy distintos a los esperados. Cientos de miles de peruanos salieron a las calles en forma pacífica, pero decidida a no acatar la medida. Al llegar a las inmediaciones del Congreso encontramos a cientos de policías resguardando a Castillo en un perímetro de 8 cuadras. Ese día se evidenció el nerviosismo de Castillo durante la breve reunión y el temor con el que salió huyendo de la sala del Congreso.

Meses más tarde, el Gobierno anunció que el lunes 13 de junio se declaraba feriado nacional con motivo del partido de repechaje contra Australia por la penúltima plaza para el mundial de Catar 2022. Pero sabemos que ese no fue el verdadero motivo de la declaración del feriado. La Fiscalía de la Nación había citado para ese mismo lunes a Pedro Castillo como testigo, en el marco de la investigación por el caso Tarata - Provías Descentralizado. Debido a su inasistencia y los constantes desacatos obligaron al Ministerio Público a cambiar su estatus de testigo a investigado.

Las cortinas de humo son la constante con las que este gobierno, que se sostiene con mentiras, aduladores y evasivas, busca esconder todas aquellas noticias que pudieran resultar nocivas para sus fines. Así, considerando que los destapes por corrupción, contratación de autoridades prontuariadas, negociaciones ilícitas y otros actos ilegales son el pan de cada día, terminamos teniendo tantos distractores como actos delictivos.

El martes 28 de junio, a las 11:00 de la noche Vladimir Cerrón publicó una sorpresiva y pomposa carta con la que invitaba a Pedro Castillo a renunciar a la militancia del Partido Perú Libre. ¿Las causales? Promover la desunión del partido con la fractura de la bancada congresal, además de inscribir e impulsar un nuevo partido paralelo.

La confirmación de esta nueva cortina de humo se corroboró con la extraña actuación de Pedro Castillo quien, luego de 4 meses sin dar declaraciones, por propia iniciativa se acercó a la prensa declarando con actitud afligida, que agradecía al partido Perú Libre por todo, a pesar de que prácticamente lo están expulsando. ¿Qué sucederá después? Todo resulta extraño incluida esa falsa tristeza.

Los pleitos entre Cerrón y Castillo no son ninguna novedad, algunos reales otros inventados. Pero sabemos que siempre está ahí la inteligencia cubana triangulando, no solo entre ellos, sino también con sus ministros, allegados al partido y recientemente interviene en asuntos con el nuevo alcalde de la Municipalidad de Lima.

Sabemos también que Ernesto Bustamante, presidente de la Comisión de Relaciones Exteriores del Congreso, pidió explicaciones en diciembre de 2021 al canciller Oscar Maúrtua por la aceptación de Carlos Rafael Zamora como embajador de Cuba en el Perú declarando que "Es una vergüenza que la

Cancillería haya aceptado que Zamora funja como embajador. Es un especialista en extorsión, en conseguir secretos de las personas para luego chantajearlas y con esos secretos cumplir sus misiones. El canciller Maúrtua deberá explicar ante la comisión qué consideró para aceptar una persona tan peligrosa, enviada por el gobierno de Cuba, un país que los últimos 63 años se caracteriza por exportar su revolución comunista". Lo que no sabemos es qué respondió Cancilleria en esa oportunidad por lo que resulta oportuno insistir con el actual Ministro de Relaciones Exteriores, Cesar Landa, sobre el mismo particular.

La elección de la Mesa Directiva del Congreso está ad-portas... es importante estar atentos.

¿Antesala de la corrupción o del bien común?

El Montonero, 7 de junio de 2022

La actividad empresarial, criticada por los sectores de la izquierda bajo el erróneo supuesto de que todo aquel que inicie un emprendimiento tendría garantizado el éxito, es un mito muy lejano de la realidad. Pero en la práctica, esta producción de bienes o servicios para lograr el mayor número de consumidores y con ello rentabilidad, no siempre resulta ser tal. Estudios a nivel mundial han demostrado que los negocios tienen un tiempo de vida promedio de 5 años, con un 70% de probabilidades de fracasar, lo que evidencia los altos riesgos.

En realidad, lo que hoy se debate es el papel de los Lobby y su rol en la política, especialmente por las redes de corrupción y los beneficios obtenidos de forma ilícita por algunas empresas en América Latina durante los últimos años. Pero, concretamente, el Lobby es: un grupo de presión que representa a un colectivo de intereses comunes que realiza acciones dirigidas a influir en la administración pública para promover decisiones favorables a los intereses de ese sector de la sociedad. Los primeros Lobby estuvieron representados por los sindicatos, cuyas luchas propiciaron grandes avances encaminados hacia el bien común.

Es una actividad política avalada por la Constitución en el Artículo 2, Numeral 20: "Toda persona tiene derecho a formular peticiones, individual o colectivamente, por escrito ante la autoridad competente, la que está obligada a dar al interesado una respuesta también por escrito dentro del plazo legal, bajo responsabilidad." Estas atribuciones otorgan a los ciudadanos el derecho a presentar solicitudes frente a las autoridades y participar en las decisiones de los organismos públicos.

Existen distintos tipos de Lobby o Grupos de Presión, en cualquier caso, la estrategia para lograr un objetivo que se traduzca en un beneficio o el bien común puede ser ejercida por gremios, sindicatos, empresas o asociaciones que representan intereses específicos ante los poderes públicos o de forma indirecta, movilizando a la opinión pública para lograr un objetivo ante los poderes del Estado.

Los profesionales del Lobby presentan las propuestas ante las autoridades a fin de lograr decisiones favorables a los intereses de los grupos que representan, pero las decisiones finales tienen que traducirse en un beneficio para la sociedad o algún sector de la población en particular. El problema radica en la falta de transparencia de estas iniciativas que deberían involucrar no solo la participación de los grupos de presión y los representantes del Estado, sino además ser sustentados ante la opinión pública con información académica y de especialistas que expliquen los beneficios y limitaciones de cada iniciativa.

Felipe Gutiérrez, presidente de Concertum, hace una distinción entre el Lobby profesional y Lobby informal. Afirma que el Lobby profesional articula actividades entre las cuales la investigación es fundamental para convencer a las autoridades con argumentos que tengan un correlato con las políticas públicas y el bien común. Los argumentos deben ser presentados en forma organizada y difundida, así, este intercambio será democrático y permitirá que todos puedan acceder legítimamente a la información antes de que las decisiones sean tomadas.

En países como México, Argentina, Brasil y Estados Unidos, el lobbying ha sido regulado para lograr el ordenamiento jurídico, no obstante, en la opinión pública el lobby ha ganado una connotación peyorativa como consecuencia de los grandes escándalos de corrupción. El mercantilista que actúa de acuerdo con sus propios intereses, lucrando a costa del tesoro público no es un empresario, es un delincuente y la complicidad con los funcionarios públicos genera un círculo vicioso que debemos combatir sin tregua a los infractores.

En el Perú se ha logrado avances, como la iniciativa de la Secretaría de Integridad Pública, responsable de la conducción, implementación y evaluación de la Política Nacional de Integridad y Lucha contra la Corrupción. En esta entidad se ha aprobado respecto al registro de visitas, una directiva modelo que obliga a los funcionarios a inscribir no solo la visita de los interesados y el nombre de los funcionarios visitados, sino además completar en un formulario el pedido y el proyecto en cada una de sus entrevistas y el detalle de las negociaciones legítimas, quedando todo registrado en línea. Pero aún hay mucho camino por recorrer.

El Lobby como mecanismo legítimo, regulado y normado con transparencia es la única vía para lograr la competitividad y beneficios para nuestra sociedad en el marco del bien común. Esto no será posible si no se logra recuperar el respeto a los valores y la integridad no solo de nuestras autoridades, sino de todos aquellos involucrados en estas actividades, los que deben velar por el cumplimiento de la legalidad.

La ola de actos de corrupción sin precedentes que presenciamos en los cortos meses del gobierno de Pedro Castillo no es otra cosa que la mala elección de funcionarios que desconocen las reglas de juego del sector público, incapaces de entender la problemática del sector que representan y la falta de principios, valores y amor al país, hecho agravado por sus propios antecedentes, en muchos casos penales.

Donde hay hambre, no hay pan duro

El Montonero, 21 de julio de 2022

La situación del país va de mal en peor. Los titulares se centran en la corrupción y los escándalos, pero la crisis económica que golpea a los sectores más vulnerables motiva a algunos analistas a profundizar en temas que pocas veces habían sido tratados. Cifras como el 13.3% de recuperación en el PBI durante el 2021, ponen en evidencia que este rebote no fue suficiente para rescatar la economía de un país que va a la deriva. El aumento de la inflación con la consecuente disminución del poder adquisitivo, la baja en los indicadores del mercado laboral, el incremento de los niveles de precios, especialmente en la canasta básica familiar, aumento del precio de los combustibles, fertilizantes y otros insumos importados se ven reflejados en los índices de pobreza monetaria. Los pobres, que representaban el 20.2% de la población del Perú en 2019; en el 2021 representaron al 39.7% de la población rural y 22.3% en el área urbana, demostrando además que las grandes brechas entre ambas zonas siguen incrementándose. Pero, durante el 2022 la pobreza estaría afectando al 27.5% de la población total, cifra que no debe ser vista como meros porcentajes ya que se refiere a seres humanos, más de nueve millones de peruanos que no pueden cubrir sus necesidades básicas.

Los principales alimentos consumidos por la población pobre en el Perú son: maíz, arroz, pan, papa, frijoles y camote, pero como consecuencia de la crisis y el incremento de los índices de precios de la canasta básica 9.32% en el último año, hoy muchos consumen un solo alimento básico o peor aún, numerosas familias -más del 10%- pueden pasar un día entero sin alimentarse.

Los antiguos peruanos tenían una alimentación muy buena, según datos registrados por cronistas españoles como Bernabé Cobo. Términos como "t'anta" que significa pan en quechua, se refieren más al concepto de "sustento" ya que en esos tiempos no se conocía el trigo que llegó desde España. Pero estudiosos como Francisco Cabieses afirman que estos mismos pobladores no consumían leche ni huevos, ingredientes que fueron reemplazados por otro tipo de proteínas. Esto podría explicar porque en muchas poblaciones se canjea la leche por alimentos menos nutritivos como el arroz o los fideos. Ello es un problema especialmente grave ya que existe una relación directa entre una buena nutrición y el desempeño escolar, problema que seguirá afectando a las próximas generaciones. Pero la educación y los niveles de aprendizaje son otro importante tema que tampoco está siendo afrontado.

Con respecto al pan, alimento básico para el sustento de la población peruana especialmente en la costa y sierra, su precio se ha visto incrementado en forma ostensible. Si antes era posible comprar 5 panes por un sol, en algunas zonas del Perú hoy se compran solo tres e incluso puede llegar a tener un precio unitario de 0.40 soles. Este hecho, particularmente preocupante ha sido analizado en un estudio Urbano y rural realizado por CPI en el mes de junio, encontrando que la población que solía comprar diariamente 12 panes hoy solo puede comprar 7, afectando a un total de 8.5 millones de consumidores, 7.1 millones adicionales. Otro dato preocupante es que la cifra de personas que no pueden comprar pan se ha incrementado de 850 mil a más de 1,2 millones de personas, especialmente en hogares de la sierra centro y sur del Perú.

Pero personajes como el primer ministro que sugirió comer pescado si el pollo subía de precio, podría decir que, a falta de pan, buenas son tortas. Esa parece ser la política de un Estado que minimiza los graves problemas del país, mientras solo el entorno presidencial, sus parientes, los chotanos y los huancaínos de Perú Libre se han visto beneficiados durante este primer año de desgobierno.

Entre la incertidumbre y la desconfianza

El Reporte, 22 de junio de 2022

En tiempos en los que la frase "no más pobres en un país rico" ahonda la disonancia social; resulta interesante encontrar una Encuesta de IEP con un "análisis estadístico sobre la percepción de las diferentes formas de desigualdad en el Perú". Lamentablemente el estudio no presenta un análisis comparativo anual, resultando difícil medir las consecuencias de las acciones de un gobierno que solo busca "agudizar las contradicciones" y constatar cuánto ha calado en la conciencia ciudadana esta propaganda.

La desigualdad, como autopercepción, se vincula no tanto a la riqueza o patrimonio, como a las expectativas que los grupos consideran como calidad de vida. Esta percepción se relaciona más con factores como el acceso a la salud, educación y otros servicios públicos; que con la riqueza o pobreza. Los estudios sobre desigualdad suelen mostrar la autopercepción personal de los encuestados, condicionada por factores sociales, culturales, psicológicos o incluso coyunturales y no por parámetros netamente económicos.

Como resultado de dicho estudio, en términos políticos, el 28% se considera de izquierda, 34% de centro y 38% de derecha; las autoidentificaciones étnicas más saltantes son: 59% mestizo, 12% quechua, 10% blancos, 4% afroperuanos y 3% de la Amazonía. Sobre la auto percepción como grupo social, 65% se considera de clase media, 31% de clase baja, dato bastante cercano a las cifras oficiales que estiman que el 27.5% de la población se encuentra en estado de pobreza monetaria en 2022 (20.2% en 2019) y 4.4% se encuentra en estado de pobreza extrema (2.9% en 2019). A pesar de ello, el 59% considera que su situación económica es mejor a la de sus padres y 22% piensa que es igual.

En todo caso, este estudio pone de manifiesto que la desigualdad más saltante son las diferencias entre ricos y pobres en 72% de los encuestados, lo que no llamará la atención de los lectores ya que, aunque la problemática es una realidad, luego de más de un año escuchando el mismo estribillo, algo debía calar. La segunda grave desigualdad con un 61% es el contraste entre las ciudades y las zonas rurales. Cabe anotar que la población en el Perú es 80% urbana y 20% rural. La tercera desigualdad según el 56% de los encuestados, se relaciona con el desfase entre Lima y el resto del país. El tema racial parece ser el de menor importancia, lo que demuestra los valores de la mixtura, mestizaje y multiculturalidad de nuestra peruanidad.

Pero la percepción de desigualdad está directamente relacionada con la disminución de la confianza en las instituciones y a nivel interpersonal. Las élites políticas y sus decisiones juegan un rol importante respecto a los sentimientos en la población, que no está dispuesta a asumir riesgos. Obviamente en estas circunstancias la población se debate entre la incertidumbre y el desconcierto en este "país que ya no duerme" agobiado por la corrupción, la inseguridad ciudadana y la crisis económica. El resultado que vivimos es un incremento en el número de conflictos sociales y manifestaciones de protesta que no han cesado desde inicios de este desgobierno.

Las estrategias para "agudizar las contradicciones", buscan que los ciudadanos reaccionen como un "choque de trenes" ante las injusticias y la discriminación que los lleva a situaciones de desventaja. Pero la historia parece demostrar que esta táctica produce lo contrario: frustración y desaliento. La reunificación alemana y la socialdemocracia, es un ejemplo de instituciones sólidas que generaron credibilidad y confianza en la ciudadanía como sistema efectivo para reducir las desigualdades. Lo que la ciudadanía necesita es la creación de "vías que permitan avanzar" para dar inicio a un movimiento transformador. En Perú, la Economía Social de Mercado de la Constitución de 1993 fue el modelo que hizo posible mejorar la confianza en las instituciones y superar niveles de pobreza que pasaron de 58% en 1990, a 20% en 2019.

Es importante devolver la confianza a la población, lo que sólo será posible deteniendo este "Choque de trenes" que pone en peligro a todo el país. La "Vía para avanzar" es recuperar la credibilidad en las instituciones, un gobierno honesto, sincero y transparente, que promueva la cultura cívica, principios, valores y verdadero amor por el Perú.

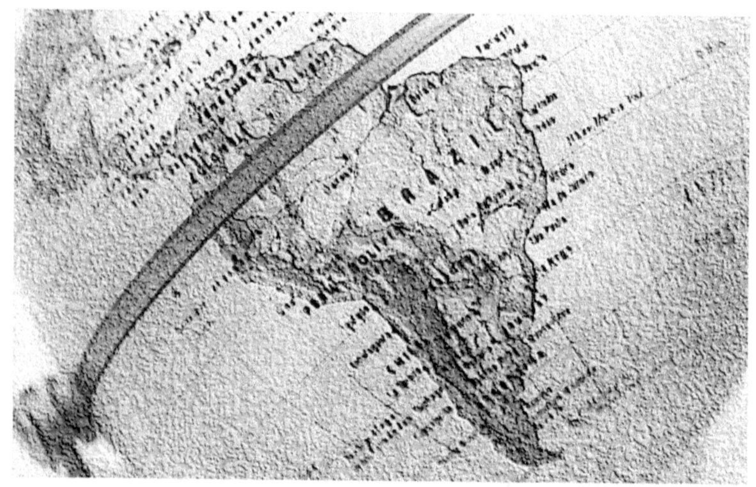

Si el presente no te gusta… luchemos por un futuro mejor

El Reporte, 8 de julio de 2022

Los países latinoamericanos vienen optando por formas de gobierno que, por las políticas que implantan, tienen como resultado no sólo la pérdida progresiva de las libertades individuales, crisis económicas y sociales, sino que además se constatan vínculos con la corrupción, el terrorismo y el narcotráfico. Me refiero a los países "amigos del Castro-Comunismo", que van alineándose con el modelo planteado hace 63 años por Fidel Castro: Venezuela, Nicaragua, Honduras, Argentina, Bolivia, Chile, Perú y recientemente Colombia.

La crisis de nuestras instituciones, más evidente que nunca con el gobierno de Castillo, no es otra cosa que improvisación, presencia de personajes corruptos en todo el estado, ejecutivo, legislativo, poder judicial e incluso en las fuerzas armadas. Rescatar la unidad nacional no será posible sin recuperar la confianza en nuestras instituciones, reestructurando los partidos políticos, con candidatos calificados, con propuestas que reflejen los reales intereses de la población y un profundo amor al país.

No es posible reconstruir el estado de derecho si no iniciamos un movimiento intelectual que congregue a pensadores y nuevas generaciones para evaluar nuestra realidad, analizar la problemática desde su origen y buscar vías de solución. Un problema ineludible es la crisis de valores que afecta a toda la población, la ausencia de materias como educación cívica en la currícula escolar, cursos que son reemplazados por contenidos menos relevantes hace imposible la formación de verdaderos patriotas que trabajen con amor por el país.

Cuando intentamos de imaginar a un líder, resulta difícil mencionar nombres que pudieran liderar un movimiento que nos lleve a un cambio en las estructuras de la sociedad. Pero resulta más sencillo imaginar un movimiento con pensadores e intelectuales, porque estamos seguros de que en nuestro país esos personajes abundan. Esta coyuntura, además, está creando corrientes de jóvenes quienes se cuestionan el statu quo, debatiendo vías de solución. Pero cualquier propuesta debe partir del análisis histórico, entendimiento profundo sobre las causas de nuestros problemas y a partir de ello propiciar un debate nacional para construir un pensamiento sólido que permita al país salir adelante, incluyendo sobre todo una agenda para luchar contra la pobreza y el abandono de las clases más necesitadas.

Este movimiento latinoamericano debe promover la unión, primero a nivel país y luego a nivel continental, traspasando fronteras con nuevas propuestas desde distintas perspectivas en busca de soluciones. Esta convocatoria debería contar con la participación de la población civil, intelectuales y pensadores, periodistas independientes y jóvenes que hoy se perfilan como el futuro del Perú. Ideales comunes como la libertad, dignidad y los derechos humanos nos permitirán rescatar la reserva moral de todas nuestras naciones.

Esas dictaduras o proyectos dictatoriales promueven un discurso divisionista que niega el legado de nuestra historia, la herencia hispanoamericana y Republicana, con discursos que socaban nuestra identidad y los valores nacionales. Destruir falsos mitos y engañosos discursos que buscan someter y dividir a nuestros pueblos negando la verdad y la realidad, solo degrada nuestro pasado, reduciéndolo a una triste y constante explotación; dividiendo a la población y "acentuando las contradicciones".

La adecuación de la realidad y la historia a intereses de algunos grupos o personajes no son hechos de tiempos actuales. Los Incas quemaban los Quipus de sus antecesores cuando estos pertenecían a otro linaje para borrar la historia y adecuarla a sus intereses. Por ello, cualquier juicio de valor debe establecerse en el contexto de los hechos y no con parámetros actuales. Pero la actual negación de verdades irrefutables con herramientas sociológicas, antropológicas, lingüísticas, psicológicas y culturales buscan confundir la percepción de nuestra realidad con discursos que atentan contra valores fundamentales como la familia, la libertad, la dignidad y que socavan la reserva moral de la sociedad.

Requerimos una Reforma que acerque a los ciudadanos a la política para desarrollar Partidos más sólidos, con objetivos consistentes, personajes que realmente representen los intereses de la población civil y sobre todo con sólidos valores morales. Esta reforma se debe iniciar con el sistema electoral, con el desarrollo e implementación de ese Código Electoral, tantas veces rechazado y postergado. Los miembros del sistema electoral deben ser personajes probos, sin ningún antecedente o inclinación política que pueda torcer el proceso y los resultados electorales. Iniciativas como la renovación del congreso a mitad de periodo para evaluarlos en función a resultados y así decidir quienes se renuevan o se mantienen, son solo paliativos a una problemática que se encuentra en las bases de nuestra sociedad.

Hoy la conquista no está más en los territorios, la verdadera conquista es una batalla cultural donde el objetivo es llegar a las mentes, una ideología con un discurso que se acerque a los pobladores sin negar la realidad histórica, reconstruyendo una verdadera identidad como nación. Aceptando la convivencia de diversas culturas, reconociendo nuestra esencia y los símbolos que nos identifican, nuestro territorio y nuestras fronteras, encontraremos coincidencias como elementos de nuestra peruanidad, pero también podremos establecer lazos de fraternidad con los países que conforman nuestro continente.

¿Quién nada debe, nada teme?

El Montonero, 30 de junio de 2022

La población civil debería, cumplidos sus deberes ciudadanos, dedicarse a trabajar, cuidar a sus familias y, en pocas palabras, hacer su vida. Pero este desgobierno, cerca del primer año de mandato, no da tregua llenando los titulares de la prensa, incluso de aquellos que durante los primeros meses intentaron justificarlo. La incertidumbre es el pan de cada día, en un escenario donde el capítulo final de Perú Libre y compañía no termina de escribirse.

Entran en escena nuevos actores, nuevas fichas en el ajedrez político donde la corrupción es la única constante y cada personaje resulta ser más turbio que el anterior, confundiendo a ese Pueblo al que Pedro Castillo sigue intentando engañar con sus sínicas mentiras en sus costosas visitas a las provincias, como parte de la estrategia montada por sus asesores nacionales y extranjeros.

Existe la prensa de oposición y la prensa que defendió o maquilló la realidad nacional durante los primeros días del gobierno. Pero hoy podemos afirmar que resulta imposible para cualquier medio negar los hechos. Como defender a un gobierno con serios indicios y pruebas de corrupción; peor aun cuando no solo miente descaradamente, es blindado por los miembros de su gabinete, interfiere con las investigaciones con actos de infracción constitucional, perturbación probatoria (lo que podría costarle una suspensión de la Corte Suprema), sino que además busca eludir a la justicia y callar a la prensa con proyectos de ley como el llamado "Delito de Difusión de información reservada en una investigación fiscal".

Pedro Castillo y sus cómplices obstaculizan la labor de la Fiscalía y del Congreso de la Republica con estrategias que solo podrían ser comparadas con el accionar de los gobiernos Castro-Comunistas en sus primeros tiempos, medidas que fueron diseñadas y monitoreadas por la inteligencia cubana. Pero esa inteligencia viene quedándose corta ante esta descarada corrupción.

En esta coyuntura, el Pueblo ya no cree en nadie, protesta contra el aparato del Estado, rechaza al gobierno central y a los gobiernos regionales, duda de las empresas públicas y privadas, del entorno de Palacio y del Congreso. La percepción de corrupción de las instituciones públicas y privadas es abrumadora, 88 % de la población piensa que hay corrupción en el entorno de Castillo y 95% opina lo mismo respecto al Congreso. La aprobación de Pedro Castillo sigue en caída libre con escasos 19% puntos según la encuesta del diario La República, realizada por IEP en el mes de junio. La percepción negativa respecto a la honestidad de Pedro Castillo a pasado de 43% en agosto de 2021 a 66% en junio; 69% piensa que no se preocupa por los más necesitados y solo el 25% de la población de escasos recursos aprueba su gestión; 73% ya no confía y piensa que no está capacitado para gobernar, en pocas palabras, la población está cada vez más decepcionada.

No sabemos cómo ni cuándo terminará esta situación que evidencia la ausencia del Estado de Derecho. El poder ejecutivo ataca y miente en un intento por defender lo indefendible, a pesar de que las evidencias juegan en su contra. El Congreso, al que quisiéramos apoyar como alternativa constitucional para salir de esta crisis, muestra actitudes poco transparentes, su accionar es lento y se destapan también evidencias de corrupción. La confianza en la fiscalía y el poder judicial es escasa y su accionar es lento, pero hoy resulta imposible eludir la avalancha de denuncias por corrupción. En este escenario, la cruel víctima es la población civil, especialmente aquellos de bajos recursos que no pueden cubrir los costos de sus necesidades básicas, filas que lamentablemente vienen engrosándose a vista y paciencia de las autoridades.

Puede seguir en el gobierno un presidente rechazado por 8 de cada 10 peruanos, continuar a pesar de que el Pueblo denuncia su deshonestidad, duda de su "palabra de maestro" porque es falsa, ve como su entorno se enriquece mientras el país empobrece, donde en la población impera la desconfianza y nadie se siente representado. Alguien con un mínimo de amor o compasión por los peruanos, haría aquello que la población exige "dejarlos trabajar y tener una vida tranquila", pero ese reclamo no es escuchado. Tarde o temprano se deberá hacer justicia. Ser el peor presidente de la historia de un país es un gran cargo de conciencia, para cualquiera con un mínimo de decencia; pero afortunadamente ese mismo accionar y sus enredados discursos solo le seguirán jugando en contra.

Entre lo importante y lo urgente

El Reporte, 15 de julio de 2022

El Congreso de la Republica tiene, además de las funciones legislativas, el control político de las acciones del Poder Ejecutivo a través de los mecanismos establecidos en la Constitución y funciones especiales para la designación de los titulares de organismos autónomos del Estado. Representa la democracia ya que en ella se expresa la voz de los ciudadanos. El control político se ejerce por medio de la fiscalización sobre el uso y la disposición de bienes y recursos públicos, el cumplimiento por el Presidente de la República, el antejuicio político, cuidando que la Constitución Política y las leyes se cumplan y disponiendo lo conveniente para hacer efectiva la responsabilidad de los infractores. Este es el mandato de nuestra Constitución.

Pero nos enfrentamos a un congreso de extraña conformación, con agrupaciones que no siempre representan los ideales por los que fueron elegidos, hecho agravado con las constantes movilizaciones de una bancada a otra. Hoy vemos que la bancada compuesta originalmente por 37 miembros elegidos para el partido de gobierno se ha fracturado en cuatro agrupaciones y uno de sus congresistas a migrado a Podemos

Perú. De los trece parlamentarios de Renovación Popular, solo quedan nueve ya que cuatro que representan el 31%, pasaron a otras bancadas. El Congresista Héctor Valer, originalmente asociado a la derecha con Renovación Popular, pasó a la bancada del Partido Somos Perú y luego se asocia con el partido de gobierno, convirtiéndose luego en el efímero primer ministro del gabinete de los 4 días. Bancadas como las de Podemos Perú, Partido Morado y Somos Perú parecen buscar su cuota de poder, al igual que Alianza para el Progreso, salvo honrosas excepciones. Acción Popular, partido de trayectoria y experiencia de gobierno, incluye en sus filas a personajes de dudoso proceder, algunos investigados, haciendo imposible predecir la verdadera línea ideológica. Tenemos cinco parlamentarios no agrupados y con estos difusos perfiles en la arena legislativa resulta difícil saber si el Congreso expresa la voz de los ciudadanos y mucho menos predecir el rumbo que tomará el país.

Las encuestas sobre la gestión pública muestran el rechazo al gobierno, con un 19% de aceptación sobre la gestión del presidente y el ejecutivo, cifra que continúa en caída libre. La población insiste en tres problemas prioritarios por los que demanda solución: erradicar la corrupción, inseguridad ciudadana y reactivación económica; temas que el gobierno de turno sigue relegando.

En este contexto, más que legislar, la principal función del Congreso debería ser la investigación sobre los asuntos de interés público, haciendo comparecer a los implicados ante las comisiones encargadas de tales investigaciones, bajo los mismos apremios que se observan en el procedimiento judicial. Esto es lo que expresa la Constitución y lo que reclama la población. Estas acciones del parlamento se ven postergadas como consecuencia de la estrategia del gobierno concentrado en crear cortinas de humo con distractores para desviar la atención sobre acciones que ponen en peligro la situación del país, hecho corroborado por el decrecimiento del PBI, incremento de la inflación, ausencia de inversión, bajas expectativas de los empresarios, incremento de los conflictos sociales, entre otros indicadores.

Sabemos que hoy pagamos las consecuencias de la nefasta propuesta de Martín Vizcarra con la prohibición de la reelección parlamentaria. Tenemos un congreso sin experiencia que se ha visto obligado a aprender sobre la marcha en un entorno político, económico y social convulsionado. Aun así, debemos reconocer los importantes logros de ese parlamento que finalmente pudo nombrar a los miembros del Tribunal constitucional y frenar la propuesta para la Asamblea Constituyente, entre otras gestiones importantes. Al respecto cabe resaltar la importante contribución de la doctora Gladys Echáis cuyo perfil profesional y valiosa participación en el debate contra la Asamblea Constituyente es motivo suficiente para ser elegida Presidente de la Mesa Directiva del Congreso; pero hoy presenciamos una pugna entre los partidos que buscan su cuota de poder sin tomar en cuenta las necesidades de la población.

En momentos en el que los poderes del Estado se han visto rebasados debemos reconocer que la función fiscalizadora no hubiera sido posible sin el trabajo de investigación realizado por los medios de prensa, por lo que la defensa sin tregua del cuarto poder es una de las más importantes misiones. En un Congreso que debe distinguir entre lo importante y lo urgente, abandonar el trabajo a distancia, para comenzar, concentrarse en la elección de la nueva mesa directiva, la inhabilitación de Dina Boluarte, la organización de un gobierno de transición ante la inminente destitución de un gobernante que ya no gobierna y la recomposición del sistema electoral, parecen ser los temas más urgentes.

Sabores, colores y formas del mestizaje cultural

El Montonero, 07 de julio de 2022

Para entender la conquista de América hay que imaginar primero el nivel de desarrollo de ambos continentes en la época del descubrimiento. La ausencia de la rueda se compensó con los chasquis en América; mientras que, en el mismo siglo XV, en Europa Leonardo da Vinci diseñaba una máquina voladora. El siglo de las innovaciones llevó al mundo a las puertas de la globalización con el descubrimiento de América; pero se inició también la reforma protestante y la represión de la Inquisición. Por ello cualquier juicio de valor debe establecerse en el contexto de los hechos, y no con parámetros actuales.

La adecuación de la historia a intereses grupales o personales no es un problema de nuestro tiempo. Lo que no tiene precedentes es la negación de sucesos irrefutables usando herramientas sociológicas, antropológicas, lingüísticas y psicológicas para invertir percepciones de la realidad con discursos que atentan contra valores fundamentales como la familia, la libertad y la dignidad, socavando la reserva moral de la sociedad. Palabras como "revolución", asociada con la violencia, se anexan a "cultura", con valores sociales, creando la bandera del neomarxismo: la "revolución cultural".

Mientras Europa tenía la imprenta, el Imperio incaico usaba los quipus, cordeles de lana o algodón de colores con nudos, para almacenar información sobre la guerra, gobierno, tributos, ceremonias y tierras. Solo han sobrevivido hasta nuestros días 734 quipus, quince de la cultura Huari, del siglo VII d.C. En 1542, derrotado Huáscar –último Inca coronado–, los generales de Atahualpa exterminaron a sus quipucamayos, destruyendo todos los quipus que contenían su historia para borrar la memoria del Inca destituido. Estas prácticas fueron comunes. Por ello el valor incalculable de la recopilación y documentación histórica realizado por los españoles, quienes registraron data sobre la conquista, además de historias, tradiciones, mitos y costumbres locales, haciendo posible preservar estos conocimientos.

María Rostworowski, reconocida historiadora peruana, presentó en 1953 el trabajo titulado "Pachacútec Inca Yupanqui", rescatando la figura del Inca que marca el hito entre el Imperio mítico y el real Imperio del Tahuantinsuyo, a partir del triunfo definitivo sobre la Confederación de los Chancas en 1438. Hasta esa fecha la teoría de Garcilaso atribuía a Viracocha, antecesor de Pachacútec, la derrota de los Chancas y la consolidación del imperio. El jurado de la Comisión Técnica de Historia observó excesivas reacciones contra Garcilaso en las teorías de la historiadora, pero reconoce esta obra que rescata la figura de Pachacútec como primer Inca Imperial. Con ello Rostworowski ganó el premio "Inca Garcilaso de la Vega" por una investigación que echó abajo las teorías del mismo Garcilaso, emparentado por su linaje con la panaca de Viracocha.

Estos sucesos evidencian cómo la historia puede ser manipulada a favor de un grupo en el tiempo. En la conquista de América hubo abusos, pero abundan los testimonios sobre la labor evangelizadora. Casos como expediciones a la selva peruana de Gonzalo Pizarro y Francisco de Orellana que llegaron hasta el río Amazonas en 1542 despiertan las inquietudes misioneras. Los jesuitas emprenden peligrosas expediciones en las que fallecen los pioneros; hasta 1638, año en que fundan las misiones de Maynas, con los indios Jeberos como intérpretes de más de 40 dialectos. Esta cristianización permite la fundación de pueblos a las orillas de los principales ríos, iniciando la vida sedentaria, comercio, estructuras colectivas y comunitarias, enseñanza religiosa, de castellano, escuelas de artesanías y herramientas, bajo la dirección de los misioneros.

Muchos indígenas abandonaban estas reservaciones para recuperar su estilo de vida nómade o huyendo de las epidemias que mermaron las poblaciones. Pero tiempo más tarde, esas 36 misiones inician un proceso de deterioro, luego de la expulsión de los jesuitas en 1786 por orden del Rey Carlos III. Ello puso de manifiesto la importancia de la labor evangelizadora, truncada con la ausencia de los misioneros; pero también las repercusiones de lo acontecido en Europa y en América.

Los viajes de Cristóbal Colón tuvieron entre sus objetivos, buscar especias como pimienta, clavo y canela en estas tierras supuestamente orientales. Si bien no llegó al destino planeado, Colón descubrió un nuevo continente y un paraíso de frutos, condimentos y productos desconocidos en Europa. Lo más cercano a la preciada pimienta fue el ají, que llamaron "pimienta en vaina…". Por ello, el ají es llevado a España en el primer viaje, trasladándose luego al mundo entero. Con el ají, viajó el tomate, palta, choclo, lúcuma y otros ingredientes como la papa, camote y maíz, que más tarde salvarían vidas de las hambrunas.

Todos hablan del oro y plata que los españoles buscaban obsesionados ante el desconcierto de los nativos que no entendían la importancia dada a esos metales, usados solo como elemento decorativo. Pero Colón transportó vacas y gallinas desde su primer viaje, trajo cebollas, limones, arroz, trigo, uvas. Ingredientes sin los cuales sería imposible saborear platos y bebidas icónicos de nuestra gastronomía: lomo saltado, ají de gallina, pollo a la brasa, arroz con mariscos, causa, cebiche o brindar con pisco sour.

Por ello, rechazar sin argumentos la conquista española es negar los valores de la mixtura cultural, no solo en términos de intercambio. Es desconocer o despreciar rasgos importantes de nuestra cultura como el folklore, música o cocina peruana, hoy motivo de orgullo internacional.

Durante años especialistas y académicos buscaron la forma de promover el amor al Perú, lo que no fue posible hasta que se presentaron las condiciones adecuadas. Solo la disminución de la pobreza, de 58% a menos del 25% de la población, crea el clima propicio para promover nuestra gastronomía, el turismo, los valores y la mixtura peruana. Porque el Perú es una nación multicultural. Nuestra cultura es mestiza y lo que abunda en nuestro territorio es la diversidad, que debemos defender como elemento distintivo de nuestra peruanidad.

Encontrando el objetivo común...

El Montonero, 13 de julio de 2022

La institucionalidad, la libertad y la democracia están amenazadas en Latinoamérica. Los proyectos dictatoriales que vemos multiplicarse atentan contra valores fundamentales como la familia, libertad, dignidad, socavando la reserva moral de la sociedad, poniendo en riesgo la estabilidad y el futuro de todas nuestras naciones. El modelo cubano preponderante promueve la división, negando la historia, la herencia hispanoamericana, Republicana y nuestra identidad, con falsos mitos y engaños que someten y dividen a nuestros pueblos, rechazando el pasado para "acentuar las contradicciones".

El Foro de Sao Paulo se funda en 1990 con el objetivo de unir esfuerzos y evaluar escenarios futuros ante la caída del muro de Berlín, en una reunión en la que participa el Partido de los Trabajadores de Brasil y el Partido Comunista de Cuba. Evaluaron el contexto tomando previsiones, adelantándose ante las consecuencias que podrían desencadenarse frente a la posible caída de la Unión Soviética. Sólo cinco años más tarde, el Foro contaba entre sus miembros a 291 diputados, más de 57 senadores, 10 gobernadores, cientos de alcaldes y 108 partidos políticos asociados.

Luego de 32 años la "receta de Fidel" sigue aplicándose en Latinoamérica con fórmulas cada vez más sofisticadas; pero con la misma pérdida progresiva de las libertades individuales, crisis económicas y sociales, poniendo en evidencia los vínculos con la corrupción, el terrorismo y el narcotráfico. Los países "amigos del Castro-Comunismo", que se siguen alineando con ese modelo delineado por Fidel Castro hace 63 años hoy son: Venezuela, Nicaragua, Honduras, Argentina, Bolivia, Chile, Perú y recientemente Colombia.

Mientras que en el continente cada vez más países se suman al sistema, el Castro-Comunismo sigue reinventándose; pero aun así presenta deficiencias. A diferencia de la Revolución Cubana, marcada por los fusilamientos, presos políticos, implantación de terror y masivas expropiaciones; hoy se establece un sistema gradual, con la presencia de partidos políticos, medios de comunicación, grupos de la sociedad civil y una economía privada que ralentiza la consolidación del régimen. Otro problema es que el control sociopolítico que ejerce esa elite que representa el 1% de la población, se sostiene comprando voluntades, en países donde la productividad se vuelve escasa y los ingresos financieros son insuficientes para mantener a la población sin subsidios del exterior. Además, a diferencia de Cuba donde los grupos de poder viven alejados y resguardados del resto de la población, en otros países estas élites actúan sin mesura, mostrando con descaro signos exteriores de riqueza e incurriendo en escandalosos actos de corrupción y malversación de fondos que son denunciados con cada vez más frecuencia.

En el Perú, la crisis institucional que arrastramos desde tiempo atrás se ha visto agravada con este gobierno, que no sólo muestra improvisación y un apetito desmedido por enriquecerse, sino que busca corromper a funcionarios del estado, del ejecutivo, legislativo, poder judicial y también de las fuerzas armadas, con la consecuente pérdida de credibilidad en las instituciones públicas. Esta problemática con graves repercusiones en nuestra economía pone en peligro el futuro del país y acentúa la pérdida de valores en detrimento de las nuevas generaciones.

El circulo vicioso se inicia en las instituciones educativas, con la ausencia de materias que promuevan la educación cívica, los valores morales y el amor al país. A este escenario se suman los partidos políticos con trayectoria que van perdiendo la solidez de sus ideologías, los nuevos partidos improvisados, candidatos poco calificados, propuestas que no reflejan los verdaderos intereses nacionales y una ausencia de amor al país; salvo escasas, aunque honrosas excepciones. Estas condiciones hacen imposible la recuperación de la confianza en nuestras instituciones.

No es posible reconstruir el estado de derecho sin iniciar un movimiento intelectual que congregue a pensadores y nuevas generaciones para evaluar nuestra realidad, analizar la problemática desde su origen y buscar vías de solución, comprometiendo a la población civil, promoviendo la unión nacional y latinoamericana.

En el escenario actual, pareciera casi imposible imaginar la figura de un líder que pueda conducir un movimiento que dirija un cambio en las estructuras de nuestra sociedad. Pero resulta más sencillo imaginar un movimiento con pensadores e intelectuales, porque estamos seguros de que en nuestro país esos personajes abundan. Esta coyuntura, por otra parte, está creando movimientos de jóvenes que cuestionan el statu quo, debatiendo vías de solución. En cualquier caso, toda propuesta debe partir del análisis histórico, entendimiento profundo sobre las causas de nuestros problemas y a partir de ello propiciar un debate nacional para construir un pensamiento sólido que nos permita salir de este entrampamiento, incluyendo sobre todo una agenda para luchar contra la pobreza y el abandono de las clases más necesitadas.

Existen temas de debate que, aunque importantes, no resultan urgentes y se convierten en distractores ante la gran crisis que enfrentamos. El modelo socialista latinoamericano en cambio se construyó con un solo objetivo común: "luchar contra el capitalismo norteamericano", evaluó escenarios futuros y desarrolló estrategias que se adecuan constantemente. Nuestro objetivo común debe ser "luchar contra la dictadura más antigua de América", denunciar sus abusos y el saqueo de nuestras naciones. Analizar sus fortalezas y encontrar sus debilidades, dejando esa actitud reaccionaria frente a los abusos, desarrollando tácticas que nos permitan adelantarnos a situaciones futuras.

Para ello, todo Latinoamérica debe incorporarse, promoviendo la unión, primero a nivel país y luego a nivel continental, traspasando fronteras con propuestas desde distintas perspectivas en busca de soluciones. La convocatoria debe buscar la participación de la población civil, intelectuales y pensadores, periodistas independientes y jóvenes que hoy se perfilan como el futuro del Perú. Ideales comunes como la libertad, dignidad y los derechos humanos nos permitirán rescatar la reserva moral de todas nuestras naciones.

Hoy la conquista no está más en los territorios, la verdadera conquista es una batalla cultural donde el objetivo son las mentes. Una ideología con un discurso que se acerque a los pobladores sin negar la realidad histórica, reconstruyendo una verdadera identidad como nación y como continente. Aceptando la convivencia de diversas culturas, reconociendo nuestra esencia y los símbolos que nos identifican, nuestro territorio y nuestras fronteras, encontraremos coincidencias como elementos de nuestra peruanidad, pero también podremos establecer lazos de fraternidad con los países que conforman nuestro continente.

Choque de trenes

El Montonero, 27 de julio de 2022

"No más pobres en un país rico", frase con la que el partido de gobierno ahonda la disonancia social, en tiempos de incertidumbre y desconfianza. Pero la desigualdad es un hecho real, porque la igualdad en términos absolutos es una utopía. Cada persona es única y diferente a las demás, no todos pueden ser ricos, no todos pueden ser pobres, para eso existe la clase media, importante componente en toda sociedad, con acceso a buenos niveles educativos, empleo y a la propiedad de bienes. La autopercepción de la desigualdad no se vincula a la riqueza o al patrimonio; se refiere a las expectativas de los diferentes grupos como calidad de vida, relacionados con el acceso a la salud, educación y otros servicios públicos, más que con la riqueza o pobreza. El sentimiento de desigualdad está condicionado por factores sociales, culturales, psicológicos o coyunturales y no por parámetros netamente económicos.

Una reciente encuesta de IEP presenta el "análisis estadístico sobre la percepción de las diferentes formas de desigualdad en el Perú". El estudio muestra aristas de la desigualdad; mas no un comparativo que mida en el tiempo la incidencia y consecuencias de "agudizar las contradicciones", objetivo del gobierno, y conocer su incidencia en la conciencia ciudadana.

Los resultados sobre las tendencias políticas indican que el 28% se considera de izquierda, 34% de centro y 38% de derecha.

Sobre la autopercepción como grupo social, 65% se percibe de clase media, 31% de clase baja, dato cercano a las cifras oficiales que estiman que el 27.5% de la población se encuentra en estado de pobreza monetaria en 2022 (20.2% en 2019) y 4.4% en estado de pobreza extrema (2.9% en 2019). Cabe anotar que la autopercepción sobre el nivel socioeconómico lleva a las personas de clase alta a ubicarse en niveles inferiores y la clase baja hace lo contrario. A pesar de ello, el 59% considera que su situación económica es mejor a la de sus padres y 22% piensa que es igual; demostrando los avances en la lucha contra la pobreza entre los años 1990 y 2019.

Sobre las desigualdades, el estudio resalta que el 72% hace alusión a la brecha entre ricos y pobres, lo que no llamará la atención del lector ya que, aunque la problemática sea real, luego de más de un año escuchando el mismo estribillo, algo debía calar. En segundo lugar, estaría el contraste entre las ciudades y las zonas rurales, manifestada por un 61%. Cabe anotar que la población en el Perú es 80% urbana y 20% rural. La tercera desigualdad subrayada por el 56% de los encuestados, es el contraste entre la capital y el resto del país. El tema racial parece de menor importancia; con una autoidentificación étnicas de 59% mestizos, 12% quechuas, 10% blancos, 4% afroperuanos y 3% amazónicos. Este resultado manifiesta la importancia y valor de la mixtura, mestizaje y multiculturalidad de nuestra peruanidad.

Pero la percepción de desigualdad tiene una relación directa con la disminución de la confianza en las instituciones y a nivel interpersonal. Las élites políticas y sus decisiones influyen en los sentimientos de una población, que no asumirá riesgos ante situaciones de incertidumbre. En estas circunstancias, los peruanos se debaten entre la desconfianza y el desconcierto en un "país que no duerme" agobiado por la corrupción, inseguridad ciudadana y crisis económica. El resultado es el incremento de los conflictos sociales y manifestaciones de protesta que continúan desde inicios de este desgobierno.

Las estrategias para "agudizar las contradicciones", pretenden exaltar los sentimientos sobre las injusticias y la discriminación en forma exacerbada, buscando la reacción ciudadana como un "choque de trenes". Esta estrategia usada por los grupos de izquierda también llamada "cuanto peor, mejor" desvirtúa lo que entendemos como proceso transformador ya que despierta sentimientos negativos como la envidia y el odio. Pero la historia parece demostrar que esta táctica produce más bien frustración y desaliento.

La reunificación alemana, con la socialdemocracia y la Economía Social de Mercado, es un ejemplo de instituciones sólidas que generaron credibilidad y confianza en la ciudadanía como sistema efectivo para reducir las desigualdades. Lo que la ciudadanía necesita es la creación de "vías que permitan avanzar" para dar inicio a un movimiento transformador. En el Perú, la Economía Social de Mercado de la Constitución de 1993 fue el modelo que hizo posible mejorar la confianza en las instituciones y así superar los niveles de pobreza que pasaron de 58% en 1990, a 20% en 2019.

Debemos detener el "Choque de trenes" promoviendo una "Vía para avanzar" y devolver la confianza a la población. Así, recuperaremos la credibilidad en nuestras instituciones con un gobierno honesto, sincero y transparente, "cuanto mejor, mejor". Promover el pensamiento crítico, cultura cívica, principios, valores y un verdadero amor por el Perú.

Avanzar en medio del retroceso

El Montonero, 4 de agosto de 2022

Mientras se realizaba esa encubierta Parada Militar en el Ministerio de Defensa, Beto Ortiz escribía: "Desde Mariátegui hasta Hildebrandt. Desde Expreso hasta Exitosa. Hoy, por fin, toda la prensa está de acuerdo en que Pedro Castillo es una puta calamidad para los peruanos. Pellízquenme para saber que no estoy soñando". Importante noticia, parece que hay un atisbo de unión o coincidencias, en la prensa para comenzar.

Datos proporcionados por una encuesta de Ipsos revelan que los más importantes sentimientos de los peruanos son el amor al país en un 27%, esperanza y optimismo 26%, decepción 23%, pena y tristeza 22% e incertidumbre 18%. Para esa población, tanto el congreso como las fuerzas armadas no han dado la talla, al no enfrentar a quien es considerado por muchos "el peor presidente de la historia republicana", en una importante fecha como unas Fiestas Patrias con poco por festejar. Lo esperado era que las autoridades actúen acordes con el sentir ciudadano de esos 25 millones de peruanos que desaprueban al presidente. En otra encuesta a nivel latinoamericano resultamos ser los más descontentos, 9 de cada 10 siente que el país va por un rumbo equivocado.

La disonancia de un Congreso que no termina de entender que el partido de gobierno obtuvo sólo 37 curules y los 93 parlamentarios restantes están ahí para vigilar al ejecutivo como parte de la oposición, tal y como lo dispuso la población con su voto. Aunque el Congreso haya podido frenar la Asamblea Constituyente, mantener al presidente del Banco Central de Reserva, nombrar a los miembros del Tribunal Constitucional, medidas para fortalecer al Ministerio Público y a favor de los miembros retirados de las Fuerzas Armadas, educación y otras medidas; ha evidenciado corrupción con la presencia de esos "Niños" que parecen ser por lo menos 12, un violador, otro con sentencia efectiva por corrupción, además de la inexperiencia y una pronunciada inconsistencia. La población va perdiendo las esperanzas en ese Congreso que parece no escuchar a quienes lo eligieron y tampoco a los juristas que proponen vías de solución.

Los ayayeros del gobierno nos marean con terminología legal y argumentos en los que ellos mismos se enredan. Existen indicios de corrupción y un indicio es una prueba sobre hechos que sustentan la investigación. En buen romance, los delitos de Castillo cuentan con pruebas indiciarias que permiten inferir que existe esa "red de crimen organizado". No es posible seguir dando vueltas a un tema comprobado, este gobierno tiene que llegar a su fin.

Así lo proclama el arzobispo de Lima, Carlos Castillo Mattasoglio, quien el 30 de junio de 2021 había calificado como "amoral" el retraso en la proclamación del nuevo presidente de la República; y hoy da un vuelco de 180°, con un sermón dirigido directamente a Pedro Castillo durante la misa por 28 de Julio en la Catedral "…instituciones públicas deficientes y corroídas ante las necesidades de seguridad, salud, trabajo, educación de calidad, enorme crisis política con fondo viral de corrupción y encubrimiento al servicio de intereses particulares…" Así reprendió la autoridad eclesiástica al mandatario.

Finalmente recordemos esa conversación, propalada por José Barba Caballero en el mes de enero. Vladimir Cerrón se dirigía a Pedro Castillo durante una de sus visitas a Palacio de Gobierno diciendo: "Lo fundamental, cueste lo que cueste, es mantenerte en la Presidencia. Si pierdes la presidencia yo no voy a abrir mi consultorio ni tú vas a dar clases en Chota, sencillamente todos vamos a terminar presos… la financiación para la logística y los personeros está en camino y para que esto suceda, necesito que nuestros amigos de afuera lo vean en palacio... así nosotros podemos construir desde abajo una barrera de resistencia para defender la Presidencia de la República… mantener el control de la fiscalía y de nuestros jueces amigos y de la policía nacional…" Hoy es más que evidente que así es como opera este desgobierno y que no podemos olvidar la injerencia extranjera.

En este turbulento entorno cada "evidencia evidente" sigue sumándose, y los intentos del desgobierno por encubrirlas parecen no terminar de fracasar, mostrando los síntomas de un cada vez más grave deterioro. La población civil no puede retroceder, debe avanzar con manifestaciones de protestas y proclamas que sigan multiplicándose. La prensa de oposición, que no ha bajado la guardia, sigue sumando fuerzas. Tenemos que apoyar a nuestro último recodo representado por una fiscalía que demuestra firmeza. Debemos hacer de nuestros sentimientos un reclamo que se replique como una caja de resonancia a nivel nacional e internacional.

Presidente por un día

El Reporte, 28 de julio de 2022

Escribí hace una semana sobre la importancia de detener el "Choque de trenes", estrategia de la izquierda para dividir al país; y la urgencia de encontrar una "Vía para avanzar" que devuelva la confianza, recupere la credibilidad en nuestras instituciones, promoviendo la honestidad, transparencia y amor por el Perú. Ese día, un conocido político peruano, con alguna pretensión presidencial -como otros tantos-, respondió a mi columna con una pregunta. ¿Cuál sería el método para recuperar la confianza?

Peculiar pregunta, porque creeríamos que son los políticos los llamados a responder este tipo de interrogantes. pero parece interesante ensayar propuestas como ciudadano de a pie. Comenzando por el presidente, representante de todos y cada uno de los peruanos, debería transmitir su conocimiento y pasión por el país con energía e inteligencia, con capacidad para "aprender a aprender", empático con las necesidades de la población, que sepa comunicarse con el Pueblo, pero sobre todo que sepa escuchar, sencillo y sin poses, que sepa rodearse por personas capaces y con experiencia. La honestidad, ingrediente *sine qua non*, no debe convertirse en su bandera porque, como hoy podemos comprobar, sólo genera desconfianza.

El principal objetivo de ese gobierno debería ser la revisión de la currícula escolar para que las nuevas generaciones aprendan la verdadera historia del Perú, extrayendo contenidos irrelevantes para incluir cursos de educación cívica que promuevan nuestros valores, tradiciones y cultura; hablarles de ciencias políticas para que comprendan cómo funciona el país, así evitaremos nefastos referéndums como el de Vizcarra donde la población aprobó lo que no entendía. Desarrollar la creatividad, pensamiento crítico y movimientos intelectuales que contribuyan con el progreso.

El siguiente paso sería rescatar los valores y tradiciones de los grandes pensadores de nuestra historia que forjaron verdaderos Partidos Políticos. Admitir sólo partidos que tengan en sus filas a representantes que promuevan valores morales, cualidades de liderazgo, estudiosos y amantes de la realidad peruana. Partidos Políticos peruanos que fueron ejemplo internacional, con propuestas de avanzada, ideales emulados en el continente, pensadores que dedicaron su vida a la búsqueda de soluciones a la problemática peruana y latinoamericana. Así, y sólo así el Pueblo podrá votar -y también debería poder reelegir-, con confianza a representantes íntegros en el parlamento y al jefe del gobierno. Porque hoy no elegimos, los partidos proponen y la población tiene que optar por el mal menor.

Sería necesario desandar los pasos de los malos gobernantes, comenzando por los de Vizcarra, Sagasti y otros tantos, cuyas medidas, Decretos Supremos y nefastas decisiones seguimos padeciendo. Enderezar lo que ha venido torciéndose, nombrando ministros con trayectoria en el sector público y privado, elevando los requisitos, fumigando los ministerios para eliminar a funcionarios incompetentes, dando oportunidades a los profesionales de carrera en el sector público, aunque no pertenezcan al partido de gobierno. Es necesario reducir el gasto en planillas y dejar de derrochar el 40% del presupuesto nacional, 20 mil millones de dólares de nuestros impuestos, en el pago de planillas de 1'422,000 personajes ineficientes.

Sería prioritario revisar el escaso 24% del mismo presupuesto, destinado a inversiones que generan progreso; incrementando el gasto en servicios que dan oportunidades y mejores condiciones de vida para los sectores más necesitados de la población y no hablo de bonos. Estos presupuestos regresan a las arcas del estado por falta de proyectos o peor aún, son malversados, saqueados o asignados a proveedores inescrupulosos coludidos con funcionarios corruptos. La prioridad debe ser la reducción progresiva de las brechas y la pobreza.

Es de público conocimiento la inoperancia y corrupción de los gobiernos regionales, salvo escasas y honrosas excepciones. Sabemos también que, al gobierno central, la contraloría y demás instituciones del Estado les resulta imposible rastrear los pasos de las 26 gobernaciones. Por lo que sería importante agrupar a los departamentos del Perú según grados de afinidad para establecer no más de ocho regiones. Esta propuesta, discutida desde la constitución de 1979 debería materializarse.

La Junta Nacional de Justicia (JNJ), conformada con la premura y anuencia de Vizcarra, elige hoy a quienes nos investigan, a quienes nos juzgan y al presidente del Jurado Nacional de Elecciones. Por lo que es primordial revisar los cuadros de los miembros de la institución y autoridades por ellos designados. Ello incluye al Poder Judicial, Ministerio Publico y en especial al Jurado Nacional de Elecciones, cuestionando el perfil y antecedentes vinculados con movimientos de extrema izquierda, hecho inadmisible para una autoridad electoral. Paralelamente habría que instaurar un verdadero Código Electoral, auditando a los tres órganos electorales, software incluido.

Hay mucho trabajo por hacer, pero el verdadero cambio dependerá de los intelectuales, de movimientos que promuevan la cultura, arte, pensamiento crítico y verdaderamente libre. Este proyecto como "vía para avanzar" debe arrancar las raíces de los males que padecemos, aquello que atenta contra la libertad y no repetir, una y otra vez, los mismos errores.

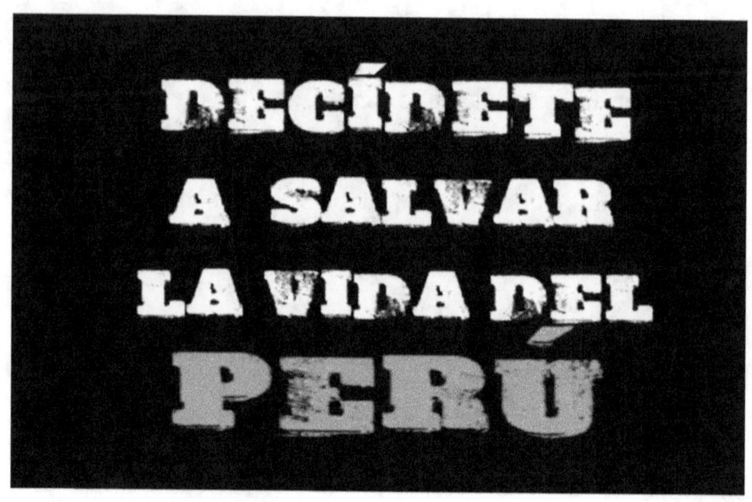

El mañana empieza hoy

El Reporte, 5 de agosto de 2022

El principal sentimiento hacia nuestro país es Amor y Cariño, manifestado por el 27% de los peruanos; pero la esperanza y el optimismo, han caído de un 46% en 2019 a un 26% en 2022, según una encuesta de Ipsos. Estos resultados están directamente relacionados con las razones por las cuales sentimos vergüenza: corrupción 65%, delincuencia 44%, falta de justicia 34% y violencia contra la mujer 31%. El sentir de los peruanos está cambiando, y según parece ya no queremos ser ese país de ilusos que se dejó engatusar por el nefasto referéndum de Martín Vizcarra con el famoso pero incomprensible "si, si, si, no".

La prensa de oposición sigue luchando sin tregua en una "batalla de desgaste" en la que continúan destapando uno a uno los actos de corrupción, cuya existencia fue denunciada antes del inicio de este nefasto gobierno. Pero hoy el ejecutivo ya no puede justificarse aduciendo que son "intentos de un grupo minoritario por defender sus privilegios"; ya que ha sido demostrado que "el grupo minoritario está conformado por ellos mismos".

En este escenario, la batalla que la población enfrenta es contra el sistema mismo, contra poderes del estado coludidos para

148

blindar a un gobierno que apela a recursos inverosímiles para salvarse del "naufragio". La voz de la ciudadanía ante un ejecutivo incompetente, corrupto y conformado por delincuentes no encuentra eco en un Congreso, que parece más interesado en la lucha por su cuota de poder, con serios casos de corrupción, tránsfugas, niños que proliferan, pasando de 6 a 12 y que hoy parecen ser más de 16, con violadores, sentenciados con prisión efectiva y no sabemos que otras sorpresas nos deparan. La población necesita signos que nos devuelvan la confianza y actitudes coherentes de las autoridades, no palabras de aliento sin resultados. Comencemos por exigir un verdadero sistema electoral, que nos devuelva la confianza, filtrando y fiscalizando a cada candidato que postule para gobernarnos.

Hoy tenemos tres "vías para avanzar": apoyar incondicionalmente a la prensa que no ha dado tregua ante los "enemigos del país"; apoyar al nuevo equipo de la Fiscalía de la Nación que por fin está dando la talla en la investigación al presidente y sus esbirros, tomando medidas sin precedentes; y la no menos importante participación ciudadana, cuya misión es emplear todos los medios disponibles para que nuestra voz de protesta e indignación sea escuchada a nivel nacional e internacional.

Sabemos que la corrupción es endémica, pero la impunidad tenía que ser desenmascarada, momento que llegó con un gobierno que ha sido sorprendido con "las manos en la masa". Esta crisis de valores, de gobernantes sin principios éticos, sin experiencia, muchas veces prontuariados y admitida por partidos políticos improvisados, debe cambiar. Es necesario convocar a intelectuales, pensadores, a jóvenes y representantes de esa prensa valiente, para unirse en un movimiento civil. El país necesita propuestas distintas, que nos permitan comprender la seria problemática desde diferentes perspectivas. Solo así podremos buscar "vías de solución" desde las bases de la sociedad, con una toma de conciencia que permita iniciar una batalla cultural, que empiece y no termine con el fin de este gobierno.

Estas propuestas compartidas con la población, explicadas y promovidas deberían propiciar una transformación en la forma de pensar, actuar y sentir; condenando la corrupción, promoviendo la transparencia, buscando la simplificación del estado y librando los obstáculos que impiden la lucha contra la corrupción y su impunidad.

El Perú ha sido ejemplo de destacados intelectuales, amantes de nuestra peruanidad, forjadores de nuestra identidad, creadores de pensamientos y movimientos políticos comprometidos con el desarrollo del país sin olvidar a las clases más necesitadas, que lucharon por un futuro mejor. Hoy debemos salvar al Perú y ese objetivo es nuestro presente; empieza con una verdadera unión y sentimientos compartidos por todos.

Jóvenes de ayer, hoy y mañana

El Montonero, 11 de agosto de 2022

Vivimos una crisis que parece no tener fin, con actos de corrupción que van de mal en peor, constante ignorancia y ausencia de valores. Jóvenes y adultos defienden las libertades, pero con lenguajes distintos, lo que hace propicio el análisis y el contexto histórico en el que cada grupo desarrolló su forma de pensar, para buscar coincidencias que permitan entender a los jóvenes y que los jóvenes entiendan a las anteriores generaciones.

Las "formas de pensamiento" y las brechas entre distintas generaciones, son el resultado del espacio-tiempo-histórico y los hitos que imprimen huellas en cada grupo particular. Hoy los cambios tecnológicos, el "antes y después del computador" marcan una frontera insuficiente para entender el pensamiento de los jóvenes que rondan los 16 y 40 años.

Los jóvenes de ayer, nacidos en los años 50's o 60's, crecieron durante la post guerra con el temor latente de una guerra nuclear y esa guerra fría ente URSS y los Estados Unidos, en un mundo dividido entre comunismo y capitalismo. Esa "Generación Escéptica", pertenece a la época en la que aparecen los medios de comunicación de masas, sociedad de consumo y escolarización masiva, una "cultura juvenil", "rebeldes sin causa" que rechazaban a los adultos que desencadenaron las guerras. En esos años 60's el comunismo en China se apartaba del soviético y se construía el Muro de Berlín.

A esa misma generación le tocó vivir la militarización de América Latina, con gobiernos pro-Imperialistas o pro-soviéticos. En el Perú, el golpe de estado del Gobierno Revolucionario de las Fuerzas Armadas del General Juan Velasco, en 1968 derroca al presidente Fernando Belaunde y por 12 años vivimos un gobierno pro-soviético, pro-cubano, sin Constitución, sin libertad de prensa, con grandes migraciones del campo a la ciudad, crisis económica y un fuerte incremento de la pobreza. La política estaba representada por personajes uniformados que reprimían cualquier conato de manifestación popular. En ese entorno, el boom de los medios masivos se posterga hasta los años 80's, momento de grandes cambios.

En toda sociedad los jóvenes de todos los tiempos han sido el grupo más vulnerable a las coyunturas políticas, sociales y económicas; por ello la UNESCO declaró 1985 como el "Año Internacional de la Juventud" para que el mundo tomara conciencia de la problemática de la desocupación, dependencia familiar e incertidumbre cultural. Comienzan a proliferar las micro culturas como los Punks y los Okupas formando nichos en un ambiente atomizado. La competencia entre jóvenes y adultos, con términos como paro, angustia, actitud defensiva, pragmatismo, incluso supervivencia, fueron la constante.

Los jóvenes de hoy, entre 16 y 40 años, generaciones nacidas a finales del Siglo XX, marcan un antes y un después con sociedades digitales o generación de las redes. Aparecen las "Guerrillas postmodernas", referente juvenil de movimientos web y Resistencia Global; pero evidencian ausencia de valores sólidos. En el Perú los tiempos posteriores al terrorismo, de relativa calma política y crecimiento económico, propician movimientos culturales, se abren espacios a las mujeres para competir en el mercado laboral y surgen intelectuales que encuentran en el "lenguaje" la herramienta para cambiar la forma de pensar de estas nuevas generaciones.

La "Guerra Cultural", conflicto ideológico que busca dominar los valores y las creencias, se aplica al conocimiento para deconstruir términos cotidianos, transformándolos en microespacios para capturar la mente de estos jóvenes. Las micro culturas "Woke" que buscan despertar lo que la izquierda entiende por "justicia social", crea microespacios que van desde los derechos de las mascotas, hasta el cambio climático, pasando por polarizantes conceptos de "ideología de género", agrupando a los seguidores según sus coincidencias. Esta atomización no es ajena a las tendencias políticas, con múltiples matices que combinan ideologías de derecha o izquierda, autoritarismo o libertarismo.

Esta es la educación que recibieron los jóvenes de hoy y el precio que debieron pagar las familias al delegar la responsabilidad de la formación de sus hijos que son el presente. Escuelas y universidades se apropiaron de esa educación que hablaba en un nuevo lenguaje globalizador y tecnológico, fragmentado en microespacios, creando "nuevos relatos", alterando la realidad histórica o anulando materias fundamentales para la formación de la identidad, conocimientos sobre nuestra realidad, defensa de nuestra soberanía y la práctica de valores cívico-patrióticos.

En este entorno, son los principios y valores los que han perdido en esta "Batalla Cultural" Latinoamericana. El egoísmo, mentira y cinismo son el patético ejemplo de una educación deficiente, evidenciada en las altas esferas del gobierno y del Estado. Por ello, para recuperar la soberanía de nuestros pueblos, es necesario promover la educación y la unión de los peruanos como herramienta para combatir a ese enemigo que busca destruir al Perú, dilapidando las arcas de nuestra Nación para comprar voluntades con dinero malversado de todos y cada uno de los peruanos, poniendo en peligro nuestro mañana.

Atrapado sin salida

El Montonero 18 de agosto e 2022

El Perú nos pertenece, nosotros pertenecemos al Perú. Estos territorios son nuestro hogar, donde se construye nuestra historia, tradiciones, cultura e identidad; aprendiendo, aceptando la diversidad y valorando nuestra mixtura cultural, respetando nuestra memoria y asimilando lo mejor de todos los tiempos para construir los valores de nuestra peruanidad.

Defendemos nuestra soberanía, sobre todas las cosas. El pueblo es la autoridad soberana porque es nuestra voluntad, delegada a quienes tengan capacidades y merezcan representarnos. Esa soberanía, es el derecho constitucional que aseguraremos, sin admitir la inoperancia, ignorancia o cualquier tipo de trasgresión que ponga en peligro el futuro de nuestra Nación.

La población depositó su confianza en un Congreso que cumpliera deberes funcionales: acatando la Constitución, con una conducta ejemplar, que garantice la tranquilidad de los electores, pero parece no ser así. Hoy esa población muestra desconfianza vetando al Congreso con 80% de desaprobación.

La Constitución, ante una situación de vacancia, estipula que el congreso permanece y aunque hoy pareciera insostenible, esa decisión está en manos de esos mismos 130 parlamentarios. El destino les ofrece una oportunidad a esos congresistas para continuar. ¿Qué sería necesario? En primer lugar, escuchar a la población entendiendo las principales demandas: 7 de cada 10 peruanos exige la erradicación de la corrupción y 6 de cada 10 reclama seguridad ciudadana. En estas condiciones el Parlamento debe demostrar a los peruanos que puede solucionar estos y otros problemas, comenzando por casa.

El Perú está dividido y enfrentado, producto de las campañas subversivas del desgobierno. Castillo y sus cómplices llaman al cierre del Congreso agitando a las masas y agravando la inseguridad. ¿Quién puede detenerlos? Obviamente el Congreso. ¿Qué deben hacer? Unir a los 93 congresistas elegidos para representar a la oposición; los 37 restantes deberán rendir cuentas por su responsabilidad y las consecuencias del desgobierno.

Los padres de la patria serán juzgados por la historia. Pero muchos podrían ser investigados en los fueros judiciales. A pesar de ello, hoy el pueblo soberano les da la oportunidad de enmendar sus errores resolviendo el gran mal que aqueja al Perú, con la destitución de un gobierno insostenible.

La población reclama un trabajo digno, salud, educación, una vivienda propia que les de protección, seguridad, bienestar, calidad de vida y un legado para su descendencia. Es responsabilidad de los congresistas, hacer posibles estas justas demandas. Las preguntas serian ¿En qué condiciones quisieran ser recibidos por sus comunidades al terminar su mandato? ¿Quieren ser los nuevos ricos que empobrecieron a sus pueblos? ¿Quisieran dejar el rastro de la escasez, pobreza y miseria que estará en sus conciencias hasta el final de sus días? ¿O elegirán volver a sus tierras como peruanos justos y responsables?

El Congreso, con 130 congresistas, asesores y gollorías, nos cuestan 880 millones de soles anuales. Los peruanos tenemos el derecho a demandar, pero este es un llamado a la conciencia, invocación para no abandonar a sus compatriotas, 33 millones de seres humanos, 1.2 millones de los cuales no pueden alimentarse diariamente, sin condiciones mínimas de supervivencia.

Como congresistas ya mejoraron su nivel de vida, permanezcan en el Congreso con el compromiso de mejorar la calidad de vida de los demás. Alguien que dilapida el dinero de los peruanos para conseguir sus propios objetivos y beneficios no puede permanecer en el gobierno, usando nuestro dinero para pagar la corrupción y el llamado al vandalismo. Esa responsabilidad recae en todos y cada uno de los parlamentarios y sus conciencias. Necesitamos padres de la patria que sean ejemplo para sus familias, comunidades, regiones y para todo el Perú.

La vía para detener el desprestigio de los congresistas es predicar con el ejemplo. El pueblo no seguirá aceptando las excusas, ausencia de votos, discurso intolerable. Necesitamos destituir a Castillo, a Dina Boluarte y a los cómplices de la pobreza y la inseguridad. Sólo así tendrán la confianza para continuar legítimamente en sus curules, con la responsabilidad y privilegios que ello conlleva. Los peruanos seremos implacables con quienes continúen mirando a la patria como un botín.

Castillo está "Atrapado sin salida" por su propia corrupción, aferrado a su silla presidencial, porque no distingue entre el bien y el mal, no tiene principios ni valores. Los congresistas que cumplan con su responsabilidad serán tratados con benevolencia por el pueblo soberano. No aceptaremos más egoísmo, tampoco amenazas de vandalismo, inseguridad ciudadana o conmoción civil, peligro presente no solo para el Congreso.

No queremos sufrir una eterna dictadura con terrorismo de Estado, ni padecer pobreza extrema y ausencia de libertades individuales como algunos países latinoamericanos, tampoco ser un narcoestado o el reino de la corrupción. Queremos un país libre, los peruanos tenemos que haber aprendido alguna lección, decidiendo trabajar para sacar de la pobreza a las zonas más castigadas por el abandono del Estado. Queremos sentirnos orgullosos de nuestra peruanidad.

Mejor no despertar a la bestia

El Reporte, 12 de agosto de 2022

Martes 9 de agosto. ¿Qué sucedió? La Fiscalía detuvo a José Medina, alcalde de Anguía pueblo natal de Pedro Castillo, apresaron al empresario Hugo Espino y su hermana Anggie. Según Carpeta Fiscal estarían involucrados el presidente como cabecilla de la Red, la primera dama, los cuñados y el ministro de Vivienda, Geiner Alvarado.

Esa tarde, la Fiscalía allanó Palacio de Gobierno buscando a Yenifer Paredes, cuñada-hija de Castillo, quien fue dada como prófuga. En Junín detienen al Gobernador encargado, Clever Mercado, por manipular los votos con sobornos para impedir el retorno de Fernando Origuela, gobernador con licencia. Luego congelaron once cuentas de Vladimir Cerrón, secretario general de Perú Libre, y su madre, por tres millones de soles, con fulminantes protestas por Twitter. El Congreso presentaba el informe para inhabilitar al presidente por 5 años, acusado de traición a la patria, por plantear la salida al mar para Bolivia.

En ese escenario convulsionado, a altas horas de la noche, Castillo dio un mensaje a la Nación, victimizándose como de costumbre y acusando al Poder Judicial y a la Fiscalía como responsables de persecución política por la orden judicial para capturar con prisión preventiva a su cuñada-hija Yénifer Paredes.

A la mañana siguiente la Fiscal de la Nación, Patricia Benavides, daba un mensaje de respuesta al presidente, ratificando su decisión de perseguir y erradicar la corrupción. Mientras tanto el abogado del presidente, Benji Espinoza, renunciaba a la defensa de las seis investigaciones contra el mandatario y su esposa, sin mayores explicaciones (al día siguiente se retractó); y más tarde la cuñada-hija se entregaba a la justicia, con probabilidades de dictarse prisión preventiva a la primera dama y sus hermanos.

Para complicar el escenario, el flamante Canciller Miguel Rodríguez, antes opositor al gobierno, aseguraba su lealtad a Castillo; pero más tarde los embajadores Manuel Rodríguez Cuadros y Harold Forsyth renunciaban a sus cargos como representantes del Perú ante las Naciones Unidas y la Organización de los Estados Americanos, respectivamente. Ambas decisiones motivadas por el nombramiento de Miguel Rodríguez como canciller. También renunciaron las congresistas Noelia Herrera a Renovación Popular y Kira Alcarraz a Somos Perú, pero obviamente pasaron desapercibidas.

Todo sucedió en 24 horas, mostrando la grave crisis que atravesamos. Sabemos que la corrupción no está sólo en palacio, ni en los ministerios, o en los gobiernos regionales, ni en las municipalidades, ni tan sólo en la policía o las fuerzas armadas, ni solo en el sistema electoral o en el poder judicial, ni en el Congreso, la corrupción es una pandemia en todo el Estado.

No nos enfrentamos a un ignorante ladronzuelo, nos enfrentamos a una organización criminal, que Pedro Castillo no dirige solo, porque está Cerrón, Vizcarra lo monitorea con Salaverry en Palacio, mientras Sagasti avala, Amlo en México escucha los lamentos, igual que Argentina y Venezuela. Son dictaduras o países alineados, lideradas por Cuba con su sistema de inteligencia que recluta colaboradores: por convicción, comprando voluntades o por extorsión.

Valoremos la labor y valentía de la Fiscalía de la Nación; todo aquel que ame al Perú debe apoyar a este último bastión. Pero me pregunto: ¿Era necesario comenzar por la cuñada-hija de Castillo? ¿Ese acto no es poner en bandeja el argumento perfecto de victimización? Si Castillo ya tiene abiertas seis investigaciones, ¿No hubiera sido pertinente usar la información fiscal contra los niños del Congreso? ¿O atacar a los miembros corruptos de las fuerzas armadas? Incluso hubiéramos aplaudido alguna acusación, refrendada por los colaboradores eficaces, para avanzar contra el Jurado Nacional de Elecciones.

La victimización es la tendencia a considerarse víctima; pero una víctima es quien sufre un daño fortuito o culpa ajena. Pedro Castillo es un mitómano profesional que emplea los recursos de los culpables para defenderse. Pero hoy que toda su familia viene siendo investigada y con su cuñada-hija en prisión, actuará como una presa que se defiende de un depredador, agravado por la defensa y protección de su prole.

Los mecanismos de defensa que usan los animales para luchar contra los depredadores son comportamientos de protección. Estos métodos incluyen el camuflaje para pasar inadvertido y a Castillo no le gusta dar la cara; mimetismo buscando un escondite por lo general nocturno, lugares como Sarratea. Pero también están las estrategias opuestas como mostrar sus fuentes de defensa, como amenazas; usar señales intimidatorias como reuniones con ronderos; imitar a otros animales que poseen esas defensas, exigiendo respeto a su investidura, cuando nadie lo respeta; comportamiento agresivo, aun que quede en meras palabras; distracción creando confusión, método al que estamos habituados; elementos defensivos para protegerse, como los Consejos Descentralizados de Ministros y sus ayayeros pagados.

Algunas especies luchan por su supervivencia por auto hemorragia exsudando secreciones con químicos tóxicos irritantes, que serían todos sus actos y palabras; algunos escapan rápido por ser más agiles y ya hemos visto correr a Castillo; otros animales sacrifican una parte de su cuerpo por auto amputación como las lagartijas que botan su cola, Castillo sacrificaría a cualquiera de los miembros ayayeros de su entorno, pero hoy perjudica al Perú entero solo por salvarse de la cárcel.

Castillo vive mintiendo, no es inteligente pero evidentemente está asesorado, se defiende sin argumentos, no puede distinguir entre el bien y el mal. Pero, en medio de su ignorancia, no es un comunista, estaría ubicado en un punto muy cercano al conservador con una dosis de dictador fracasado. Es por eso por lo que protege a su familia, a los chotanos, amigos y entorno próximo.

La fiscalía le ha dado un fuerte argumento, que va a repetir hasta el cansancio y ya viene dando vueltas en las redes sociales a nivel internacional. Para cualquiera que piense como Castillo, se han metido con la familia, fundamento de la sociedad. Estamos despertando la ira de una "bestia salvaje herida".

Alguien debe pensar en una estrategia de "inteligencia" para tener éxito en nuestro único objetivo que es librarnos de la corrupción y salvar al país. Si no nos unimos para desarrollar una estrategia inteligente "de inteligencia", no vamos a llegar muy lejos.

La Patria se Defiende

El Reporte, 19 de agosto de 2022

Ante cualquier amenaza, los peruanos estamos decididos a defender nuestra Patria con la vida. Defenderemos a esa Patria que es la tierra de nuestros antepasados, el país de todos los peruanos porque es nuestro, con su historia, cultura y tradiciones. Un lugar al que pertenecemos y nos pertenece. De esas tierras se desprenden nuestras memorias, testimonio y fundamento de la Nación que somos todos. Nuestra "Madre Patria" que nos ha visto nacer, nos ha visto crecer, hoy reclama su defensa.

Defenderemos nuestra soberanía, que está sobre todas las cosas. El pueblo, como autoridad soberana manifestó su voluntad, que delegamos en quienes tuvieran las capacidades y merecieran ser nuestros representantes, pero no fue así. Esa soberanía, como derecho constitucional debe ser garantizado, sin admitir inoperancia, ignorancia o cualquier tipo de trasgresión, porque lo que hoy está en peligro es el futuro de nuestra Nación.

Nos sentimos orgullosos de ser peruanos y más de 7 de cada 10 de esos mismos peruanos se han pronunciado rechazando el desgobierno, la ignorancia y la corrupción. Sólo gobiernos como los de Cuba y Venezuela son rechazados por sus pueblos con la misma fuerza y magnitud que en el Perú, y esas son dictaduras, son tiranías, por eso tenemos que defender nuestra soberanía y lucharemos para librarnos de las cadenas que buscan oprimirnos.

Las naciones cometen errores y el gran error cometido en las urnas por la población que exigía la solución a sus justas demandas, debe ser enmendado; porque ese pueblo, que tenía la esperanza de salir de la pobreza, también se ha pronunciado, porque se han hecho evidentes todas las mentiras y la corrupción. Aquellos peruanos que creyeron en las falsas promesas y todos los que amamos al Perú tenemos que unirnos contra la tiranía.

Ya conocemos, gracias a los testimonios de los colaboradores eficaces, como opera Castillo. Sabemos que "ofrece todo lo que sea necesario para comprar voluntades"; pero eso que promete no es sólo el dinero de todos los peruanos; les concede el país entero y con ello está vendiendo nuestro futuro.

Castillo sabe que si renuncia a la presidencia irá preso, junto con sus secuaces y su corte de aduladores. Es un delincuente que llegó a Palacio con la complicidad de Vladimir Cerrón, con antecedentes penales, y ese partido Perú Libre que busca someternos; además del peligroso entorno donde la delincuencia es la única constante. Todos deben ser inhabilitados indefinidamente, incluyendo a Dina Boluarte que es solo parte de lo mismo.

Pero, aunque sepamos que el Congreso está plagado de "Niños" que han sido sobornados, estos "Niños" tienen que entender que lo que han vendido no es solo el futuro del Perú, han vendido sus almas, luego serán extorsionados y desechados. Ellos están a tiempo de demostrar su amor al país, entender que los peruanos tendremos clemencia con aquellos que hagan posible la defensa de nuestra Patria y nuestro futuro.

Hoy nos toca salvaguardar a todas las instituciones que actúen acorde con el mandato constitucional. Defender a la Fiscalía y combatir todo intento por obstaculizar su labor. El Poder Judicial deberá trabajar de la mano con la Fiscalía para hacer cumplir la ley, actuando con justicia. Apoyar a la prensa valiente que viene denunciando los graves delitos y la corrupción que hemos podido conocer gracias a su valioso trabajo de investigación. Velaremos por nuestras Fuerzas Armadas, ellas deben denunciar cualquier tipo de extorción o soborno, así podremos hacer respetar su integridad; de igual forma con nuestra Policía Nacional, no permitiremos ningún tipo de maltrato o burla que busque bajar la moral de nuestras gloriosas instituciones.

Todos somos Perú: con "P" de Patria, la "E" del Ejemplo, la "R" de rifle y la "U" de la Unión. Tenemos que unirnos, dando el ejemplo a las próximas generaciones, en defensa de nuestra Patria, con todas nuestras fuerzas y si fuera necesario, usaremos esa "R" de rifle.

La Paz es Guerra

El Montonero, 25 de agosto de 2022

"Doblepensar", término usado por George Orwell en su novela "1984", es el proceso por el cual se inducía a la población a aceptar como verdadero algo evidentemente falso o incluso dos ideas contradictorias como correctas. Este engaño consciente era empleado para alterar la realidad y la historia, borrando todo hecho que resultara incomodo al Partido, como parte del adoctrinamiento. Esta novela, que dramatiza las consecuencias del totalitarismo, muestra una sociedad sumida en la pobreza, la ignorancia, el miedo y la mentira.

Este libro, escrito en 1945 tiene su correlato, cual pavorosa profecía con actuales gobiernos como Cuba o Venezuela, donde el totalitarismo, el terrorismo de Estado y la pobreza no son otra cosa que la consecuencia de una tiranía representada por una pequeña elite, un partido único gobernante, que busca engañar a la población y al mundo, adulterando la realidad con fantasmas y mentiras.

Esta fórmula del "doblepensar" es también la que torpemente intenta emplear el actual desgobierno, negando en forma descarada hechos que a todas luces lo incriminan. Frases como "no más pobres en un país rico" cuando ya tenía planeado saquear a la nación o "palabra de maestro" en boca de un mitómano consumado. Pero a pesar de ello, este reiterado discurso de victimización, negando los hechos e inculpando a otros va rindiendo sus frutos en esas provincias olvidadas del Perú. Ya hemos visto ese aumento en los índices de popularidad. ¿Contra todo pronóstico? No. Porque es justamente en los pueblos lejanos donde ha crecido su popularidad, lugares donde los valores familiares tienen mayor asidero y estos pobladores, sin ahondar en el problema de la corrupción, avalan a un presidente que dice realizar obras en zonas desatendidas.

Ese "doblepensar" es evidente también durante el mandato de Vizcarra, concentrando su gobierno en actividades que beneficiaran tan sólo su popularidad. Era lo único que importaba, lo que lo llevó a altos índices de aprobación, mientras encerraba a toda la población con la excusa del Covid-19 incrementando con ello los índices de pobreza que pasaron de un 20% al 30%. Pero eso no fue todo. Con la vacancia de Vizcarra, la población estaba tan confundida y desorientada –en especial los jóvenes– que todos salieron a las calles y no era claro si el pedido era el regreso de Vizcarra o un nuevo gobierno.

El testimonio actual, de uno de tantos jóvenes que participaron en esa funesta marcha de noviembre de 2020, resulta especialmente revelador: "...participé de esas marchas porque creía estar defendiendo la democracia de un inadecuado uso de la vacancia presidencial. Luego, se supo de toda la corrupción cometida por Vizcarra. Ahora, me considero abiertamente anti vizcarrista. Si bien participé de las marchas, no vi venir que, a partir de ellas los grupos caviares e izquierdistas iban a aprovechar la coyuntura para tomar el poder... para facilitar el acceso al poder al comunismo, encarnado en Pedro Castillo."

Otra joven que participó de las mismas marchas hoy escribe: "Finalmente, sacando a Merino del poder, los creadores de este monstruo colocaron al caviar que más disposición tenía, Sagasti. El monstruo estaba feliz, el poema del nuevo mandatario era música para sus oídos, era el mesías transitorio por el cual habían luchado, sin mencionar que antes de considerar la idea habían peleado para que Vizcarra vuelva al poder."

Estos testimonios póstumos, como el de tantos jóvenes que salieron a las calles confundidos ante un gobierno que nos tuvo engañados, hicieron a muchos aceptar como cierto lo que hoy podemos evidenciar como falso, crearon simultáneamente contradicciones que nos llevaron a nombrar presidente interino a un miembro de la minoría parlamentaria que resultó ser a todas luces "lo más conveniente" para los organizadores de estos disturbios.

Otro ejemplo de esa técnica del "doblepensar" podría ser perfectamente aplicada a la Comisión de la Verdad y la Reconciliación o tal vez Comisión de la Mentira, que reemplazó el término "terrorismo" por "Conflicto interno armado". Esa manipulación del lenguaje parece no haber sido tan exhaustiva ya que en las declaraciones de algunos supuestos testigos se pone en evidencia un léxico que no tiene una correspondencia con la forma de hablar de los pobladores de sus localidades. De cualquier forma, el gran triunfo de la CVR fue la creación del "anti fujimorismo".

Hoy que la población está más confundida que nunca, que la corrupción parece normalizada, que la mentira se esconde tras la victimización, que la ignorancia y la delincuencia amparan el nombramiento de turbios personajes en todo el aparato estatal; es importante tomar conciencia de los mecanismos usados para disfrazar la realidad.

No estaría de más buscar una fórmula para recorrer el país, visitar el Perú profundo y romper los falsos mitos creados por estos discursos divisionistas distorsionados que buscan confundir aún más a la población e intentar hablarles con la verdad. Sería lamentable terminar, como en la novela de Orwell, con un Ministerio de la Verdad, para informar mentiras; un Ministerio de la Paz para organizar guerras; un Ministerio del Amor, para persecuciones y torturas; y un Ministerio de la Abundancia, para administrar la pobreza.

¡A luchar por la justicia!

El Montonero, 1 de setiembre de 2022

El problema de nuestra sociedad no es sólo político y no se resolverá con fórmulas legales; ya que en sus raíces existen causas culturales y morales. Es una ausencia de valores ligada a una crisis de identidad ante la fragilidad e inestabilidad de la conciencia colectiva Nacional. Un problema que va más allá de nuestras fronteras y, aunque nuestra problemática tenga particularidades latinoamericanas, sus fundamentos son también globales.

El pensamiento Moderno con el racionalismo, empirismo, idealismo, positivismo, materialismo dialéctico, pragmatismo y tantas otras corrientes, cultivaba valores colectivos como el servicio, tolerancia, respeto, amistad, cooperación, trabajo en equipo, sentido de justicia y solidaridad, y valores humanos como el amor, bondad y apego a la verdad. Un contacto con la realidad, compromisos morales, el "poder de uno" convertido en revolución para alterar el panorama de antivalores.

El Postmodernismo, de mediados del siglo XX, se centra en la emancipación de la sociedad ante el fracaso de las formas tradicionales. Rechaza el pensamiento Moderno por su planteamiento dualista (blanco o negro) que excluye las perspectivas del pluralismo y la diversidad. Se revela contra el pensamiento totalitario y plantea reformular los argumentos del Modernismo con nuevos paradigmas. Mientras el modernismo se centra en el "poder de uno", los Postmodernistas buscan el "poder de los otros", cuestionando todo, los textos históricos, literarios, la falta de objetividad inherente a la intención del autor, sus prejuicios y sus sesgos culturales; pero atribuye valores al lenguaje como medio para crear y modelar una realidad a la que no tenemos acceso sino solo a una visión con errores interpretativos.

Ray Bradbury, en su novela distópica "Fahrenheit 451" de 1951, dice: "...se acelera el movimiento. Libros, más breves, condensados boletines, tabloides... Todo se reduce a la anécdota, al final brusco. Los clásicos reducidos a una emisión radiofónica de 15 minutos. Después, vueltas a reducir para llenar una lectura de 2 minutos. Por fin convertidos en un resumen de diccionario..." Bradbury se aproximó al presente, sin imaginar la internet, las redes sociales o los Twitts de 280 caracteres, porque esa realidad postmoderna vino cargada de nuevas tecnologías, transformando las formas culturales y valores adoptados.

Hoy surge el Metamodernismo que busca entender el desarrollo exponencial de las tecnologías, "más allá" de las corrientes anteriores, como un "péndulo que oscila entre innumerables polos" para describir la simultaneidad entre el Modernismo y Postmodernismo. No busca ignorar, discutir o negar estas corrientes, surge como una crítica a la posición negativa del Postmodernismo, proponiendo "estructuras de sentimientos". Mas que un movimiento filosófico es una respuesta cultural e intelectual a los acontecimientos globales: cambio climático, crisis financiera, inestabilidad política y la revolución digital, desde la perspectiva del regreso a la sensibilidad.

Kim Levin dice que esta oscilación: "es dubitativa, como la esperanza y melancolía, sinceridad e ironía, lo que afecta y la apatía, lo personal o político, ciencia y tecnología. "Luke Turner propone poner fin a "la inercia que resulta de un siglo de ingenuidad ideológica modernista y la falsedad cínica de su antónimo hijo bastardo."

En la coyuntura actual, estamos atrapados por tendencias globales con pensamientos e ideologías importadas que "agudizan las contradicciones", bajo la bandera de la inclusión; pero nos afecta en forma particular esa "epidemia de corrupción mundial" a la que debemos sumar la ignorancia y la ausencia de valores. Esas son algunas de las consecuencias de los movimientos Postmodernos en esa búsqueda de negación o transformación de la realidad.

Con una visión Metamodernista podríamos encontrar ironía en los ingredientes actuales de los superhéroes de 1930. Clack Kent, joven estudiante, luego periodista informado sobre los peligros latentes de la ciudad de Metrópolis, era Superman. Venía del desaparecido planeta Kriptón y la misión del joven huérfano con super poderes, era defender a nuestro planeta contra la delincuencia y la corrupción. Con una vida familiar armoniosa, protegía y respetaba a sus padres adoptivos, buen estudiante, pero no era perfecto, su intolerancia a la Kriptonita lo debilitaba.

Ahora bien, intentemos analizar los nuevos argumentos del mismo personaje desde la perspectiva del péndulo que oscila entre los múltiples polos del Metamodernismo. Recientemente reaparece Jonathan Kent, hijo de Clark y Luisa Lane quien continúa la labor de su padre; pero se declara "bisexual" con su pareja Jay Nakamura, en el capítulo "Jon Kent encuentra su identidad". No es una crítica al movimiento LGBTIQ+, muy por el contrario: es una crítica a la pobreza en los aportes, contenidos y valores de los movimientos Postmodernos. Robin, el joven maravilla, siempre tuvo una tendencia "bisexual" y a nadie le llamó la atención que "saliera del closet", Pero ¿qué más? Las protagonistas de "Sex and the City", han envejecido y tres de ellas siguen unidas, cultivando su amistad en medio de su frivolidad; pero en el relanzamiento una de ellas se declara gay. Todo ok. Pero ¿qué más? Peter Dinklage, afectado por la acondroplasia (estatura debajo de 1.40 metros), critica la nueva versión de Blancanieves pidiendo un giro más progresista para los enanitos. Suponemos que quisiera incorporar nuevos atributos a estos laboriosos personajes con personalidades propias. Pero ¿qué más? ¿Así resuelven los problemas del mundo? La lista es interminable.

Regresando a nuestra crisis institucional, sabemos que en el Perú se hace justicia y los presidentes corruptos van presos. ¿Pero realmente todos los presidentes deben terminar en la cárcel? ¿De verdad? Si esa es la constante de los últimos 30 años, algo anda mal o todo está muy mal. Pero a la corrupción y la incompetencia se suma la inoperancia del Legislativo, obligándonos a depositar nuestras últimas esperanzas y el futuro del país en manos de la Fiscalía de la Nación y el Sistema Judicial.

En esta dramática coyuntura, el Congreso parece estar perdido en esa agenda inclusiva de doble moral, mientras seguimos padeciendo el peor gobierno de la historia Republicana. Antes que el debate sobre la "unión civil"; exigimos hacer cumplir la Ley 30364 para combatir la Violencia contra la mujer; eso es lo que la ciudadanía quiere oír. Pero no escuchan. Si los Partidos Políticos seleccionaron a sus mejores exponentes como candidatos para ser elegidos por voto popular y el Congreso es una muestra representativa de la población; queda demostrado el triste nivel de estos partidos, de la educación, la ausencia de principios, valores y amor al país.

El primer ministro Aníbal Torres, en medio de sus ataques a la Fiscalía y a la Junta Nacional de Justicia manifestó: "¿Qué están haciendo? Nada. ¿a cambio de qué les pagamos esos suculentos sueldos?". Esa es la misma pregunta que queremos hacer extensiva a todo el Ejecutivo y Legislativo: ¿Qué están haciendo con el Perú? Mientras tanto, no podemos abandonar la lucha en busca de la justicia.

¿Aquí no pasa nada?

El Montonero, 22 de setiembre de 2022

El VRAEM, valle entre los ríos Apurímac, Ene y Mantaro, en ceja de selva del centro del Perú, es un territorio que abarca 69 distritos y 5 departamentos: Junín, Huancavelica, Ayacucho, Apurímac y Cuzco, dividido en dos zonas: de intervención con 100 mil pobladores y de influencia con 400 mil. El 88% de la población rural es pobre y 58% con pobreza extrema, subsistiendo de la producción de hoja de coca, café y cacao.

Hoy sigue siendo una de las zonas abandonadas del Perú, con un Estado ausente, población que decrece por la mala alimentación, baja esperanza de vida y las migraciones. Pero el principal problema es el choque entre frentes terroristas, Sendero Luminoso, MRTA, el Militarizado Partido Comunista MPCP, el narcotráfico y las fuerzas del orden.

En este escenario se planificó la guerrilla armada desde los años 60s, y entre 1980 y el 2000 el terrorismo atacó a las localidades más pobres y vulnerables, muchas de las cuales fueron aniquiladas. En los años 90 se inicia el terrorismo urbano, que culmina con la captura de Abimael Guzmán, pero no se liquidó al terrorismo.

En enero de 2021 Francisco Sagasti informó que el camarada Raúl, Jorge Quispe Palomino, segundo al mando del MPCP, fue abatido por el ejército en el VRAEM, manifestando que "su fallecimiento fue ocultado para no desmoralizar a los terroristas". Comentario lamentable.

Pero tres meses más tarde se produce un atentado en el que fallecen 16 pobladores de la localidad de San Miguel en el distrito de Vizcatán, incluyendo a 2 niños, por impactos con fusiles AKM y Galil. El MPCP se atribuyó el ataque terrorista y la Camarada Vilma encabezó una campaña en redes evidenciando su apoyo a Perú Libre. Ante los hechos Sagasti dijo que buscaría responsables, sin resultados a la fecha; la misión de Observadores Electorales de la OEA restó importancia al problema; el proceso electoral continuó y 15 días después Castillo fue elegido.

Hoy siguen registrándose asesinatos sistemáticos de dirigentes comunales, indígenas y campesinos. Tras la matanza de San Miguel, se ha encontrado al menos 10 cadáveres en Vizcatán. Pero se dice que son hechos aislados, sin medir la magnitud del terrorismo político.

En un escenario adverso, el 11 de agosto las Fuerzas Armadas llevaron a cabo la "Operación Patriota", importante operativo militar para terminar con los remanentes terroristas. Incursionaron en la zona de Vizcatán, atacando los campamentos del MPCP, incautando armamento, sistemas de comunicación, así como importante información. Pero los pobladores siguen padeciendo sin que los peruanos asuman la verdadera tragedia de ese Perú profundo.

Estos hechos demuestran que la Comisión de la Verdad CVR, estuvo muy lejos de cerrar este lamentable capítulo de nuestra historia. Se concentró en los derechos humanos de los subversivos, autores de matanzas y actos deleznables, para luego liberar a estos Senderistas asesinos de pobladores pobres y de comunidades Ashanikas exterminadas sin piedad por considerarlos pueblos atrasados.

La CVR –basada en 23,969 reportes– reconocen 70,000 muertos y atribuye el 37% a las fuerzas del orden, sin precisar el número de terroristas o pobladores. Se critica a las FFAA por muchos hechos como las "«levas»" como mecanismo de alistamiento militar a niños entre 15 y 17 años", equiparándolos con el secuestró a "pioneritos" por parte de Sendero, entrenados y convertidos a los 12 años en la "principal fuerza armada" del terrorismo. Todo esto resulta contradictorio.

Hoy la violencia política continúa. Antauro hace campaña con amenazas: "Estos imbéciles del Congreso, con ese poder putrefacto dan pena igual que el poder judicial, igual que el ejecutivo de la Republequeta..." Tenemos peligrosos personajes como Bermejo, unos nuevos y otros que regresan. El Perú necesita una coalición con candidatos preparados para gobernar, principios, valores y habilidades, sólo así podrá salir adelante el país.

El país en peligro…el gobierno también

El Reporte, 26 de agosto de 2022

Es evidente que ninguna Constitución, ni la de 1979, la de 1993 o ninguna otra había previsto el gobierno de la incapacidad y la delincuencia, en manos de un sindicalista básico. No hay quien no haya pensado que "por mucho menos que esto otro presidente ya hubiera renunciado". Esto parte del supuesto que un presidente debe tener principios y valores, un ápice de amor a su patria o una pizca de misericordia con los más necesitados, pero ha quedado demostrado que no es así.

"Persecución política" es el estribillo que repiten a diestra y siniestra Pedro Castillo y sus secuaces, en sus discursos de victimización. "La derecha radical no puede aceptar el triunfo de un modesto maestro rural", frase tan gastada como falsa. Pero lo cierto es que gran parte de la población pudo predecir las nefastas consecuencias del gobierno de un sindicalista radical al que no le importó suspender las clases de 1 millón y medio de estudiantes a Nivel Nacional durante más de tres meses como consecuencia de la huelga magisterial del 2017. Sabiendo además que sólo pidió a cambio la inscripción del FENATE, federación vinculada al CONARE y al censurado partido MOVADEF, agrupación vetada para participar en política al demostrase la relación de sus integrantes con el movimiento terrorista Sendero Luminoso. Y así comenzaba esta historia.

Pero lamentablemente este discurso de victimización, negando los hechos, amenazando a la Fiscalía de la Nación, vetando las investigaciones fiscales, ignorando las acusaciones de la cada vez más numerosa lista de colaboradores que inculpan a Castillo, a su familia y su entorno más cercano va rindiendo frutos en esas provincias olvidadas del Perú. Los discursos en lugares por mucho tiempo abandonados, donde la ausencia del Estado es la única constante, va calando en la población rural.

¿Cuáles son los resultados? Un preocupante aumento en el índice de popularidad, a pesar del desgobierno y abandono. ¿Contra todo pronóstico? No. Porque es justamente en las zonas rurales donde ha crecido su popularidad. ¿Cómo explicar este incremento? En los pueblos altoandinos, valores como la familia tienen un significado más profundo y distinto que en otros lugares del país. Priman principios como la "reciprocidad", correspondencia mutua entre los pobladores de una localidad, que determinan los lazos y la cohesión. Por ello, interpretan las acciones de la Fiscalía de la Nación como una agresión a la familia y sus comunidades. De igual forma, censurar los presupuestos asignados a estas comunidades para realizar supuestas obras que significarían un beneficio para ellos, se interpreta como un acto de discriminación. Favorecer a familiares y amigos es parte de la norma, por eso avalan los falsos discursos.

Aun así, los mencionados indicadores no parecen tener una correlación con el colapso en las expectativas empresariales según la última publicación del Banco Central de Reserva, que muestra el impacto nuestra economía en valores como el incremento de la inflación, el comportamiento del consumidor que sigue retrayéndose y el freno en las inversiones locales y extranjeras que solo se agudiza; temas que parecen preocupar poco al actual desgobierno.

Pero no todas son buenas noticias para Castillo. A pesar de las amenazas, el Ministerio Publico no ha cesado en su labor fiscalizadora; las Fuerzas Armadas e incluso los veteranos que fueron conminados a acudir a Palacio pusieron en aprietos a ese debilitado gobernante; la prensa continúa investigando, informando a la población e incluso medios que mostraban una actitud tibia y hasta condescendiente, hoy no pueden negar la realidad. Todo ello pone en peligro la estabilidad y permanencia de este gobernante que se aferra a un sillón presidencial, que representa esa inmunidad que lo mantiene lejos de prisión, pero se siente acorralado.

El riesgo político, social y económico es de suma gravedad; pero pareciera ser que la población civil no termina de tomar conciencia. Nos estamos jugando bastante más que el futuro del país. Hoy está en peligro nuestro presente, la seguridad ciudadana y la paz de los peruanos, pero muchos no quieren entenderlo.

Estamos siendo gobernados no solo por incompetentes, personas para las cuales el país no significa nada, seres que creen sus propias mentiras embriagados por el poder, otros que han vendido sus almas o que han caído en la trampa del chantaje; en cualquiera de los casos el sentido patriótico está fuera de sus radares.

Sólo la voz de los peruanos que no queremos ver como nuestros hijos buscan otros horizontes, de aquellos que amamos al Perú y estamos dispuestos a defenderlo, podrá resolver este entrampamiento que nos agobia. Sólo la voz de protesta de toda la población civil unida pondrá fin a esta agonía. ¡¡¡DESPIERTA PERUANO…!!!

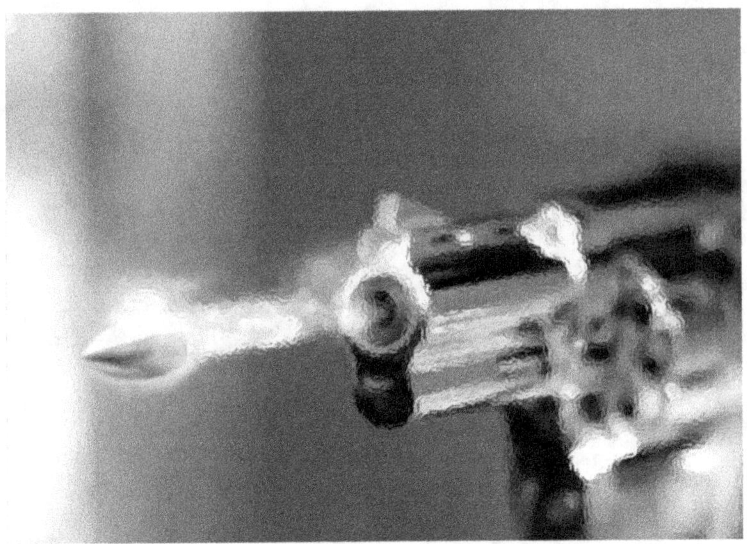

¡No les entran balas!

El Reporte, 2 de setiembre de 2022

El primer ministro Aníbal Torres, en uno de sus recurrentes ataques, esta vez a la Fiscalía y la Junta Nacional de Justicia manifestó: "¿Qué están haciendo? Nada. ¿a cambio de qué les pagamos esos suculentos sueldos?". Parece el mundo al revés. La población entera se pregunta qué está haciendo el Ejecutivo y el Legislativo por el Perú. ¿Les pagamos acaso para defender a un presidente acusado por corrupción?

El desgobierno, inseguridad ciudadana, crisis económica, deficiente educación, entre otros problemas del país, han pasado a un segundo plano ante la desenfrenada corrupción de Pedro Castillo, su familia y allegados. La población se alegra al escuchar, luego de largas dilaciones, que por fin el juez Johnny Gómez Balboa aceptó el pedido de la fiscalía dictando 30 meses de prisión preventiva contra Yenifer Paredes, cuñada-hija de Pedro Castillo. También nos alegró que los pobladores de Tacna hicieran sentir su desaprobación abucheando a Castillo, lanzándole huevos. ¿Estas son las noticias que nos entusiasman? Lamentablemente, sí.

Los ministros que, lejos de cumplir las funciones de sus carteras, se dedican a defender la indefendible inocencia de un presidente investigado; es tan indignante como incomprensible. Encabezando la lista tenemos al primer ministro, admirador de Hitler, que agita a la población promoviendo el cierre del Congreso, atacando al sistema Judicial y las Fuerzas policiales, Aníbal Torres; el ministro de trabajo de un país con 2.5 millones de desempleados y 12 millones de empleos informales, Alejandro Salas; el ministro de Justicia que avala la liberación de un asesino de policías que declara públicamente no estar arrepentido, Félix Chero; el ministro del interior que no respeta a las fuerzas policiales, deteriorando la moral de esa institución, Willy Huertas; entre otros.

Pero estos mismos ministros y otros más parecen no haber leído la Constitución, especialmente el Articulo 128 sobre la Responsabilidad de los Ministros, que indica que: "Todos los ministros son solidariamente responsables por los actos delictivos o violatorios de la Constitución o de las leyes en que incurra el Presidente de la República o que se acuerden en Consejo, aunque salven su voto, a no ser que renuncien inmediatamente".

¿Qué implica este artículo de la Constitución? Significa que, si el Poder Judicial declarara culpable a Pedro Castillo, lo que tarde o temprano sucederá, los ministros estarían en problemas legales. Aunque no hayan sido coparticipes de estos actos de corrupción o argumenten que no fueron evidentes las intenciones por cometer delitos, igual estarían comprometidos. Pero hoy que existen hechos que demuestran la corrupción del presidente, su familia y círculo más cercano; avalar, defender al gobierno o atacar a otras instituciones del Estado, los convierte en responsables solidarios de esos actos delictivos. La única salida seria la renuncia inmediata de estos ministros; pero mejor aún la de Castillo.

Somos conocidos como el país que hace "justicia", donde los presidentes corruptos van presos. Pero resulta que todos los presidentes electos que nos han gobernado desde 1985 están presos o en condiciones similarmente dramáticas. ¿No deberíamos cuestionarnos seriamente esta problemática? El hecho es que la corrupción, la incompetencia y la inoperancia se han extendido a niveles nunca vistos. ¿Cómo resolvemos una corrupción que se multiplica en forma exponencial?

La respuesta es Educación y valores. Mejorar esa formación que muestra alarmantes síntomas de crisis en todas las escuelas del país. Se incluyen contenidos que resultan irrelevantes comparados con materias relacionadas con valores cívicos, morales, protección de la familia, inculcando el amor al país.

En esta línea podemos constatar el lamentable nivel de preparación de los ministros de Estado y muchos miembros del Congreso. Si los congresistas, elegidos por voto popular, son una muestra representativa de los mejores valores de cada partido político, es evidente el bajo nivel de sus militantes o la ausencia de filtros para seleccionar a los más capaces, demostrando un lamentable nivel intelectual, moral y ausencia de valores patrióticos de estas organizaciones políticas.

Si a estos perfiles le sumamos el ingrediente de la corrupción, podremos entender porque el ejecutivo y el congreso han ido perdiendo el reconocimiento y respeto de la población. Pero la renuncia a esa cuota de poder, a esos sueldos por encima de sus capacidades no es una opción. Parece que tampoco lo es el peligro al que están expuestos ya que no intentan resguardar su libertad. No cruza por sus mentes el amor a la patria, el amor propio o salvarse de la cárcel. No les entran balas.

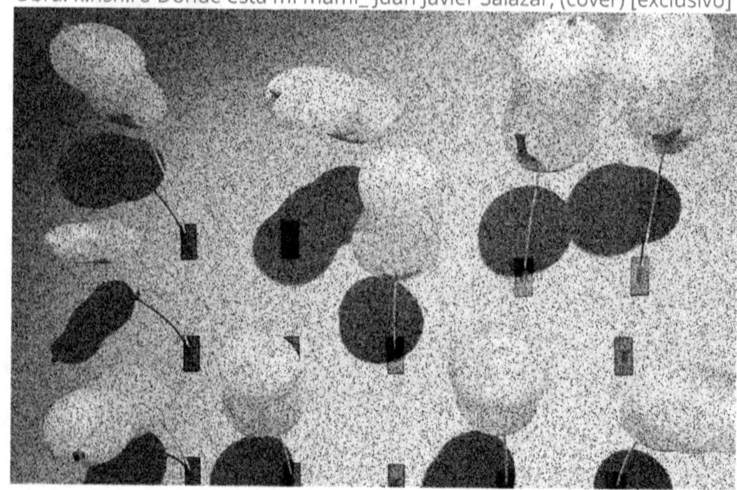

Realidad sensible

El Montonero, 8 de setiembre de 2022

Nadie escarmienta en cabeza ajena. Frase tan dramática como real; basta mirar la experiencia de Latinoamérica para constatarlo, porque se siguen sumando uno a uno más países de nuestra región a esta agenda nefasta del Socialismo del Siglo XXI, Castro-comunismo, Cuba o como prefieran llamarlo. Para encontrar respuestas, es necesario aproximarse al análisis de esta realidad, desde sus profundas raíces y tal vez podamos encontrar alguna "Vía de solución".

En una conferencia sobre "Libertad y Democracia en Latinoamérica", numerosos expositores presentaron el análisis sobre la coyuntura y los problemas en la región. Una especie de diagnóstico a partir de los síntomas recurrentes, importantes, por cierto, para entender las constantes de este mal que se manifiesta como la "Plaga del Siglo XXI"; pero con pocas propuestas de acciones conjuntas. Entre los distintos enfoques resultó interesante el de un artista y director de cine que muestra una visión "sensible al problema", buscando denominadores comunes.

Los seres humanos, crean códigos para transmitir ideas y sentimientos, en base a signos que aparecen en el lenguaje. Pero

180

otra forma de comunicar la visión del mundo son las expresiones artísticas como representación, que no son la realidad misma, sino una interpretación que comunica sentimientos –alegrías, angustias, esperanzas y sueños– sobre la realidad a partir de lo sensible.

La obra que vemos en la imagen que encabeza esta columna, nos gusté o no desde el punto de vista estético, expresa las sensaciones del autor: "refleja desde el vacío maternal, globos con la forma de Lima y adentro, otro globo con el aspecto del Perú, que está listo para inflarse en algún momento de su vida". Interesante analogía de libre interpretación.

El artista enuncia sus propias motivaciones: "Acá nada es accidental, adentro del globo hay otro globo. No hay nada fortuito, ya que cada uno decide si se quiere llevar el globo o no; pero también decide qué hacer si se lo lleva: dejarlo en tu casa y mirarlo en tus ratos libres como a una orquídea que está a punto de marchitarse esperando que se desinfle sin pena ni drama; o puedes tomar el destino en tus manos con un objeto afilado, reventar el globo y sacar al Perú de adentro". Luego aparecen nuevas opciones: "mantener el globo intacto sin inflar, guardándolo en una caja para futuras generaciones, conservándolo como un recordatorio (de lo que es el Perú) o ponerlo en tu boca para llenarlo de tus aspiraciones y volver a ilusionarte; pero los resultados no están garantizados y no sabemos bien si el globo de adentro (el Perú) estará en buenas condiciones y logrará inflarse."

Lima seria, esa madre que "se tragó al Perú impidiendo su crecimiento" y la forma en la que la capital se relaciona con el resto del país". Igual que todo lo que esta guardado, Lima no es capaz de ver las verdaderas dimensiones del Perú y entender su realidad. Las provincias, especialmente las más alejadas, sintiendo la brecha entre la capital y ellas mismas, no pueden llenar el vacío con sus aspiraciones para volver a ilusionarse.

En esta dinámica, el discurso de la oposición evidencia la ausencia de ingredientes que nos permitan entender la problemática nacional. Esta es la lucha de una oposición contra peligros inherentes de un desgobierno con componentes como incompetencia, falta de valores, ausencia de amor al Perú y una corrupción desbordada. Pero seguimos luchando contra las consecuencias, sin entender las causas y sus raíces. No se avizoran propuestas para resolver los problemas estructurales, ya que todos estamos inmersos en el discurso sobre una coyuntura atestada por distractores que niegan lo evidente.

La educación ha otorgado gran importancia a la razón, al pensamiento lógico, pero deja de lado otras formas de aprendizaje primario: la vivencial, sensible e intuitiva. El verdadero Perú, tan grande como las brechas políticas, económicas y sociales; distinto en cada región, más allá de la mixtura cultural que no termina de mezclarse, con formas distintas de ver y sentir los problemas, zonas que aun hoy siguen sin aprehender el pensamiento occidental; dan forma a esas barreras que nos impiden ver y sentir la realidad.

Es urgente Interpretar el pasado, desde una perspectiva sensible, entender verdaderamente el presente, para poder trazar el rumbo futuro. Crear una voluntad colectiva que esté dispuesta a lanzar propuestas para construir un mañana posible, con ilusión. Se necesitan mentes capaces de concebir al Perú a partir de un pensamiento sensible. Así, tal vez lograremos una coalición nacional y latinoamericana, donde nuestros triunfos serán compartidos.

La realidad supera a la ficción

El Reporte, 9 de setiembre de 2022

Quienes votaron en contra del plan de gobierno de Perú Libre no imaginaron los niveles de inoperancia, delincuencia y corrupción que hoy vivimos. Pero los acontecimientos no han resultado de acuerdo con lo planeado, tampoco para el partido de gobierno. ¿Qué sucedió? Vale la pena retroceder en el tiempo.

Pedro Castillo, profesor esporádico, fue el líder sindical que en 2017 promovió y dirigió la huelga magisterial acatada por 238,536 profesores, afectando a millón y medio de estudiantes a Nivel Nacional durante tres meses. Representaba a la facción del Conare (Comité Nacional de Reorientación y Reconstrucción del Sutep), grupo vinculado al MOVADEF, brazo político del movimiento terrorista Sendero Luminoso, con el pensamiento marxista, leninista y maoísta. Visitó Bolivia en varias oportunidades y su perfil no resulta distinto al del Evo Morales de sus primeros tiempos.

Vladimir Cerrón fue invitado por Cuba para estudiar medicina, poco después de la dramática muerte de su padre en 1990. Jaime Cerrón Palomino, fue Vicerrector de la Universidad Nacional del Centro y, aunque los testimonios de la Comisión de la Verdad (CVR) no dejan clara su afinidad política o las razones de su muerte, es un hecho que esta universidad fue tomada por Sendero Luminoso y el Movimiento Revolucionario Túpac Amaru (MRTA), quienes competían por el control y que en medio de ese conflicto asesinaron a alumnos, profesores y trabajadores. Los antecedentes resultaban convenientes para convocar a este joven, vulnerable ante las circunstancias, para convertirlo en hombre de Cuba. Años más tarde seria juzgado y sentenciado por corrupción.

Perú Libre apostó por un sindicalista con pocas capacidades, pero movilizador de masas, para encabezar la plancha presidencial y resultaría iluso pensar que Vladimir Cerrón no tuviera la misión de llevar al Perú por la misma ruta que Venezuela y Bolivia. Este desgobierno se inicia con la receta cubana, rodeándose de amigos y aliados, comprando voluntades o extorsionando a quienes fuera necesario, para luego desecharlos cuando ya no sirvieran a sus intereses. Para ese fin era fundamental comprar a la policía y las Fuerzas Armadas, igual que a los medios de prensa, dar bonos a los pobres y convocar a una Asamblea Constituyente, mientras captaban colaboradores o desprestigiaban a los que se opusieran en el Congreso.

Archivos desclasificados de la URSS nos permiten conocer, prácticamente al detalle, cómo operaba el bloque comunista instalado en cuba desde 1919, fundando el Partido Comunista Cubano en 1925 operado bajo la red liderada por el Núcleo Central de Inteligencia Soviética que dirigía al PCC en la clandestinidad. La inteligencia cubana, entrenada por la KGB extendió su red por toda América desde sus inicios. Enrique García, ex miembro de la inteligencia cubana que radicó en el Perú y otros países de la región afirma que durante los años 60's nuestro país tenía uno de los más importantes centros de inteligencia, solo comparable con el de México.

Pero pocos meses más tarde se hace evidente que la fórmula cubana no estaba funcionando: pugna entre huancaínos y chotanos; los países aliados usados para victimizarse a nivel nacional e internacional marcan distancia; los caviares que fueron usados, son desechados; Sagasti ya no pasa desapercibido; Vizcarra, omnipresente en palacio, retira a

Daniel Salaverry; las coincidencias con Acuña, persuadido sólo por una cuota de poder, pierden piso; uno de los mejores oficiales de la inteligencia cubana, consejero de ministros, asesores y también del flamante alcalde, se repliega.

¿Qué pasó? Nadie, ni Cerrón, ni los cubanos, imaginaron que esa inescrupulosa ignorancia, flanqueada por delincuentes desencadenaría en corto tiempo la desenfrenada red de corrupción que asaltaba, con inmunidad presidencial, el presupuesto de la nación. La indignación ante ministros y funcionarios con sueldos por encima de sus capacidades, congresistas incluidos, se quedó corta ante la avalancha de saqueos. Y, obviamente, hoy resisten con la consigna aprendida: "confundir y desgastar al enemigo tanto como sea posible".

Castillo se va quedando sólo, se defiende cual fiera acorralada con los escasos ayayeros que tarde o temprano caerán. Ante las escandalosas evidencias, la prensa que los apañaba, la fiscalía y hasta el poder judicial han tenido que reaccionar. La ofensiva debe concentrarse en atemorizar a sus secuaces, en los "Niños del Congreso", en el Sistema Electoral y por supuesto inhabilitar a Dina Boluarte que es parte de lo mismo. Pero la batalla será en el Congreso y solo un estratega con don de mando presidiendo el parlamento podrá hacer frente a este desgobierno.

Una luz al final del túnel

El Montonero, 15 de setiembre de 2022

Incompetente es aquel que no solo llega a conclusiones erróneas o malas decisiones, sino que además carece de la capacidad para darse cuenta de sus deficiencias. La llamada "incompetencia inconsciente", opera a tres niveles: no saber lo que debe saber, saber mal lo que se sabe y saber lo que no debería saberse". De ahí el dicho que proclama que "la ignorancia es atrevida".

Pedro Castillo es incompetente y mentiroso, y se rodea de personajes con oscuros o dudosos perfiles. No respeta al Perú, a los peruanos y tampoco a la justicia. Esta peligrosa combinación de ingredientes se traduce en inestabilidad política, económica y social, y desconfianza en el Estado. ¿Qué sentimientos genera Pedro Castillo en los peruanos? Incertidumbre, cólera, miedo, decepción y desconfianza en un gobierno que, según la opinión del 66% de los peruanos, no concluirá su mandato. Y aunque no conocemos el futuro, todo indica que así será.

Este desgobierno necesita de las Fuerzas Armadas y policiales para garantizar su permanencia, someter y atemorizar a la población. Es ahí donde radica la importancia de tener un general de División, a un ex jefe del Comando Conjunto de las Fuerzas Armadas, como José Williams, presidiendo el Congreso. Él deberá, convocando a los parlamentarios, desarrollar una estrategia, formar alianzas, sumar voluntades con todos aquellos que compartan el sentir de la mayoría de los peruanos: "librarnos de este nefasto gobierno".

¿Pero qué podemos rescatar de esta crisis? Tomar conciencia de que la corrupción, sumada a la ignorancia e incompetencia es una combinación que nuestro país no puede volver a admitir. Entender que se necesitan muchas reformas, comenzando por la de la Constitución, para lograr que nunca más nos gobierne la incapacidad. Se necesita un código electoral y supervisar la catadura moral de los miembros del sistema electoral.

Los partidos políticos son responsables de formar a sus representantes, presentados luego como candidatos para gobernarnos. No pueden ser grupos improvisados que incluyan a personajes de dudosa procedencia. Necesitamos un Estado eficiente, verdaderos gobiernos regionales, con funcionarios de la gestión pública que hagan posible la simplificación administrativa, la transparencia, el control de los procesos y romper con esa burocracia que va de la mano con la corrupción.

Pero finalmente el Estado debe trabajar para el pueblo. ¿Cuáles son hoy las prioridades de los peruanos? Combatir la corrupción y la inseguridad ciudadana, y lograr la reactivación económica. Pero la realidad es que las familias, fundamento de la sociedad, buscan una buena educación, asistencia en salud y alimentación para sus hijos, un techo y el respeto a la propiedad privada. Necesitan un trabajo digno o la oportunidad para desarrollar un emprendimiento que les ofrezca un ingreso que garantice la protección de sus dependientes. Se necesita confianza y estabilidad económica para que las nuevas capas que forman la clase media precaria se fortalezcan y que no vuelvan a sufrir las carencias que creyeron superadas. Todo esto no será posible si el Estado no contribuye con la infraestructura necesaria para hacer realidad estas demandas.

Esta crisis nos hace comprobar la dramática realidad que vivimos, dificultando una conciencia que facilite los urgentes cambios en la sociedad. Este gobierno nos muestra las constantes amenazas a las que estamos expuestos, marcando el rumbo que no queremos volver a recorrer. En este escenario, es indispensable el compromiso de todos, ciudadanos, empresarios, políticos y demás actores del Estado.

Finalmente es la educación el principal pilar de nuestra sociedad, que permitirá alcanzar estos objetivos a mediano plazo. Solo una población con peruanos preparados podrá garantizar nuestro futuro. Estos jóvenes, con una buena formación, principios, valores, conocimiento de nuestra realidad y un profundo amor por el Perú harán posible un mejor país. Solo ciudadanos preparados podrán formar parte de los cuadros políticos, representando luego a sus pueblos en alcaldías y gobernaciones, en puestos estatales, en un Ejecutivo y Legislativo que sean un ejemplo de honradez y compromiso con nuestra nación.

Hay mucho trabajo por hacer, eso es indudable, pero esta coyuntura evidencia la urgencia de estas reformas. En este objetivo no podemos olvidar las grandes brechas entre Lima y nuestras provincias; con gobiernos regionales también inoperantes por las mismas razones que este gobierno es incompetente. Es necesario salir de nuestra zona de confort y acercarnos a las provincias, buscar el compromiso de las empresas y empresarios que en esta emergencia nacional también son llamados a contribuir para lograr los objetivos nacionales.

El Estado se justifica para mantener su dominio

El Reporte, 16 de setiembre de 2022

Interesante analizar, desde una perspectiva actual, el pensamiento de Antonio Gramsci (1891-1947), periodista, escritor, sociólogo y político marxista, fundador del Partido Socialista Italiano, que vivió los tiempos de las dos guerras mundiales. Desarrolló sus teorías durante la crisis de la Italia de principios del siglo XX, donde las condiciones laborales eran extremas, con obreros obligados a trabajar hasta 16 horas sin derecho a refrigerio; pero, las condiciones de trabajo mejoraron con los reclamos sindicales y en 1919 se proclama la jornada de 8 horas.

Tras la revolución socialista de 1917 en la que el Zar de Rusia es derrocado, se funda en Moscú la III Internacional o Komintern en 1919, que dirigía y controlaba los destinos de 35 partidos y sindicatos comunistas a nivel internacional bajo la estricta dirección de Lenin.

En 1922 Benito Mussolini es nombrado presidente del Consejo de Ministros Reales, desatando la persecución del Partido Comunista, encarcelando a sus dirigentes, incluyendo a

Gramsci que fue arrestado en 1926 a pesar de su inmunidad parlamentaria. Es ahí donde escribe los famosos "Cuadernos de la Cárcel", obra que continúa hasta su muerte.

Gramsci reprobaba algunas decisiones de Lenin, aunque su partido respetaba los compromisos con el Komintern, aduciendo que las condiciones políticas en Italia eran distintas que las de URSS. Así, desarrolla su teoría de la "hegemonía" definida como la "unidad de la dirección política, intelectual y moral que ejerce una clase social sobre la sociedad en un momento histórico dado". Esta hegemonía de la clase burguesa sobre la clase proletaria, a diferencia del pensamiento revolucionario marxista, se construye por medio de la ideología y el consenso que se va formando sutilmente con la educación, la familia, la religión, la moda y la cultura; apelando a la fuerza y la coerción cuando no se dan estas condiciones.

Gramsci define a la burguesía como clase dominante, sobre el proletariado como clase subalterna conformada por obreros y campesinos. Pero históricamente, son justamente las clases burguesas las que rompen con la dominación feudal en el siglo XV, con comerciantes y artesanos, primeros capitalistas.

Según estas teorías, el Partido Comunista de Cuba resultaría ser la clase dominante que controla el país con una élite, y ya conocemos los resultados. Ello se parece más a la "teoría de la herradura", según la cual tanto en la extrema derecha –fascismo–, como en la extrema izquierda –comunismo–, prevalecen las dictaduras y el autoritarismo.

Las teorías de Gramsci se ponen en práctica con la batalla cultural que, de forma casi silenciosa, han ido instalándose en el Perú por más de tres décadas. Por ello, es en ese campo ideológico en el que es necesario enfrentar al enemigo que intenta capturar a la región con el modelo de la dictadura más antigua de Latinoamérica.

Aunque el actual desgobierno intenta implantar esos modelos, el peruano tiene una idiosincrasia distinta. Los pobladores que abandonaron el campo para vivir en las ciudades se convirtieron en ambulantes, luego en pequeños comerciantes y crecieron para crear emporios como Gamarra, por ejemplo. Son emprendedores, pequeños burgueses capitalistas de nuestros tiempos, que crean empleos y las empresas que abundan en nuestro país. El problema es la informalidad y las barreras que deben ser resueltas, justamente, por esos gobiernos inoperantes.

El discurso de la izquierda progresista y del actual gobierno, que enfrenta a la población entre ricos y pobres; burgueses y proletarios no tiene asidero. Ese discurso debe ser desarticulado rebatiéndolo con sus mismos métodos. Teorías del siglo XVIII o las ideas de Gramsci de inicios del siglo XX se desarrollan en tiempos y realidades distintas. Esos burgueses, capitalistas, serían los emprendedores de nuestros tiempos, que crean empleo y empresas, que, aunque informales, predominan en nuestro país.

Es un hecho que las grandes brechas deben ser resueltas en el Perú, problemática presente en todo el mundo. Ese es el dilema y no el capitalismo en sí. En los últimos 25 años el 50% inferior de la población mundial ha incrementado su riqueza con un promedio de sólo 2% anual; mientras que los más adinerados, 1% superior, han visto crecer su patrimonio a un ritmo de 38% anual, por ello, año a año las brechas se siguen acrecentando. Esa es la realidad que debería ser motivo de preocupación para empresarios nacionales y extranjeros.

Nos debatimos entre el pensamiento progresista, forjado a partir de la filosofía gramsciana que fue copando la educación en el Perú y el caos implantado por Castillo para "confundir y desgastar al enemigo tanto como sea posible". En ese escenario tenemos que reconocer que la única vía es la "contra hegemonía" de la "contra hegemonía"; construyendo un modelo educativo para formar peruanos íntegros y competentes, con principios y valores, pero, sobre todo, un profundo amor al Perú.

Violencia Política

El Reporte, 23 de setiembre de 2022

"Agudizar las contradicciones", mecanismo del "instinto de separación", en tiempos de la guerra fría fue el binomio: capitalismo vs. comunismo, afirmando la división. Pero hoy el enfrentamiento va más allá de la izquierda o derecha, y las subdivisiones son múltiples en la arena política. Aun así, la dicotomía permanece reducida a los que piensan igual, que son aprobados y los otros, que son vetados. Como consecuencia, el rechazo constante obstaculiza la concertación.

Los diarios acontecimientos son una avalancha de información que, aunque muchos no quieran admitirlo, es una estrategia pensada para mantener a la población aturdida. En esa confusión, las redes sociales actúan como caja de resonancia que multiplica los mensajes en forma exponencial, con ese copy/paste enloquecido. El ruido es perturbador y hoy, con las elecciones municipales ad-portas, buscan apoyar a sus candidatos, desestimando a otros postulantes. Pero la realidad es que la suerte de estas elecciones se decidió meses atrás. No se reemplazó a los miembros del sistema electoral y tampoco fue posible una coalición de los partidos de oposición.

Se evidencia una actitud reactiva en una oposición que rechaza hechos inminentes o que cree que comentar los sucesos marcará alguna diferencia. La realidad que vivimos no es otra cosa que las malas políticas de gobiernos anteriores, agravadas por la mala administración de la pandemia y exacerbadas por el régimen actual. Pero ese es también un análisis que ya todos conocemos y explica tan solo las consecuencias.

¿Cuáles son las causas? Las grandes brechas existentes en ese binomio Lima-provincias y sus variantes en las regiones, la deficiente calidad educativa, carencias en el sistema de salud, desnutrición infantil, falta de infraestructura, pero sobre todo una corrupción generalizada, con funcionarios incompetentes y Gobiernos Regionales inoperantes. Todo traducido en ausencia de oportunidades de trabajo y malas condiciones de vida.

Esta situación propicia la aparición de personajes que agitan a la población para participar en política con agendas radicales, desestabilizando al país. La realidad que no terminan de comprender es que, los cambios se suelen dar en forma progresiva. Por ello, de la misma forma que el deterioro que causa este desgobierno no ha sido abrupto –gracias a la estabilidad de años anteriores–; la solución a los problemas del país no será inmediata, sino paulatina. Reducir la pobreza de 58% a 20% tomó 30 años, pero la pandemia nos hizo retroceder 10 años que aún no recuperamos, realidad que golpea a la población desamparada.

Por ello es necesario mirar la crisis actual como una oportunidad. El primer paso es analizar la realidad, tomando verdadera conciencia de nuestros problemas, para luego buscar vías de solución. Hoy que los problemas se hacen evidentes es necesario tomar acciones, comenzando por un acercamiento a las zonas olvidadas del Perú.

Aun así, el Congreso debe tomar acción inmediata contra la "Violencia Política" frenando a delincuentes, prontuariados y agitadores aspirantes al gobierno. Esa fue la agenda de Sendero Luminoso con su nuevo orden por medio de la "Guerra Popular", pero, lejos de resolver los problemas de las minorías, asesinó precisamente a los pobladores más pobres, de las zonas más vulnerables. Este régimen hace precisamente lo mismo. La modalidad se llama corrupción, pero es doloroso ver como Pedro Castillo & Cía. roban, no solo nuestro futuro sino, justamente los presupuestos destinados para esas zonas con pobladores necesitados a los que llaman sus hermanos. Otros se suman hoy a esas filas violentas, buscando su cuota de poder, amenaza que debe resolverse ya.

El Pueblo exige hechos, no palabras

El Reporte, 30 de setiembre de 2022

Se cumplen tres años del Golpe de Estado de Vizcarra que llevó a la disolución del Congreso; pero la corrupción, delincuencia, crisis política y desempleo siguen siendo las principales preocupaciones de los peruanos. La crisis política se agrava, según las encuestas, como consecuencia de esa golpeada economía familiar y el desempleo, reduciendo la confianza en los políticos. La población se impacienta ante la ausencia de soluciones y un Congreso que demuestra estas carencias acrecentadas.

Las promesas de campaña resultaron un engaño y las acciones de Castillo superaron todo lo malo que imaginamos. La población sufre las carencias por el aumento de precios, falta de empleo y reactivación económica; pero este régimen dilapida los fondos del tesoro público y utiliza nuestros recursos para fines personales. Las empresas buscan recuperarse de la caída del 2020, otras no lo lograron, pero es indignante que los impuestos pagados con el esfuerzo de ciudadanos y empresarios se vean dilapidados.

¿Qué sucede con el Congreso? Sólo el 7% aprueba su gestión y considera al parlamento la institución más corrupta del país. ¿Por qué? Porque está atestado por personajes con antecedentes, muchos sin preparación; porque no toman acciones, ni en casos de violación; porque eligen en la mesa directiva personajes de baja catadura moral que resultan presos, no sancionan a esos "niños" que ya no sabemos cuántos son; pero, sobre todo, no escuchan la demanda del pueblo que exige inhabilitar a Dina Boluarte y vacar a Pedro Castillo, para impedir la arruina del país. El 72% de los peruanos desaprueba a Castillo, 24 millones que exigen al Congreso el cumplimiento de la "Voluntad Popular". ¿Es tan difícil entender?

Mas allá del debate en el hemiciclo, la oposición tiene la obligación de lograr consenso y persuadir a quienes avalen a este nefasto régimen. Las pruebas sobran, se multiplican con escándalos por corrupción y abusos de poder de toda índole. Es tan difícil explicar a esos parlamentarios que tarde o temprano este régimen caerá y que los cómplices de la corrupción sufrirán las consecuencias. ¿O prefieren un nuevo cierre del Congreso? Los parlamentarios, corruptos incluidos, se deben al Pueblo y ese Pueblo exige justicia. La Fiscalía de la Nación, institución que da la talla, deberá cumplir su mandato sin piedad con los traidores a la patria.

Los peligros se acrecientan. La liberación de Antauro Humala, indigenista radical y asesino de policías, parece rendir frutos al desgobierno. El nuevo ministro de Defensa Daniel Barragán, cómplice de Humala, y al parecer el comandante General del Ejército, avanzan con la estrategia para copar a las FFAA, desestabilizando no solo a la institución; sino al país entero. Las amenazas de Antauro podrían desencadenar manifestaciones violentas que afectarían la tranquilidad y la vida de los peruanos. Pero Castillo juega con fuego con esas tácticas que sólo buscan inestabilidad, no distingue entre el bien y el mal, eso podría jugarle en contra.

Antauro en sus campañas anuncia la pena de muerte para los corruptos, incluyendo a su hermano y a Castillo. Amenaza con cerrar el Congreso, fusilando a todo funcionario que defraude al Estado por más de mil soles. En ese escenario Castillo y el Congreso correrían un grave riesgo, además de dejar desprotegida a la población entera.

Los peruanos no pierden las esperanzas, siguen trabajando por el Perú. Por ello, los padres de la patria, presididos por Williams, tienen la obligación de buscar una estrategia de solución. Los votos de los congresistas quedarán registrados, sabremos quiénes alentaron la corrupción y quedará constancia de esa complicidad. Castillo no debería durar mucho y la Fiscalía lo tiene claro, pero siguen apareciendo nuevos peligros. El Pueblo exige hechos, no solo palabras.

Las otras Campañas

El Montonero, 29 de setiembre de 2022

Última fase de las elecciones. El 2 de octubre elegiremos a 25 gobernadores, 1,890 alcaldes provinciales y distritales, vicegobernadores, consejeros y regidores, que suman 13,032 autoridades a nivel Nacional. Los candidatos fueron promocionados, evaluados, criticados y algunos difamados. Los votantes saturados ante la realidad política mostraron poca participación. Las propuestas de los debates no sabemos si se cumplirán, por lo que es mejor concentrarse en la trayectoria y catadura moral para definir nuestro voto.

Quien pareciera no tan confundido, es Antauro Humala. Aunque existan esperanzas en la aprobación del Proyecto de Ley para impedir la postulación de candidatos con antecedentes penales graves; es necesario analizar las maniobras del enemigo, midiendo sus capacidades y limitaciones; sobre todo frente a sus amenazas contra el Congreso. El Andahuaylazo del 2005 le costó una sentencia por homicidio, secuestro y rebelión, con una condena a 25 años, reducida y condonada, saliendo libre antes de cumplir 18 años.

Ese mismo "Andahuaylazo" permitió la llegada al poder de su hermano Ollanta, pero también le dio experiencia en la organización de campañas políticas. Enrolaron Incluso al Premier, Aníbal Torres con el número 14 como candidato para el Congreso y, aunque no fue electo, podemos entender su insistencia para liberar al asesino de policías.

Su campaña se inicia en Apurímac, para convocar e integrar en sus filas a Reservistas (egresados de las Fuerzas Armadas). No muestra arrepentimiento por sus actos, habla de la cárcel como espacio de reflexión y preparación de propuestas revolucionarias, con la pena de muerte como principal bastión. Proclama su retorno para luchar contra la corrupción, principal mal que azota al país, capturando la atención de los oyentes. Se dirige al pueblo horizontalmente llamándolos compatriotas, denunciando a los traidores, incluyendo a su hermano y a Castillo, amenazando con fusilarlos y otros escarmientos inspirados en Simón Bolívar. Habla de historia, reivindicación del Tawantinsuyo, devolver al poblador cobrizo lo que robaron los españoles, norteamericanos y criollos. Su lenguaje es simple, articulado y provocador; el mensaje se centra en las demandas actuales de la población marginada, proponiendo soluciones radicales a confundidos pobladores que buscan a un líder mesiánico para solucionar sus problemas.

Pero Antauro, fuera de las plazas públicas, denota ser emocionalmente inestable, agresivo y prepotente. La propuesta radical, eje de sus proclamas, es parte del pensamiento forjado desde su niñez adoctrinado por su padre, Isaac Humala, basada en un nacionalismo radical y dictatorial. Muchos Reservistas se van sumando, otros lo rechazan por ególatra, no conocemos los verdaderos acuerdos con Castillo, con el aval de cuestionados políticos como Virgilio Acuña, Carlos Armas (ex aprista) y José Vega, quienes parecen estar financiando sus campañas.

Mientras tanto, Sendero Luminoso desata otra ola de amenazas para intimidar a la población y boicotear las elecciones. Recordemos que en mayo de 2021 asesinaron a 16 pobladores en el VRAEM, incluyendo a 2 niños, justamente durante las elecciones presidenciales. Hace unos días fue capturado Edwin Torpoco, joven de 19 años miembro del Destacamento de Aniquilamiento de Sendero Luminoso cuya misión era eliminar a Pablo Yaranga, Jaime Antesana, Ricardo León y Eddy Villaroel (Sacha).

Entre la corrupción, delincuencia, despertar del terrorismo y violencia política que no cesa, la población no puede dormir tranquila. El proceso electoral resulta peor que el de 2021 y el gran culpable de nuestros males es Pedro Castillo y sus cómplices que se concentran en "salvar su pellejo", sin compasión por los peruanos y este país que va a la deriva. ¿Hasta cuándo el Congreso de la Republica seguirá dilatando sus procesos? Mientras tanto, tendremos que seguir depositando nuestras esperanzas en la Acusación Constitucional que ofrece la Fiscalía de la Nación para mediados de octubre.

El Tiempo es ahora

El Montonero, 6 de octubre de 2022

Lima alberga a peruanos de todos los rincones desde las migraciones, intensificadas en los años 60'–luego del fracaso de la Reforma Agraria–, proceso que continúa debido a la desigualdad de oportunidades. La zona rural, en los años 60', representaba el 60% de una población hoy reducida al 20%. Muchos inmigrantes se convirtieron en emprendedores; pero la pandemia afectó a la población vulnerable de Lima, incrementando la pobreza en 11%, más que en las zonas rurales que aumentó 4.9%.

El miedo y la inseguridad causó nuevos éxodos masivos en los años del terrorismo. Entre 1981 y 1993 sufrimos 26,618 atentados en todo el Perú, 6 ataques aterrorizaban a la población diariamente, según informes del Ministerio del Interior, sobre todo en la sierra rural más pobre que sufrió el 55% de los atentados, 10% en la costa, 4% en la selva y 31% en Lima.

La Comisión de la Verdad CVR lo denominó conflicto armado; pero eso fue TERRORISMO. Tiempos en los que la población vivía atemorizada por esas guerrillas vestidas de civil, niños soldados armados, financiados por el narcotráfico, concentrados en áreas de difícil acceso en la selva, sin un campo de batalla definido, con armas proporcionadas por sus aliados, concientizando con propaganda a las poblaciones pobres, que ellos mismos aterrorizaron, sojuzgaron y asesinaron. Esa guerrilla asimétrica preparada durante 10 años por Abimael Guzmán y sus seguidores, rompió los esquemas de las fuerzas militares profesionales que tuvieron que luchar contra milicias sin uniforme, mimetizadas con los pobladores.

Ese terrorismo no ha terminado. Sendero Luminoso se dividió en dos facciones en 1993, con la captura de Abimael Guzmán y el acuerdo de Paz. La "Nueva Facción Roja" NFR, a través de sus grupos generados, ente ellos Movadef, defienden el "pensamiento Gonzalo" y justifican en sus publicaciones el terrorismo que asesinó a 70 mil peruanos. En la última edición de su pasquín "Amnistía Internacional", apelan a la CIDH y la OEA para defender sus derechos. Cuestionan la Ley de apología N° 30660, olvidando que 10 años antes de iniciar sus guerrillas, hicieron justamente eso, apología para luego desatar el terrorismo. Reclaman por sus Derechos Humanos y la violación de esa constitución que pretenden abolir. Exigen la derogatoria de la ley 31352 por la cremación del cadáver de su líder y se autodenominan luchadores sociales.

Mientras tanto en las zonas de Vizcatán, Canayre y Llochegua en el VRAEM, además de la violencia con la que se sigue asesinando impunemente –con víctimas no habidas, que la naturaleza se encarga de desaparecer–, se han intensificado el número de comunicados. El Militarizado Partido Comunista MPCP amenaza a los que llaman la COMACA, que incluye a las Fuerzas Armadas, la Dircote, Diviac, Ministerio Público, Congreso y los partidos Fuerza Popular, Avanza País y Renovación Popular. Se pronuncian convocando a la población y buscando alianzas con militares de bajo rango y reservistas. Por ello la importancia de la intervención de las Fuerzas Armadas y sus operativos.

El último comunicado del MPCP indica que Pedro Castillo, Vladimir Cerrón, Guillermo Bermejo y Guido Bellido "van a dar golpe de Estado financiado con dinero del narcotráfico". Aun así, no podemos olvidar la investigación pendiente por filiación terrorista a Sendero Luminoso, para Cerrón, Bermejo y

Bellido, proceso abierto en la Fiscalía y el Poder Judicial. Tampoco olvidemos la peligrosa asociación de Castillo con Antauro, asesino de policías, ni a los infiltrados de la inteligencia cubana.

De cualquier forma, es hora de proteger a los defensores de nuestra libertad, a la fiscalía de la Nación, a la prensa que denuncia el abuso y la corrupción, y a esos personajes cuya valentía los convierte en blanco del terrorismo que no tiene cuando terminar: Generales Oscar Arriola, Manuel Gómez de la Torre, Luis Vera Llerena, coronel Harvey Colchado y el Fiscal Juan Manuel Ríos, entre otros amenazados.

Fotos para la posteridad

El Reporte, 7 de octubre de 2022

Luego del proceso electoral, es urgente mirar más allá de nuestros distritos, allá donde habitan las poblaciones más pobres y preocuparnos por la seguridad nacional, ya que evidentemente Castillo no tiene intenciones de resolver los problemas del país.

Castillo seguirá buscando levantar su deteriorada imagen, fotografiándose con cuanto personaje pueda ser utilizado, mostrando falso control y poder ante la población. Pero otros personajes también apuestan por esa estrategia. Tal es el caso de Willy Huertas, ministro del interior que eludió la censura con lo que en lenguaje electoral sería un ausentismo del 22% en el Congreso y 9% de votos en blanco o nulos. Ese ministro, que debería estar fuera de la cartera del Interior, evidencia desconocimiento sobre sus responsabilidades haciendo pública la visita del cuestionado embajador cubano, Carlos Zamora alias "el gallo", fotos que luego fueron borradas.

Por esa embajada han desfilado múltiples personajes para rendir honores: el premier Aníbal Torres, el alcalde sustituto de Lima, Miguel Romero, no podía faltar el ministro Alejandro Salas que no pierde oportunidad para figurar y otros más. Pero el caso del ministro del Interior, responsable de la seguridad Nacional y políticas internas, es diferente y debería ser nuevamente cuestionado por sus coordinaciones con la embajada cubana.

Ningún embajador acreditado en el Perú tiene asuntos que tratar con un ministerio que maneja al servicio de inteligencia y con ello, información privilegiada. Mucho menos con alguien cuestionado por su conocida trayectoria como alto comisionado de la inteligencia cubana, vinculado con los irregulares hechos durante las últimas elecciones en Bolivia que culminaron con la anulación de los comicios, la salida de Evo Morales y del mismo "gallo Zamora" del país. Pero Zamora, que se despidió anunciando su retiro, sigue interfiriendo en el Perú.

Aunque los representantes de Cuba en la ONU hablen sobre libre determinación de los pueblos, equidad y justicia, es conocida en el mundo la dramática realidad del pueblo cubano. Cuba acompañó a Venezuela durante todo el proceso de "toma del poder" desde sus inicios. La fórmula era clara: "cuanto peor, mejor". Por esa vía se rodearon de quienes comulgaban con sus ideas, compraron voluntades o los extorsionaron. Es sabido también que, ante la ruina de Venezuela, Cuba utiliza a nuevos aliados para compensar su alicaída economía y su intervención en nuestro país no será gratuita.

Ante el fracaso de Castillo con las "rondas campesinas" como fuerza paralela, la táctica es liberar a Antauro Humala con dos objetivos: desestabilizar al país y utilizar los contactos de este asesino de policías para sus propósitos.

Antauro busca convencer a las poblaciones golpeadas por la crisis en las plazas públicas con su discurso agresivo y radical; pero evidencia poca preparación como autodenominado candidato presidencial fuera de esas tribunas. Paralelamente intenta reclutar reservistas, compitiendo con el Militarizado Partido Comunista MPCP (ex Sendero Luminoso) quien busca enlistar a esos mismos licenciados en sus recientes pronunciamientos.

Mientras tanto, Castillo necesita mantenerse en el poder. El nombramiento del aliado de Antauro, Daniel Barragán, como ministro de Defensa, los ofrecimientos a las fuerzas armadas para ganar voluntades de los reclutas y las visitas durante las maniobras del ejército documentadas con videos, convenientemente acompañado por el comandante General del Ejército, Walter Córdova, demuestran un plan organizado. Pero estas estrategias minuciosamente diseñadas, no parecen obra de Castillo. ¿Habrán recibido asesoría externa? No sería de extrañar.

La intervención cubana es un hecho que no podemos seguir ignorando. No todas las reuniones y maniobras políticas terminan con una fotografía, son labores de inteligencia y es a través de cuba que Cerrón mantiene su injerencia, aunque afirme haber botado a Castillo del partido. Estamos alertados.

Funciones que no Funcionan

El Montonero, 13 de octubre de 2022

La 52 Asamblea General de la Organización de los Estados Americanos (OEA) se llevó a cabo en Lima en medio de un ambiente convulsionado, con manifestaciones y protestas. Los resultados incluyen sinsabores y frustraciones ante la actuación y declaraciones de los integrantes de esta cumbre. Muchos cuestionaron los costos incurridos por el Perú, pero ese no es el tema medular, el problema es la ausencia de un retorno de esa inversión en términos de acuerdos y medidas concretas para solucionar los problemas de la región.

Luis Almagro, secretario general de la OEA, inició la Asamblea mostrando su profundo desconocimiento sobre nuestra crisis política, económica y social al afirmar que "El Perú puede aportar muchísimo y vimos al presidente comprometido con la mejor gestión de la agricultura para que la misma sea una respuesta nacional dentro del Perú, pero también dentro del propio hemisferio". Almagro no se ha enterado que vamos por el cuarto concurso público para comprar Urea, imposible de concluir por seis meses, perdiendo una campaña agrícola. No entiende la gravedad de adular a un presidente que no gobierna, que favorece sólo a su entorno en medio de una corrupción generalizada, con siete investigaciones fiscales en curso. ¿Será sólo desconocimiento? Es lo que nos preguntamos todos.

En el discurso de cierre, Almagro afirmó "Cada vez qué se discrimina a alguien, se están afectando sus derechos, se está mirando desde arriba esa persona, Están negando que esa persona, sea igual a nosotros." Esta declaración, refrendando el discurso de victimización de Pedro Castillo, pareciera avalarlo sin entender que el problema no es discriminación hacia el poblador humilde, el problema es el rechazo a una corrupción sistemática, falta de rumbo del país y ausencia de profesionales comprometidos que ofrezcan soluciones.

La población rechazó en forma mayoritaria esa agenda, que prioriza desproporcionadamente problemáticas que no son de primer orden. El verdadero problema de la región son las dictaduras que hacen peligrar a la Democracia en Latinoamérica. Esas dictaduras, contra las cuales no se han pronunciado enfáticamente, están representadas por Cuba, Nicaragua, Venezuela y otros países que van alineándose, sufriendo no sólo por la pérdida de sus libertades; sino por la pobreza extrema y éxodos masivos en busca de libertad, calidad de vida y oportunidades.

Por su parte, Antony Blinken, secretario de Estado de los Estados Unidos, ratificó ante la prensa su posición en contra de las medidas antidemocráticas en naciones como el Perú, "mal utilizando las normas y apelando a un supuesto respaldo popular. Lideres elegidos democráticamente toman prestada la fórmula autócrata para tratar de permanecer en el poder y debilitar los sistemas de controles y equilibrios." Se pronunció también sobre las leyes que otorgan al Gobierno facultades excesivas para censurar a medios de comunicación y a la sociedad civil, buscando extender sus mandatos y hostigar, perseguir o destruir a funcionarios gubernamentales como fiscales y jueces que buscan cumplir con su mandato. "Estamos viendo más lideres que toman medidas antidemocráticas a menudo bajo el falso pretexto de que cuentan con el apoyo popular", condenando el autoritarismo de Cuba, Nicaragua y Venezuela.

Estas son las manifestaciones que hubiéramos querido escuchar en la Asamblea de la OEA, haciendo respetar la Carta Democrática Latinoamericana y no a funcionarios como el representante del Perú ante la OEA, Harold Forsyth, que no solo no quiso pronunciarse sobre la coyuntura peruana ante la prensa, sino que maltrató a los periodistas. Eso es discriminación e intolerancia.

Inmunidad no es impunidad

El Reporte, 14 de octubre de 2022

Perú, el país que nunca duerme. Porque no terminamos de digerir el malestar por esa Asamblea de la Organización de los Estados Americanos (OEA) en Lima, que sólo sirvió para avalar a Pedro Castillo, postergando temas urgentes para la región como las dictaduras. Pero ya se desató un nuevo escándalo de grandes magnitudes. Es un hecho que la realidad supera a la ficción, pero con este desgobierno parece no tener fin.

Hagamos un poco de historia. Antes de la segunda vuelta electoral, la prensa informó sobre el pasado de Pedro Castillo, sindicalista vinculado con organismos generados del movimiento terrorista Sendero Luminoso; sobre Vladimir Cerrón, sentenciado por corrupción; Guillermo Bermejo denunciado por apología de terrorismo y sobre todo el entorno de Perú Libre. Pero Pedro Castillo fue elegido presidente. A inicios de agosto de 2021 se destapó el caso de "Los Dinámicos del Centro" por lavado de activos y crimen organizado en Junín; caso que involucraba nuevamente a Vladimir Cerrón, a Guido Bellido, entre otros personajes y luego la vicepresidente Dina Boluarte fue acusada. Pero tampoco pasó nada.

La prensa continuó investigando y denunciando las "irregularidades" de este desgobierno, incluidos los más de 70 ministros con antecedentes penales de todo tipo. Se intercedió ante el Ministerio Publico, pero la fiscal de la Nación, Zoraida Avalos, decide avalar a Pedro Castillo y en marzo es reemplazada por el fiscal Pablo Sánchez.

Quisiera detenerme para mirar a esta crisis como una oportunidad, para entender la importancia de la transparencia de las instituciones del Estado y el acceso a la información. Esta data sobre el gobierno –dada su naturaleza– es un bien público y, por lo tanto, su acceso y uso debe ser de dominio público. Ello ha permitido a la prensa de oposición –liderada por Willax– y luego a otros medios que se vieron obligados a unirse, recabar datos y hechos a lo largo de los meses, formando a la opinión pública y sustentando las irregularidades de este régimen. Esta avalancha de denuncias obligó al Ministerio Publico a tomar acciones y en el mes de julio, con el nombramiento de Patricia Benavides, se inicia el análisis sistemático de las pruebas indiciarias, incluido el material proporcionado por colaboradores eficaces como Karelím López, Zamir Villaverde, Bruno Pacheco, entre otros.

Las investigaciones contra Pedro Castillo se fueron sumando, sindicándolo por diversos delitos: presunta mafia en el Ministerio de Transportes y Comunicaciones, caso Puente Tarata; ascensos irregulares en las Fuerzas Armadas y la Policía; presunto tráfico de influencias, caso de compra de Biodisel por Petro-Perú; presuntos plagios en la tesis de maestría, en coautoría con su esposa; presunto delito de encubrimiento real en investigaciones denunciado por el ex ministro del Interior, Mariano Gonzales; presunto delito contra la tranquilidad pública y organización criminal, con Geiner Alvarado, ex ministro de Vivienda; y otros casos en curso que se vienen sumando y otros acumulando.

Pero esta semana hemos sido testigos de la operación del equipo especial de fiscales y la policía, que ejecutaron la orden judicial para la detención preliminar, allanamiento de locales y viviendas de seis personajes del denominado "gabinete en la sombra", liderado por Pedro Castillo. También allanaron las oficinas en el Congreso y las viviendas de seis parlamentarios del Partido Acción Popular apodados "los niños". Todo esto bajo la dirección y supervisión de la Fiscal de la Nación, Patricia Benavides, quien, a pesar de ser objeto de persecución política por parte de miembros del poder ejecutivo, ha presentado una Denuncia Constitucional ante el Congreso por los presuntos delitos perpetuados por el mismo cabecilla.

Pero Pedro Castillo, sigue victimizándose y repitiendo públicamente que esa ha sido la forma de obrar de otros gobiernos, descaro con el cual se reúsa a renunciar al inmerecido cargo que ostenta. Parece que el proceso será largo y finalmente volvemos a quedar en manos de un Congreso, donde los personajes cuestionados abundan y nada se resuelve. Pero no está de más recordarle a los miembros del gabinete que el Artículo 128 de la Constitución es muy claro respecto a la responsabilidad de los ministros por sus propios actos y por los actos presidenciales que refrenden, de los que solo pueden librarse renunciando inmediatamente. Ya es tiempo de terminar con el encubrimiento y la corrupción.

No saben, no precisan

El Reporte, 28 de octubre de 2022

Mientras el ministerio de Economía pronostica un crecimiento del PBI de 3.6%, el Banco Mundial estima sólo un 2.7%; respecto al precio de los metales, durante el superciclo, la cotización del cobre tuvo valores récord, pero sólo vemos conflictos sociales descontrolados; en el sector agrario, los campesinos invocaron a Castillo para solucionar el problema de los fertilizantes, simple proceso que luego de siete meses y cuatro licitaciones fallidas, sigue a fojas cero; el centro arqueológico de Kuelap colapsó y siete meses más tarde el turismo en la zona sigue paralizado; el sector salud no puede solucionar el problema de escasez de medicinas, pero el actual ministro ha sido destituido por ingresos que no puede justificar; hoy sufrimos el desabastecimiento de combustibles, pero Petroperú recibe un préstamo de 750 millones de dólares; y la interminable lista continúa.

Es ese el escenario en el que se dan los resultados de los estudios de opinión de las empresas encuestadoras mes a mes. No es de extrañar entonces, que los peruanos sientan decepción (39%) y vergüenza (29%). Si sumamos la situación legal de Castillo con siete carpetas de investigación abiertas, denuncias fiscales de toda índole y la situación internacional, sentiremos aún más vergüenza. Peor aún, cuando aparece en un discurso a la Nación televisado, con el rostro desencajado mientras lee una perorata, donde niega lo innegable y defiende lo indefendible. Pero miente, miente, que algo quedará.

En este confuso panorama vemos que, a pesar de los escándalos, la aprobación de 25% y desaprobación de 65% de Pedro Castillo se mantiene, con un crecimiento en el número encuestados que "no saben, no precisan", lo que resulta sintomático luego de catorce meses de un gobierno que no ha dado tregua. El Perú entero está confundido, no termina de entender cuándo y cómo terminará este desgobierno.

El 65% de la población cree que hay corrupción en el régimen de Castillo y en Lima, donde los encuestados manifiestan estar más informados, el 73% opina que existe corrupción. El 68% considera que existen fundamentos para que el Congreso acuse a Castillo con la denuncia presentada por la Fiscalía de la Nación, pero, el 75% considera que los Congresistas deberían ser revocados. En este escenario, encontrar que un 58% de los encuestados piensa que el Congreso debería buscar la forma de lograr un acuerdo político con el Ejecutivo, resulta muy confuso.

Todo parece indicar que la nueva mesa directiva del Parlamento ha aliviado a la población; dato evidenciado por el decrecimiento de la desaprobación del Congreso que ha pasado de 84% a 78% y el incremento de la aprobación de 11% a 15%, aunque en este caso los que "no saben, no precisan" es menor al del Ejecutivo.

Para complicar aún más el panorama, el debate no se centra en el dilema entre la vacancia o nuevas elecciones; ya que luego de dos procesos fallidos sin alcanzar los 87 votos y demandas constitucionales que ingresaron al Parlamento sin progresos, se ensayan nuevas fórmulas. ¿Cómo hacer para disminuir el número de votos necesarios para suspender o acusar al presidente por infracción constitucional? Ahí comienza la matemática jurídica. Para lograr la suspensión con 66 votos hay que apelar a los artículos 114, 117 y 134; pero resulta que el Tribunal Constitucional no interpretará el 117. Otra fórmula sería apelar a los artículos 99 con el 118 y sumarle el 39, 41 y

43, para acusar Constitucionalmente a Pedro Castillo por corrupción.

Esto se llama caos, más desconcierto, más crisis, más incompetencia, más corrupción, más muchos ingredientes que sólo suman desconfianza y decepción. Situación que afecta justamente a esa población que vive en situación de pobreza, que exige resultados, que necesita comer y se siente confundida con todas las contradicciones. Esa población siente hambre, decepción y vergüenza, por eso "no saben, no precisan".

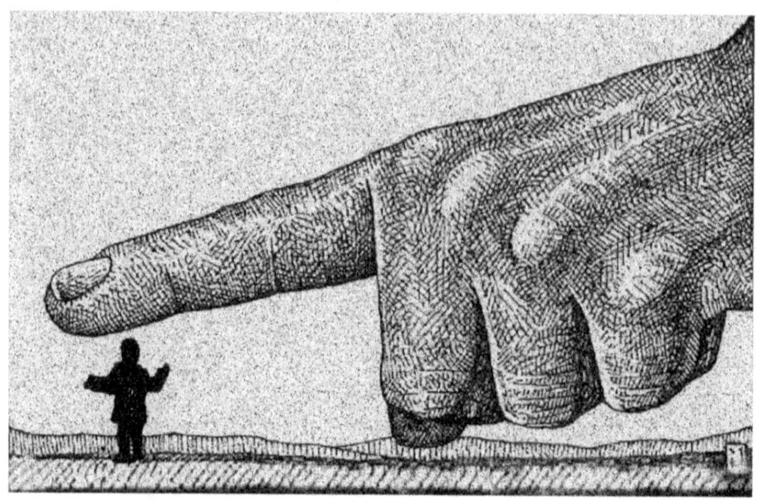

De la Demagogia a la Tiranía

El Montonero, 27 de octubre de 2022

El país que nunca duerme continúa sumando historias, con capítulos cada vez más alarmantes, donde la constante es la controversia y el escándalo. No hay día exento de noticias que parecieran sacadas de la más amarilla de las prensas; noticias que aseguran a los redactores reportajes que corresponderían a las secciones policiales; apartados de la buena narrativa política. Pero no podemos ser incautos, en política nada es casualidad, ese es parte del juego del gobierno.

Últimamente presenciamos un cambio de giro, hacia el ámbito internacional, con la presencia de Castillo y su cuestionado discurso en la ONU, obviamente redactado no por él, sino por sus asesores en asuntos internacionales que parecen no evidenciar la crisis que vive el Perú. Luego vino el pedido de auxilio de Castillo a sus camaradas en la OEA, como consecuencia de la denuncia Constitucional presentada por la fiscalía ante el Congreso de la República. Y la cereza sobre el helado han sido las declaraciones del Canciller Cesar Landa, quien literalmente osó mentir al Papa en el mismo Vaticano, desinformando sobre la crisis, denuncias por corrupción e inestabilidad del país. Cancillería se equivoca si cree que en Vaticano no están informados.

"Ha sido una práctica usual que el Congreso diferencie a la persona del jefe de Estado", "Hay una situación muy tirante, lamentablemente y han entendido que no corresponde que salga. Consideraron que está fuera de tono por afirmar la paz, la ley internacional, condenar a Rusia", dijo el canciller.

Permanecer en el poder por la fuerza; utilizar recursos ilegítimos; valerse de medios extranjeros; buscar un golpe de estado o una insurrección para mantenerse en el poder; vulnerar las leyes; usar como única ley que se haga lo que el mandatario decida, cuando lo decida; utilizar a las Fuerzas Armadas para establecer su autoridad; crear una red de protección ilegal; tomar decisiones arbitrarias, injustas, sin importar quien se vea perjudicado; olvidar al pueblo para beneficio propio y de sus aliados; desarrollar mecanismos de represión y persecución; impedir la libertad de expresión; utilizar todos los recursos para deshacerse de sus oponentes; en síntesis, abuso de poder.

Estas características definen a las Tiranías, información extraída de textos sobre formas de gobierno. Cualquier similitud con el régimen de Pedro Castillo ¿Será pura coincidencia? Si intentamos investigar sobre las peores formas de gobierno, la principal clasificación por opuestos sería: a la Monarquía se le opone la Tiranía; a la Aristocracia la Oligarquía; y a la República la Demagogia. Las dictaduras se definen como forma de gobierno donde no existe separación de poderes y se concentra el poder en un individuo o elite, existiendo un solo un partido de gobierno. Afortunadamente no es el caso de nuestro país, ya que existen partidos de oposición y una Fiscalía de la Nación que ha hecho algo nunca antes visto: enfrentar a un presidente en pleno ejercicio de sus funciones.

¿Pero cómo comienza esta historia? Comienza con halagos, falsas promesas para cautivar a los grupos populares, que resultan difíciles de cumplir y otros procedimientos similares para convencer al pueblo y convertirlo en instrumento de la propia ambición política. Esa es la definición de Demagogia. Y, una vez más, cualquier similitud con Castillo ¿Es pura coincidencia?

Pero debemos ser proactivos. Tal vez podamos agradecer a Castillo por sus lamentos ante la OEA. Las personas, y por lo visto también los países, continúan sus vidas en medio del caos hasta que un suceso dramático los golpea contundentemente, "los hace tocar fondo", obligándolos a tomar conciencia. Sólo así reflexionan y buscan un giro de 180º en sus vidas. Quiero pensar que eso sucederá en el Perú.

La corrupción, como Castillo mismo afirma, no es una práctica de este gobierno y el clientelismo tampoco; pero ya era tiempo de que las alarmas sonaran y que el sistema de Justicia tomara cartas en el asunto "caiga quien caiga". Para activar estos mecanismos fueron necesarios varios ingredientes: un presidente torpe e incompetente; una prensa de investigación valiente y una fiscal enérgica, a quien no le temblara la mano con sus acusaciones.

Esperemos un buen desenlace en el capítulo internacional de nuestra historia. Ese llamado a la OEA, ocultando información, ha ocupado titulares que destapan la corrupción del gobierno peruano, abriendo los ojos del mundo. Hoy parece que hasta Castillo quiere emular a la Fiscal de la Nación, removiendo de su cargo a Jorge López, ultimo ministro de Salud acusado por corrupción. Esa es la actitud que necesitamos en todos los poderes del Estado. Aun podemos tener esperanzas, algo bueno tiene que salir de todo esto.

¿Democracia duradera?

El Montonero, 3 de noviembre de 2022

Stein Rokkan (1921 1979) –pionero en el uso de la informática en las ciencias sociales– desarrolló un modelo para conocer qué caracteriza a los países democráticos, respecto a los que no lo son, con patrones de largo plazo. Estos estudios –con nuevas herramientas informáticas–, ofrecen hoy información de dos siglos con importantes resultados. Carles Boix, encontró que las democracias no aparecen al azar, se desarrollan cuando se dan condiciones de igualdad económica relativa y movilidad social. Adam Przeworski afirma que es más probable que sobreviva una democracia cuando alcanza cierto umbral del PIB per cápita. Entonces, condiciones económicas favorables para la mayor parte de la población, propician una democracia duradera.

Uno de los mayores problemas en Latinoamérica son las dictaduras, sin libertades individuales y pobreza como constante. En esos países, discursos como los de Hugo Chávez en Venezuela son motivo de preocupación: "Más fácil será que un camello entre por el ojo de una aguja, a que un rico entre al Reino de los cielos. Nosotros no queremos ser ricos, ser rico es malo, ser rico está Mal." Hoy vemos que lo que está mal es Venezuela, cuyos índices de pobreza superan el 76.6% en 2021.

Opiniones más recientes de Manuel López Obrador, presidente de México, contienen el mismo ingrediente: "Secuestran al que "tiene". ¿entonces cómo evitamos el secuestro? Con una sociedad pobre". Lamentable comentario, con esa errada fijación sobre la pobreza –que hoy representa al 38.5% de la población– en ese discurso que enfrenta a ricos y pobres.

Gustavo Petro, antes de ser elegido presidente de Colombia comentó durante una entrevista que: "Los pobres que dejan de ser pobres "tienen", y entonces se vuelven de derecha. Y ahí viene el problema. Porque si es dejar de ser pobre para vivir como en Miami, y pues se acabó la humanidad". No entendemos si el objetivo es evitar a la derecha o la pobreza en sí. Vale anotar que el nivel de pobreza en Colombia alcanza el 36.3% de la población.

El modelo de Rokkan nos lleva a concluir que "las condiciones económicas adversas para la mayor parte de la población propician dictaduras duraderas". Entonces, si la democracia propicia la libertad e igualdad y las dictaduras buscan el poder absoluto para controlar al pueblo; obviamente la pobreza facilita ese control. ¿Será ese el motivo por el cual "la pobreza" se promueve en los discursos políticos de esos países? Basta mirar las dictaduras en Latinoamérica, Cuba, Venezuela y Nicaragua, para encontrar pobreza, presos políticos y ausencia de libertades, preocupantes constantes de un modelo que sigue enquistándose en toda la región.

El otro problema es el PBI que –como promedio matemático–, no siempre refleja la realidad de las clases vulnerables. En el Perú, con un crecimiento promedio del PBI de 5.3% entre los años 1993 a 2018, los niveles de pobreza se redujeron de 58% a 20%. Es innegable el avance en la lucha contra la pobreza; pero, esta bonanza generó clases medias frágiles e incipientes, hecho evidenciado durante la pandemia. Son justamente las nuevas clases medias vulnerables las que retrocedieron e incrementaron en 10 puntos el indicador de pobreza en 2020 (30%). El incremento del PBI parece beneficiar a ciertas capas de la población más que a otras, lo que nos obliga a cuestionar la desigualdad en el Perú.

Lo que el Perú necesita es una amplia y sólida clase media, con un estado de bienestar; no un país dividido por el discurso de "no más pobres en un país rico". Pero ante la crisis política, económica y social, la población se impacienta; no entiende que un gobierno que no gobierna genera desconfianza y desencadena más pobreza. ¿Qué busca este desgobierno? Sea lo que fuere, no podemos permitir que los sectores más necesitados sigan peligrando. Esa población indignada, es lamentablemente la más vulnerable a la manipulación de este desgobierno que debe terminar.

Sin periodismo no hay democracia

El Reporte, 4 de noviembre de 2022

La libertad de prensa, imprescindible para la defensa de la democracia, sufre hoy los agravios, agresiones y falsas denuncias del actual régimen peruano, vulnerando el derecho a estar informados, formar la opinión pública y otros derechos humanos. El periodismo recibe severos ataques, represalias y persecuciones para intimidar y silenciar a los reporteros como consecuencia de las denuncias de casos de corrupción.

Esta situación que mes a mes se va agravando, debe ser motivo de preocupación, reconociendo que la valiente labor desempeñada por el periodismo de oposición, denunciando por más de dos años los antecedentes delictivos de personajes que rodean al partido de gobierno, ha permitido a la Fiscalía de la Nación sustentar las investigaciones y presentar esas denuncias constitucionales contra Pedro Castillo por actos de corrupción de todo calibre.

En noviembre de 2021, la Defensoría del Pueblo presentó un extenso informe sobre la gestión de los 120 primeros días de este régimen, informando que "El Poder Ejecutivo ha vulnerado los ocho estándares sobre las libertades de expresión… Es preocupante que el propio presidente de la República haya propiciado –indirecta o directamente– la vulneración de ambas libertades". La lista incluye: Agresiones contra periodistas, discursos hostiles contra la prensa, atentados contra la libertad de prensa, afectación a la independencia de los medios, ausencia de medios en actividades de interés público, actitud evasiva hacia la prensa, entre otros. Todo en tiempos en que este desgobierno recién comenzaba.

En junio de este año la OEA publicó "La Relatoría Especial para la Libertad de Expresión de la CIDH sobre su visita a Perú", informe que presentó "las observaciones y conclusiones preliminares sobre libertad de expresión en el país donde se advierte un escenario político y social polarizado, en donde persisten normas y prácticas que impactan negativamente el goce efectivo del derecho a la libertad de expresión y diversas formas de violencia y hostigamiento contra periodistas". El relator Pedro Vaca comentó durante su visita que "se cuenta con información sensible sobre obstrucciones y restricciones para el cubrimiento de la gestión estatal en general".

En junio, los reporteros Eduardo Quispe y Elmer Valdiviezo fueron secuestrados por las rondas campesinas mientras cubrían, en la región Cajamarca, el caso de corrupción en el que está involucrada la cuñada de Pedro Castillo. A pesar del escándalo, no hubo pronunciamiento alguno del gobierno.

En octubre, periodistas de distintos medios fueron impedidos de participar de una conferencia de prensa en Palacio de Gobierno con motivo de la denuncia constitucional presentada por la Fiscalía de la Nación ante el Congreso. Sólo se permitió el ingreso a la prensa extranjera y los periodistas locales fueron encerrados en uno de los salones de Palacio sin explicación alguna. Esta modalidad de encierro ya había sido ensayada en febrero, cuando un grupo de enfermeras fueron retenidas en una sala para evitar que presentaran sus reclamos ante la prensa y el cuestionado, censurado y destituido exministro de Salud Hernán Condori.

En octubre, los abusos contra nuestras libertades han escalado hasta la Sociedad Interamericana de Prensa (SIP) que en su asamblea general 78, censuró al gobierno de Pedro Castillo como "enemigo de las libertades de expresión y de prensa". En su informe afirman que "no solo estigmatiza e insulta a los medios de comunicación y periodistas individuales, sino que obstruye su trabajo, en especial las investigaciones sobre presuntos casos de corrupción".

Estos son sólo algunos ejemplos. Coincidiendo con el Cardenal Barreto, a pesar de sus vaivenes, cuando afirma que "El presidente Pedro Castillo lo único que ha sido es un estorbo para la democracia". No podemos permitir la prepotencia de un desgobierno que sólo busca mantenerse en el poder, abusando de los recursos del Estado para evitar que la mano de la justicia lo ponga tras las rejas ante los innumerables actos de corrupción con denuncias, testigos, colaboradores eficaces y todo tipo de pruebas. ¿Qué dirá a la OEA durante su visita al Perú? No lo sabemos, pero defender la libertad de prensa es defender la Democracia.

Denuncia contra la prepotencia

El Montonero, 11 de octubre de 2022

El pueblo es el primer poder del Estado, y las protestas son un derecho que avala la Constitución del Perú y la Convención Americana sobre Derechos Humanos. Nuestra Constitución dice explícitamente que "El poder del Estado emana del pueblo y todos los peruanos tienen el deber de honrar al Perú y proteger los intereses nacionales". En este escenario, los peruanos no deben dudar sobre la importancia de las marchas como manifestación popular.

La protesta es "el primer derecho" para exigir que todos los demás derechos se cumplan; es el mecanismo para defenderlos y protestar para evitar que peligren los intereses ciudadanos. Salir a las calles es nuestra libertad. Las manifestaciones de "la calle" son una caja de resonancia, con efecto multiplicador en los medios de comunicación local e internacional para condenar los atropellos del régimen.

El 5 de noviembre, peruanos de Lima, Arequipa, Chiclayo, Cusco, Huancayo, Juliaca, Piura, Tarapoto y Trujillo salieron a las calles. Y también peruanos del extranjero en Washington, New Jersey, Madrid y Milán. La convocatoria, organizada por grupos civiles, logró reunir a 100,000 personas en una marcha pacífica en Lima.

Durante el recorrido hacia el Congreso de la República, los manifestantes alzaron su voz de protesta contra la corrupción y la prepotencia de este desgobierno; pero al llegar a la av. Abancay encontramos a miles de miembros de las Fuerzas Policiales cerrando todas las calles laterales y el acceso al Congreso, creando un peligroso callejón sin salida. A pesar de ello, la manifestación –con peruanos de todos los estratos, edades y adultos mayores– continuó en forma ordenada, entonando masivamente canciones de nuestra peruanidad como "Y se llama Perú" y el himno nacional.

Los lamentables hechos posteriores han sido ampliamente documentados por la prensa nacional, internacional y los manifestantes, con fotografías y videos impactantes. Resulta inconcebible que un grupo tan numeroso de policías – calificados y entrenados para controlar multitudes– lanzaran bombas lacrimógenas, disparadas directamente contra el centro de la manifestación, creando un caos que obligó a los ciudadanos a salir en estampida, para librarse de los gases que nublaron las calles.

Las bombas lacrimógenas –cuyos efectos aturdieron, intoxicaron y causaron desmayos– tuvieron un saldo de heridos por el impacto de los proyectiles entre los asistentes. Pero los gases no fueron suficientes, acto seguido una tropa de policías de la Caballería Montada ingresó al centro mismo de la manifestación al galope, atropellando a quienes encontraron a su paso. Todo ello desatendiendo, además, el fallo de la Primera Sala Constitucional que prohíbe que los caballos sean usados como elemento disuasivo. Luego la policía rompió su formación para arrestar, al azar y de forma prepotente, a algunos ciudadanos.

Esta represión es la forma del accionar de este desgobierno; hechos que no deberían ser pasados por alto durante la visita de la Comisión de la Organización de Estados Americanos (OEA), solicitada por el mismo Pedro Castillo. Solo esperamos que esta nueva visita no repita el mismo sesgo que atestiguamos con la Delegación de la OEA durante el mes de octubre. En esa reunión, no solo se emitieron juicios parcializados sobre la crisis peruana; las conclusiones avalaron el conocido discurso de victimización con el que Pedro Castillo intenta librarse de la vacancia y el juicio político que lo pondría tras las rejas.

El pueblo está indignado con la corrupción y prepotencia del Gobierno. El país está a la deriva, y es una situación que no podemos seguir tolerando. La prepotencia del Gobierno puso en peligro la vida de ciudadanos pacíficos. Es tiempo de reaccionar y denunciar los delitos, caiga quien caiga.

Qué opinan empresarios y políticos

El Montonero, 17 de noviembre de 2022

Se llevó a cabo la reunión del CADE, en su edición decimosexta, para debatir temas relacionados con el desarrollo empresarial, políticas públicas y crecimiento económico, con "El Perú en emergencia, los peruanos en acción" como tema central y tres ejes principales: Inversión privada para el progreso, Estado que funcione e Institucionalidad sólida y democracia.

El gran ausente fue Pedro Castillo, excusado por el ministro Salas argumentando que "considera más importante atender campos sociales". Ante el desaire del mandatario, los gremios empresariales manifestaron que este gesto no lleva a "buen puerto" para construir una agenda para el desarrollo del país, pero nuestro barco va a la deriva. Era iluso pensar que Castillo intentaría un acercamiento en un evento empresarial en busca de diálogo, ya que su intención de seguir polarizando a los peruanos es evidente.

Durante la inauguración, Oscar Rivera, vicepresidente de la Confederación de Empresarios del Perú, habló del retroceso que experimenta el país "En mis 86 años de vida nunca he visto a mi país en peor desgracia que la que veo en este momento… Si en este país nos hubiéramos preocupado más por la educación, seríamos otro Perú… Los empresarios nos hemos dormido, no se ha hablado, no se escucha su voz en los últimos años". También habló sobre el grave problema de los Gobiernos Regionales, "Se ha demostrado que esto no marcha, no funciona" proponiendo la reorganización en no más de 7 regiones.

Sobre el deterioro institucional en busca de acciones para evitar un mayor daño, participó Patricia Benavides, Fiscal de la Nación; Elvia Barrios, presidenta de la Corte Suprema; y Eliana Revollar, Defensora del Pueblo. Benavides destacó que un país con corrupción e inseguro no puede alcanzar el desarrollo económico que el Perú necesita: "No podemos permitir que en nuestro país se normalice la corrupción".

Según la encuesta realizada por IPSOS a los 285 participantes del CADE, los empresarios proyectan un crecimiento del PBI no mayor al 2.2%. Además, 8 de cada 10 empresarios cree que el Perú está retrocediendo. Durante el gobierno de Alan García 9 de cada 10 empresarios consideraron que el Perú progresaba; 6 de cada 10 durante el gobierno de Ollanta Humala, la misma cifra durante el gobierno de Pedro Pablo Kuczynski; y 3 de cada 10 durante el Gobierno de Martín Vizcarra. La visión empresarial es que el país retrocede durante los últimos 17 años, lo que resulta preocupante. Pero más preocupante aún resulta ser la autopercepción de los empresarios sobre sí mismos: el 81% considera estar contribuyendo con su región; pero la ciudadanía opina justamente lo contrario, 62% considera que no contribuyen con el país.

Sobre los tres principales problemas del país, 9 de cada 10 empresarios opina que es la corrupción, seguido por la delincuencia, falta de seguridad y Crisis política, polarización política; pero no se menciona la pobreza, la falta de oportunidades y las grandes brechas en la lista de las barreras y riesgos que afrontamos.

El deterioro político, económico y social son evidentes, situación en constante retroceso. La mala calidad de la educación, ausencia de principios y valores, grandes brechas que propician la pobreza y el abandono de las regiones, son los grandes problemas por resolver. Pero otro conflicto evidente en algunos actores del sector empresarial parece ser la ausencia de una visión clara sobre las urgencias y ese silencio que tanto preocupa a la población. Para encontrar vías de solución a los graves problemas que afrontamos, es urgente encontrar una visión compartida sobre nuestra realidad.

Latinoamérica está dividida

El Reporte, 11 de noviembre de 2022

El "efecto Rashomon" explica cómo ante una misma situación, dos o más individuos cuentan la historia de forma distinta, basados en su propia subjetividad y percepción. Este fenómeno lo vemos diariamente en los titulares de los periódicos, cuyo contenido depende de la tendencia política del diario en cuestión. Descubrimos, además, que cada versión es percibida como razonable o no, de acuerdo con el espectador.

Por ejemplo, luego de las elecciones en Brasil, un grupo anunció que Brasil celebró el triunfo de Lula da Silva en las calles; mientras que los partidarios de Jair Bolsonaro dicen que el expresidente izquierdista Lula da Silva venció en las elecciones y regresa a la política tras su excarcelación. Simples puntos de vista, aunque la noticia es la misma.

¿Pero qué está sucediendo en América Latina? Los grupos de izquierda celebran ante un mapa de la región teñido de rojo; la oposición lo lamenta y siente preocupación por los avances del Socialismo del Siglo XXI. Pero existe una tercera posición que también forma parte de esa realidad, América Latina está dividida y este hecho es preocupante.

En abril de 2021 el candidato liberal Guillermo Lazo ganó las elecciones en Ecuador con 52.5% de los votos en segunda vuelta y 19.7% en primera vuelta. En junio del mismo año Pedro Castillo resulta ganador en segunda vuelta con 50.1%, luego de obtener 19.1% en primera vuelta. Gabriel Boric es electo presidente de Chile con el 55.8%, luego de lograr 25.8% en primera vuelta. En agosto de 2022, Gustavo Petro gana las elecciones en Colombia con 50.4%, habiendo logrado 40.3% en primera vuelta. Las más recientes elecciones de octubre de 2022 en Brasil anunciaron como ganador a Lula da Silva con 50.9%; en primera vuelta obtuvo 48.4%, y Jair Bolsonaro 43.2%.

¿Qué podemos concluir? Ningún presidente latinoamericano elegido en los últimos dos años tiene mayoría parlamentaria; tampoco cuentan con el apoyo pleno de la población; como consecuencia estos países y en suma todo Latinoamérica está dividida; forma dos grupos donde los mandatarios ven la aprobación a sus gobiernos disminuir, muchos en forma abrupta. Estas cifras son fríos números que reflejan otra realidad aún más preocupante: constantes protestas y manifestaciones populares que son la tendencia en la región.

En Ecuador, bandas de narcotraficantes han tomado la calle, se producen atentados con coches bomba, policías muertos y motines en las cárceles, con toque de queda en Guayaquil. En Perú las marchas, paros y otras manifestaciones de protesta –con víctimas fatales– no han cedido desde el inicio del régimen de Castillo, quien tiene una denuncia constitucional por corrupción como presunto líder de una organización criminal. En Chile la aprobación del presidente Boric ha decaído hasta alcanzar el 25%; se rechazó la nueva constitución y la gente sale a protestar. Gustavo Petro, a escasos meses de la toma de mando, ha tenido que presenciar masivas marchas de protesta en diferentes ciudades de Colombia. El pueblo brasileño, por su parte, sigue protestando luego de los resultados que dieron como ganador a Lula Da Silva, aunque aún no asume el mando.

Pero uno de los casos más alarmantes es el asedio y estado de sitio del régimen boliviano del MAS contra la Ciudad de Santa Cruz. Recordemos que, en 2019, la OEA y la comunidad internacional respaldaron la anulación de las elecciones de

Bolivia por fraude electoral y que, en medio de graves levantamientos populares, Evo Morales tuvo que salir huyendo –igual que Carlos Zamora actual embajador de Cuba en Perú–. Jeanine Añez –hoy presa política del régimen del MAS– asumió la presidencia provisional y convocó a elecciones en la que resultó ganador Luis Arce, del partido de Evo Morales, en octubre de 2020. Desde esa fecha las denuncias y protestas continúan. Pero la más reciente se inició el 22 de octubre luego del pedido de los ciudadanos de Santa Cruz que exigen realizar un censo en 2023 para conocer cuál es la población real de Bolivia, ya que todo parece indicar que los registros electorales contienen por lo menos un millón de electores fantasma. Ante la situación el gobierno no solo rechazó la petición, sino que ha cercado la ciudad, impidiendo el ingreso de suministros hasta que la población se rinda. Santa Cruz, que cuenta con el apoyo del pueblo boliviano, ha decidido mantenerse firme; pero teme que los grupos de choque enviados por el ejecutivo les corten el agua y la electricidad.

Esta es la preocupante situación de la región, sin mencionar las dictaduras de Estado en Cuba, Venezuela y Nicaragua donde los regímenes autoritarios tienen décadas en el poder. Cada Nación debería buscar un buen gobierno, luchando por la paz y el bienestar de todos los pobladores; pero esta no es la coyuntura latinoamericana, lo que nos debe llevar a reflexionar y buscar soluciones para estos problemas que se propagan como la plaga del siglo XXI. Es momento de buscar unidad, algo debe cambiar y pronto.

Basta. Ya fue suficiente

El Montonero, 24 de noviembre de 2022

Tenemos un presidente del Consejo de ministros que debería haber sido censurado por sus declaraciones; pero nadie pone freno a sus excesos y sus manifestaciones cruzan hace buen tiempo todos los límites permisibles. Aníbal Torres se fue haciendo famoso, tanto por su intolerancia, como por sus comentarios desentonados. En junio de 2021 amenazó airadamente a la oposición "Si están intentando un golpe no lo van a lograr, correrá mucha sangre, pero no lo van a lograr". Pocos días más tarde perdió los papeles durante una entrevista en televisión, amenazando al periodista "a mí no me vas a atarantar, muchachito tonto…"; frase que se hizo célebre, cuando aún no se había iniciado este régimen.

Pero analicemos la trayectoria de este abogado y profesor universitario, que llegó a ser presidente de la junta de decanos de los Colegios de Abogados. Hasta esos tiempos pareciera que la buena imagen lo precedía, logrando destacar por su reputación. En el año 2011 postuló al Congreso con la alianza política Gana Perú del expresidente Ollanta Humala, fracasando en el intento y no sabemos si ese fue el hito que inicia esa transformación de la que hoy somos testigos.

Durante las recientes elecciones de 2021, apoyó a Yonhy Lescano, candidato a la presidencia por el partido de centro derecha Acción Popular y ante el fracaso de Lescano, Aníbal Torres se convierte en asesor legal de Perú Libre. Es nombrado ministro de Justicia en el primer gabinete de Guido Bellido y meses más tarde se convierte en el cuarto presidente del Consejo de ministros.

Ya como Premier, realizó desafortunadas declaraciones en las que alababa a Hitler. La última de ellas fue durante un Consejo Descentralizado de ministros en Huancayo, en medio de las protestas de agricultores, manifestaciones ciudadanas y el paro de diferentes sectores, en las que resultaron 2 personas muertas, uno de ellos un menor de edad y más de 30 heridos.

Los ataques a los medios de prensa no han cesado, pero las declaraciones de Torres contra la periodista Sol Carreño del programa televisivo Cuarto Poder, causaron gran malestar, por su abierta agresión: "Esa mujer que hace eso es mala madre, no puede ser buena madre, es mala esposa, no puede ser buena esposa, es mala hija". Diversos sectores se manifestaron, tildando al Premier de despectivo, machista y misógino; solidarizándose con la periodista, exhortándolo a retractarse, sin resultado alguno.

Hace unos días, mientras visitaba un colegio en Bellavista, lanzó un grave discurso discriminatorio: "Cómo hubiese querido que niños de San Isidro, de Miraflores, también se unan con el resto de la patria. Ellos son buenos, a ellos también los queremos. Lo que pasa es que un pequeño sector de la sociedad en estos lugares los deforma mentalmente para hacerlos creer que son superiores, pero eso es absolutamente falso", Irónico mensaje ya que el Premier vive justamente en San Isidro.

Pero Aníbal Torres continúa subiendo el tono en sus declaraciones, visitando colegios y dirigiéndose a los niños con agresivos discursos, totalmente inapropiados. En su última visita a un colegio de Arequipa, se refirió a la Fiscal de la Nación diciendo: "Una bestialidad en grado superlativo, pero sin embargo está ahí administrando justicia. Está allí enviando a la cárcel a la gente, no sabemos si con razón o sin razón, no sabemos si compruebas o sin pruebas". Sobre el Sistema

Judicial y la Junta Nacional de Justicia declaró: "Porque si la investigación la van a hacer los cuellos blancos, que estaban allí en el poder judicial, en el ministerio público, en la Junta Nacional de Justicia, los narcotraficantes quedan en libertad a cambio de coimas."

Ya es momento de parar a este señor que parece no tener clara la diferencia entre el bien y el mal; entre la verdad y la mentira; entre lo apropiado y lo inapropiado. En ese afán por atacar y dividir a los peruanos, ha perdido la brújula y alguien debe poner límite frenando sus agresiones. Un tema es atacar a los poderes del estado, lo que merece ser censurado; pero derramar odio en cada escuela a la que visita, es imperdonable. ¡¡¡Ya basta señor Aníbal Torres!!! Ya fue suficiente.

El drama de la posverdad

El Reporte, 18 de noviembre de 2022

La Posverdad, distorsión deliberada de la realidad para manipular creencias, emociones, influir en la opinión pública y las actitudes sociales, parece ser una práctica común en Latino América. Esa distorsión de la verdad hace uso y abuso de discursos emocionales que alteran o ignoran los hechos.

En Bolivia, el presidente Luis Arce advierte sobre un nuevo intento de golpe de Estado, "La derecha quiere ganar con esos movimientos lo que no pudo ganar en las urnas". Pero más de un millón de ciudadanos salieron a las calles de Santa Cruz –en medio de un inaudito estado de sitio por más de 25 días– para participar en el Cabildo abierto que exige sincerar las cifras del cuestionado padrón electoral boliviano, con el lema "si o si al censo 2023".

El gobierno de Venezuela denuncia que existe "un intento de golpe de Estado por quienes califica de traidores". Pero en setiembre de este año la ONU aportó pruebas sobre crímenes contra la humanidad con "indicios de genocidio en la crisis de derechos humanos durante el gobierno de Nicolás Maduro, recolectados por expertos desde el 2014 a la fecha".

Pedro Castillo afirma que en el Perú se intenta "una nueva modalidad de golpe de Estado", en respuesta a la denuncia constitucional que lo acusa de liderar una organización criminal. Hace uso y abuso de los fondos públicos para mejorar su alicaída popularidad, manipulando a la opinión pública.

Estos son solo ejemplos de esta posverdad que suele derrumbarse junto con la popularidad de algunos mandatarios. Un estudio de líderes de opinión en 2022 muestra la desaprobación de diversos presidentes latinoamericanos por su mala gestión económica y sistemas políticos. Nicolás Maduro tiene 5% de aprobación y sólo 1% considera a Venezuela como democracia plena. El presidente de Cuba, Miguel Diaz Canel obtiene 14% de aprobación y 2% en la percepción democrática. Datos recientes miden la aprobación de: Luis Arce con 30% en Bolivia; Guillermo Lazo con 28% en Ecuador; el régimen peruano de Pedro Castillo bordea el 26%; Gabriel Boric con una aprobación descendente de 25% en Chile; y Alberto Fernández con 18% en Argentina; entre otros resultados.

Estos datos muestran la percepción sobre la democracia en nuestra región, donde la desaprobación presidencial parece tener una correlación con la preocupante violación de los derechos y libertades. "Uno de los más grandes errores es juzgar a las políticas y programas por sus intenciones, en lugar de por sus resultados", afirmaba Milton Friedman. Pero este hecho parece no tener relevancia en esta Latinoamérica que lleva al poder a candidatos con ese modelo político cuyo fracaso puede constatarse con los índices de pobreza extrema, bienestar social deficiente y ausencia de libertades.

En El Salvador, Nayib Bukele muestra un 86% de aprobación –con un estilo de liderazgo de rasgos autoritarios–, pretendiendo ser reelegido, aunque la Constitución lo prohíba. Parece ser que, cuando el pueblo exige solución a los problemas urgentes, –inseguridad ciudadana en el caso salvadoreño–, está dispuesta a pagar un alto precio.

"El político debe tener: amor apasionado por su causa; ética de su responsabilidad; mesura en sus actuaciones" (Max Weber - 1864). Pero esos valores parecieran deteriorarse con el pasar de los años. La pobreza y las brechas sociales –aunque graves y preocupantes–, han ido disminuyendo en el tiempo, pero no se ha logrado esa unidad que permita superar los problemas de la región. Pareciera ser el discurso divisionista; ese relato plagado de posverdad, el que contamina a los países latinoamericanos. Ese relato nos sigue alejando del verdadero propósito: educación de calidad, erradicación de la pobreza, reducción de las brechas y oportunidades para la población menos favorecida.

Democracia Sigilosa

El Reporte, 26 de noviembre de 2022

La actitud de los ciudadanos frente a las decisiones de los políticos es motivo de interés para muchos analistas. Los resultados de un estudio realizado en Estados Unidos mostraron que, a pesar de que la ciudadanía considera importantes los procesos políticos; están dispuestos a delegar las decisiones en la clase dirigente, fenómeno denominado *“Democracia Sigilosa”*, que muestra los niveles de confianza en los gobernantes. Pero, años más tarde se realiza el mismo estudio en España, en momentos de turbulencia política, con movimientos de activistas, masivas protestas y movilizaciones. En esta coyuntura, la población española manifestó no estar tan dispuesta a delegar las decisiones políticas en los gobernantes, favoreciendo otras alternativas como la participación de tecnócratas o expertos.

Esta *“Democracia Sigilosa”* es la que hace posible que proyectos como el régimen de Pedro Castillo logren el poder; porque la población quiere creer en las decisiones de sus gobernantes, viéndose convencidos por esas campañas populistas con promesas que hablan de una eficacia y honradez imposibles de constatar hasta no iniciar el gobierno. Hoy podemos comprobar que nada de lo ofrecido era verdad y con ello, el gobierno ha perdido la confianza de la población.

En este escenario, el régimen de turno recurre a acciones extremas en su intento por recuperar la confianza perdida, con recursos como la solicitud de activación de la Carta Democrática Latinoamericana, medida que ha traído como consecuencia la visita de delegados de la Organización de Estados Americanos (OEA) a nuestro país. No sabemos cuáles serán las conclusiones de dicha visita, pero de antemano, los peruanos hemos podido constatar que no son 7 las investigaciones en curso de la Fiscalía de la Nación tal como demostraba la denuncia constitucional ante el Congreso; sino que al parecer son por lo menos 51 carpetas y la investigación continúa.

Esta desconfianza sigue acrecentándose con casos de corrupción que no sólo involucran a Pedro Castillo, su familia, entorno cercano y sus ministros; también están todas las investigaciones contra Vladimir Cerrón, secretario general del partido Perú Libre, dentro de las cuales cabe destacar la investigación por el supuesto financiamiento ilícito de la campaña que los llevó al gobierno, entre otras investigaciones. De ser ciertas las pruebas indiciarias –y a juzgar por el pedido de prisión preventiva– ello significaría que tanto Pedro Castillo, Dina Boluarte y los 37 congresistas en el Parlamento, estarían ocupando esos cargos en forma ilegal.

Pero regresemos a la Democracia Sigilosa. Vivimos un escenario que muestra a un mandatario al que el Pueblo entregó su confianza, rodeado por ministros incapaces y con antecedentes de todo tipo; que despachan en locales clandestinos como Sarratea y tantos más; que contratan a familiares, amigos o personajes sospechosos; con asesores en la sombra adjuntos a la presidencia; con una oficina de la Dirección Nacional de Inteligencia (DINI) operando en forma ilegal en el mismo interior de Palacio para controlar y vigilar a personas, instituciones y organizaciones. Cómo piensan que la ciudadanía va a confiar en la eficacia de un gobierno que atenta diariamente contra la libertad de expresión, justamente porque es la escandalosa corrupción del gobierno la que ocupa los titulares de todos los medios de prensa.

Lo que diferencia a las dictaduras de las democracias son las regulaciones, los controles y contrapesos entre los diferentes poderes. Un presidente que no respeta la independencia de poderes, que atenta contra la libertad de expresión, que no es capaz de aclarar ninguno de los casos por los que es denunciado, escudándose en su inmunidad para perpetuarse en el poder; merece el rechazo de la población. Pero un presidente que engaña y roba a los más necesitados, solo merece pasar el resto de sus días tras las rejas. ¿Dice ser inocente? Pues todos los peruanos exigimos escuchar sus argumentos; pero también exigimos que respete nuestras libertades y la separación de poderes.

Democracia como ideal

El Montonero, 1 de diciembre de 2022

La democracia, que surge con Heródoto como el "poder del pueblo", tuvo que esperar muchos siglos para convertirse en esa Democracia moderna o liberal que hoy concebimos como un ideal en constante evolución para alcanzar la igualdad. Lo contrario es un régimen opresivo, autoritario o el poder de pocos. La democracia es esa participación, donde unos ganen y otros pierden, pero es el gobierno para las mayorías y busca armonía, incluso para los perdedores.

Los electores ceden su poder mediante el voto, por un tiempo determinado, condicionándolo al cumplimiento de las promesas de campaña, ofrecimientos que tienen que ser honrados. Es en base a esas promesas, que el pueblo decide. Pero, lamentablemente, la honestidad y la eficiencia sólo pueden ser comprobadas durante el ejercicio del gobierno; es difícil saber cómo será un mandato antes de que inicie su gestión. Por ello son necesarios los mecanismos para que el pueblo recupere su poder en caso de ser engañado. No es una entrega a plazo fijo, tampoco por un plazo indeterminado; no es la titularidad del poder, es una opción para el ejercicio del poder en las condiciones pactadas en la elección del mandato.

Este régimen evidencia la fragilidad de nuestro sistema, que demuestra no estar preparado para soportar la administración de un gobernante sin principios y valores. A pesar de que en nuestra Constitución ha ido introduciendo mecanismos con componentes presidencialistas, semi presidencialistas y también parlamentaristas para evitar el autoritarismo, estas medidas están resultando insuficientes para frenar un mandato que hace uso y abuso de todos los recursos del Estado para aferrarse al poder. Nada parece ser suficiente para controlar a un gobierno como el actual, donde impera la corrupción, donde el pueblo y sus demandas, parecen ser irrelevantes.

El país padece de una corrupción sistémica y, aunque los presidentes que nos han gobernado en los últimos 30 años han sido investigados y juzgados; este escarmiento parece no frenar los delitos. La realidad, superando a la ficción, nos presenta a personajes cada vez más improvisados con pretensiones presidenciales; problema fruto de la ausencia de verdaderos partidos políticos, de auténticos peruanos con principios, valores y amor por el país.

Un régimen que se burla constantemente de los peruanos, que en 16 meses ha nombrado a 6 gabinetes con 80 ministros en su mayoría impresentables, con antecedentes penales, sin experiencia o conocimientos sobre sus carteras, no merece permanecer a cargo del país. Pero eso no es todo. ¿Qué presidente puede aferrarse en su cargo con 51 carpetas de investigaciones fiscales abiertas? Sólo Pedro Castillo, sólo un sujeto amoral, que utiliza los recursos de los peruanos para seguir contratando a personajes de dudosa procedencia y así aferrarse al poder. ¿O evadir a la justicia?

La crisis no ha cesado, se intensifica desde inicios del régimen. La agenda nunca fue gobernar para todos los peruanos, ni para los menos favorecidos; los objetivos fueron desde el principio, convocar a una Asamblea Constituyente y el cierre del Congreso. Es por ello por lo que 8 de cada 10 peruanos piensan que Pedro Castillo es deshonesto; el mismo número piensa que es incompetente y 9 de cada 10 opina que no está capacitado para gobernar.

Los niveles de confianza del ejecutivo son dramáticamente bajos; pero Pedro Castillo se vale hoy de esta palabra, empleándola para alcanzar sus fines: cerrar el Congreso. Una vez más se apela a la denegación fáctica llamándola "rehusamiento" –término que no aparece en diccionario alguno–. Nombran primera ministra a Betssy Betzabet Chávez, a pesar de haber sido censurada como ministra de Trabajo; provocación tan grotesca como el nombramiento del efímero Gabinete Valer. El objetivo parece ser que le nieguen la confianza y, como plan de contingencias, el ministro de Economía, Kurt Burneo ya declaró que "si el presupuesto se hubiese mantenido equilibrado no habría lugar para ninguna cuestión de confianza".

Esto es una guerra entre el Ejecutivo y el Legislativo, donde el primero parece tener todas las herramientas y los presupuestos para ganar esa batalla donde todos los peruanos terminaremos perdiendo. Esperemos que el Congreso haga bien su trabajo.

Desconfianza

El Reporte, 2 de diciembre de 2022

El régimen de turno no está gobernando, aunque el país siga buscando la forma de avanzar, con indicadores económicos por encima del lamentable desempeño del ejecutivo, lo que no sería posible sin los Fondos de Reservas Internacionales y el Fondo de Contingencia del Perú, que hoy se encuentran en peligro. No vemos obras, no hay proyectos ni en el sector educación y hasta el Bloque Magisterial que respaldaba a Pedro Castillo en el Congreso, hoy lamenta el desempeño de su líder.

Pero Castillo tiene su propia agenda; ha decidido cerrar el Congreso y según podemos constatar, no hay medias tintas, la guerra ha sido declarada. En menos de un mes olvidó la activación de la Carta Democrática, no le interesa el pronunciamiento de la OEA o el informe sobre la crisis política en el país. Él está ejecutando su plan contra el Congreso y contra todos los peruanos. Su propósito es cerrar el Parlamento y eso se llama golpe de Estado.

Es preocupante la situación del Perú, pero la realidad de América Latina no es distinta. La crisis por corrupción es la constante, la polarización política es un problema de similar magnitud, evidenciado con las recurrentes manifestaciones de protesta ciudadana en toda la región. Estos conflictos son abordados en forma aislada por cada país y no como una problemática regional, lo que agrava la situación y finalmente le pasa factura a la democracia misma.

El Barómetro de las Américas mostró alarmantes indicadores en el informe de 2021, cifras que a juzgar por los acontecimientos parecen no haber mejorado. La confianza en las elecciones presentó niveles alarmantes, 11 de 15 países consideraron que en los procesos electorales el recuento de votos no ser realiza correctamente. Cabe anotar que países con gobiernos autoritarios como Cuba, Nicaragua, Venezuela o El Salvador, no participan en estos estudios. Sólo 6 de los 20 países encuestados demuestran satisfacción con la democracia; los otros estarían de acuerdo con apoyar a un líder a pesar de que pudiera incumplir las reglas democráticas. Aumenta en forma dramática la tolerancia a un golpe militar como paliativo a la corrupción. Pues la corrupción es el gran problema y el Perú lamentablemente lidera esta lista, aunque el sentir latinoamericano sea que la mayor parte de los políticos son corruptos.

La democracia está en peligro como consecuencia de las grandes brechas existentes en todos nuestros países. La lucha contra la desigualdad es un reclamo que no está siendo atendido como prioridad para la defensa del Estado de Derecho. Según las encuestas, los latinoamericanos no están dispuestos hacer concesiones en lo que a libertad de expresión se refiere, pero otras libertades estarían en riesgo ante la inminente presencia de gobiernos autoritarios.

La economía creció en forma constante durante los últimos 30 años, pero este crecimiento no estuvo acompañado por un estado de bienestar para todas las poblaciones, olvidando justamente a los más necesitados. Es el Estado el que tiene la responsabilidad de invertir y trabajar para el progreso de las zonas abandonadas, al igual que los gobiernos regionales. Pero es evidente que este régimen no está interesado en saldar esta deuda pendiente con las poblaciones menos favorecidas creando oportunidades.

El ejecutivo tiene otras prioridades, con objetivos más que evidentes. Afirman que el Congreso de la República ya les negó la primera moción de confianza. El nombramiento de Betssy Betzabet Chávez como premier sería la segunda provocación y las declaraciones del ministro de Economía, Kurt Burneo, la tercera. Nos estamos jugando el futuro de las próximas generaciones. ¿Qué espera el Congreso? ¿Qué parte de la amenaza de Golpe de Estado es la que no les queda clara?

El Tribunal y el terror

El Montonero, 8 de diciembre de 2023

Entre noticias y escándalos el Tribunal Constitucional observó la Ley N° 30794, estableciendo que personas que fueron condenadas por delitos de terrorismo o apología puedan ser candidatos a cargos de elección popular, hecho que despierta nuestra preocupación. Una cosa son cargos públicos de cierto nivel y otra tomar el poder, porque es así como comenzó la pesadilla de los años ochenta, periodo de asesinatos crueles a pobladores pobres y desamparados.

Pocos miles de desadaptados aterrorizaron a los peruanos y luego, durante el gobierno de transición de Valentín Paniagua, se inició su liberación. Se llegó a 3,000 terroristas liberados durante el gobierno de Alejandro Toledo, y las reducciones de penas continuaron. Hoy 7,345 ciudadanos presentan una demanda de inconstitucionalidad ante el Tribunal Constitucional, dejando de lado los derechos de 70,000 víctimas, familiares y cientos de miles de huérfanos. ¿Me pregunto qué sentirán hoy esas víctimas?

Cualquier reo tiene derecho a reincorporarse a la sociedad, insertarse y tener una vida normal, si ha sido rehabilitado. Pero me pregunto si alguien que ha sido autor material o intelectual de matanzas masivas es capaz de una rehabilitación plena, Abimael Guzmán nunca pidió perdón, nunca se arrepintió. No fue juzgado por su ideología, fue condenado por delitos de lesa humanidad, por la crueldad de sus métodos. Pero el daño causado fue más allá, adoctrinó a niños que hoy siguen su pensamiento.

Antauro Humala hoy se burla de esa justicia que le condonó la pena. El asesino de policías admite públicamente no estar arrepentido, afirmando que, de darse el caso, lo volvería a hacer. Todo ello en medio de una agresiva campaña política, con amenazas de cerrar el Congreso y aplicar la pena de muerte a su propio hermano. Recordemos el levantamiento de Locumba del 2000 que hizo famosos a los Humala, y que años más tarde facilitó el acceso a la Presidencia de Ollanta Humala, expresidente con juicios abiertos por corrupción.

No tenemos que ir tan lejos. En el 2011 el Jurado Nacional de Elecciones rechazó la inscripción del Movimiento por Amnistía y Derechos Fundamentales (Movadef) formado por familiares y abogados de presos por terrorismo, vinculados a Sendero Luminoso. Luego, este grupo terrorista creó el organismo de fachada Movadef - Conare - Fenate para controlar a los sindicatos del sector educativo y difundir su ideología. Es así como salta a la palestra Pedro Castillo, agitador sindical de la huelga magisterial de 2017 que perjudicó a 1.5 millones de estudiantes a nivel nacional. Conociendo sus vínculos con esta organización de fachada terrorista, es fácil comprender cómo actúa y cómo llevó al Gobierno a niveles de corrupción nunca imaginados.

Son 17 millones de peruanos mayores de 25 años, los verdaderos candidatos aptos que podrían tener alguna pretensión política. ¿Por qué debemos seguir premiando con amnistías y beneficios a personas sin saber si han sido rehabilitados; muchos sanguinarios y despiadados asesinos? ¿Tenemos que poner en riesgo la vida y la tranquilidad de 33 millones de peruanos para acceder al pedido de terroristas? Tengo serias dudas.

El Perú decidió no negociar con el terrorismo. La Comisión de la Verdad fue más que benevolente en sus veredictos y hoy no hay más de 100 terroristas en las cárceles porque han sido amnistiados, mientras las familias de las víctimas no terminan de llorar sus pérdidas. ¿Qué más busca el terrorismo? El presidente del Jurado Nacional de Elecciones fue defensor de terroristas, el actual inquilino de Palacio ha llevado al gobierno a diversos personajes de ese entorno. Tenemos congresistas con juicios abiertos por apología del terrorismo. ¿Cuánto más tenemos que ceder?

No quisiera imaginar un escenario similar al colombiano. Los generosos acuerdos logrados en favor de las FARC, autores de delitos de lesa humanidad, no hubieran sido posibles sin la ayuda de países antidemocráticos como Cuba y Venezuela, que actuaron como garantes, logrando injustos beneficios para los narcoterroristas, como 10 asientos en el Congreso colombiano. Me pregunto cuántos asientos les ofrecieron a las víctimas del narcoterrorismo, de los secuestros, de los años de terror. ¿No son las víctimas quienes deberían ocupar esas sillas del Parlamento y evitar que la guerrilla siga fortaleciéndose? Porque la guerrilla en Colombia no ha desaparecido, y en el Perú tampoco.

Segunda Parte

Golpe de Estado, fin del régimen

El martes 7 de diciembre de 2021, minutos antes del mediodía, Pedro Castillo emitió un mensaje a la nación anunciando la disolución del Congreso de la República, la instauración de un "Gobierno de excepción", la imposición de un toque de queda nocturno y la reestructuración de las instituciones del Estado. Este breve mensaje, que duró menos de 10 minutos, marcó un quiebre en la Constitución Política del Perú y se consideró un intento de golpe de Estado.

Hasta ese momento, Perú había experimentado un gobierno que se había extendido durante 497 días o 16 meses, caracterizado por la incompetencia, la corrupción y, sobre todo, un discurso polarizador y cargado de odio que había dividido profundamente al país, haciendo que la convivencia pacífica entre los peruanos fuera prácticamente imposible.

El panorama para Pedro Castillo ya se había complicado previamente debido a las declaraciones de Salatiel Marrufo, asesor del Ministerio de Vivienda, quien afirmó haber entregado sumas significativas de dinero personalmente al presidente Castillo en varias ocasiones durante su mandato. Como respuesta, Marrufo fue citado al Congreso de la República para prestar declaración el mismo 7 de diciembre. Su solicitud inicial en el Parlamento fue la garantía de su seguridad, ya que sus declaraciones implicaban al presidente y a otros actores políticos.

Otro acontecimiento relevante fue la reunión entre Castillo y el jefe del Comando Conjunto de las Fuerzas Armadas, durante la cual se manifestó el respaldo de las Fuerzas Armadas a la Constitución y se declaró que no apoyarían ningún acto fuera del orden constitucional. Esto dejó claro que las pretensiones de Pedro Castillo carecían de respaldo militar.

Además, el intento de golpe de Estado ocurrió apenas horas antes del debate sobre la moción de vacancia en su contra, lo que generó una profunda incertidumbre sobre el futuro del país. Conforme se desarrollaban los acontecimientos, varios ministros dimitieron, lo que aceleró la caída del régimen.

El orden y autoridad de las instituciones del Estado se pusieron de manifiesto con el pronto pronunciamiento en contra del Golpe de estado por parte del Tribunal Constitucional, el poder Judicial, la Junta Nacional de Justicia, el Ministerio Público y otras instituciones. Simultáneamente, el Congreso de la República sin mayor debate, decidió mantenerse firme y aprobó la vacancia del presidente Castillo con una mayoría absoluta de 101 votos. Horas después, Pedro Castillo fue detenido, y la vicepresidenta Dina Boluarte juró como presidenta.

A pesar de que los eventos ocurrieron de manera fugaz, la amenaza que habría representado la implementación de estas medidas habría llevado al país hacia una dictadura. Por esta razón, es crucial analizar desde una perspectiva constitucional las medidas anunciadas por el presidente Castillo para determinar si realmente se configuró un golpe de Estado.

Durante ese breve mensaje se promulgaron una serie de medidas inconstitucionales, como el cierre del Congreso sin cumplir con las condiciones legales, la reorganización del Sistema de Justicia que ponía en peligro la separación de poderes, la instauración de un Régimen de Excepción que habría suspendido los derechos fundamentales, para convocar a un Congreso Constituyente inconstitucional.

El intento de golpe de Estado de Pedro Castillo y las medidas propuestas generaron una crisis política en el país, recordando episodios como el autogolpe de 1992 y el cierre del Congreso en setiembre de 2019. A pesar de que los eventos fueron fugaces y el presidente Castillo fue detenido, la amenaza a la democracia y al Estado de Derecho estuvo presente.

Ciertamente, se configuró un "fallido" golpe de Estado debido a la inconstitucionalidad de las medidas anunciadas. El día fue extremadamente intenso, con el intento de Pedro Castillo de escapar de la justicia y buscar asilo en la embajada de México, un gobierno que respaldó todas y cada una de las irregularidades y actos de corrupción de su régimen. Sin embargo, la policía, las Fuerzas Armadas y la Fiscalía de la Nación actuaron con prontitud. Es importante destacar la participación de la ciudadanía, quienes bloquearon el acceso para evitar que Castillo llegara a la sede diplomática de México.

Posteriormente, surgieron temas legales y argumentos utilizados por la defensa de Castillo para intentar evitar la prisión de su defendido. No obstante, el proceso se llevó a cabo de manera legal y respetando las normas institucionales, resultando en la imposición de 36 meses de prisión preventiva mientras la Fiscalía acumula pruebas para los cada vez más numerosos juicios que este presidente, ahora presidiario, deberá enfrentar.

El Poder Judicial informó que el Juzgado Supremo de Investigación Preparatoria ordenó la detención preliminar por flagrancia, investigado por los delitos de rebelión y conspiración. Además, enfrenta acusaciones por otros actos de corrupción, como ser el cabecilla de una red responsable por delitos de organización criminal, tráfico de influencias y colusión.

A pesar de que los peruanos pudieron experimentar un periodo de relativa tranquilidad, liberándose de los discursos de odio y continuos informes sobre corrupción sin ningún resultado, los meses siguientes estuvieron marcados por actos violentos durante manifestaciones protagonizadas por agitadores que aprovecharon las protestas pacíficas para crear caos y confusión. Se registraron un total de 219 conflictos sociales con un lamentable saldo de 60 muertos.

De cualquier forma, debemos reconocer la actuación de la ciudadanía y las instituciones peruanas que lograron hacer frente a un proyecto que buscaba consolidar el poder, deshaciéndonos de un modelo socialista que solo trae consigo pobreza y la supresión de la libertad. Los países alineados con la izquierda se negaron a aceptar la pérdida de Perú como importante bastión en el corazón de América del Sur. Esto obligó a luchar contra la injerencia de Cuba, Venezuela, Nicaragua, Argentina, Honduras, Colombia y México, lo que llevó a nuestra cancillería a retirar a nuestros embajadores de estos últimos tres países y declarar personas non gratas a Gustavo Petro y Evo Morales.

Suicidio político

El Reporte, 9 de diciembre de 2022

Pedro Castillo fue detenido en la prefectura de Lima, luego del anuncio de Golpe de Estado con el que intentó perturbar el orden y la tranquilidad de los peruanos. Los ciudadanos celebraron el final del desgobierno que sumió al país en la más vulgar de las corrupciones. Aquellos que fueron sus partidarios declararon "le dimos a Castillo la oportunidad, pero él nos ha traicionado". Así termina un lamentable capítulo de nuestra historia.

Fueron horas de tensión tras el anuncio de Castillo sobre la disolución del Congreso, una asamblea Constituyente, reorganización del Poder Judicial, Ministerio Publico, Junta Nacional de Justicia, Tribunal Constitucional y decretando toque de queda entre otras medidas inconstitucionales; en pocas palabras, un golpe de Estado para iniciar una dictadura. Pero presenciamos la pronta reacción y la unidad de nuestras instituciones quienes actuaron en defensa del Estado de Derecho. El Comando Conjunto de las Fuerzas Armadas y la Policía Nacional denunciaron el quebrantamiento del orden constitucional; la Fiscal de la Nación Patricia Benavides dio un mensaje a la nación; la Contraloría General, Poder Judicial, JNJ y el Tribunal Constitucional también se pronunciaron. Las renuncias masivas de los ministros de Estado para evadir su responsabilidad eran previsibles, lo que no los exonera de los delitos por complicidad con los que postergaron el final de un régimen que debió terminar mucho tiempo atrás.

"Nadie debe obediencia a un gobierno usurpador", así lo estipula la Constitución y nuestras instituciones actuaron acorde con este principio. Por ello la caída de Castillo no es una victoria para el Perú, sino para toda Latinoamérica. Es una llamada de atención a las dictaduras latinoamericanas para que reformulen sus políticas, respeten las libertades y la democracia plena. El Perú ha evidenciado serias deficiencias, pero también ha demostrado perseverancia, intolerancia al autoritarismo y no ha claudicado hasta acabar con un régimen que buscaba perpetuarse en el poder. La caída de Pedro Castillo es el ocaso de un proyecto autoritario como tantos otros en Latinoamérica contra los cuales debemos seguir luchando.

En este escenario, cabe denunciar la actuación de la Organización de Estados Americanos OEA quienes tuvieron a su cargo la evaluación de la situación de la democracia en el Perú, decidiendo acusar a las víctimas y no a los agresores. Recibieron evidencias de la escandalosa corrupción de Castillo y sus secuaces, sobre atentados contra la libertad de prensa, pero los ignoraron. Se parcializaron a favor esa cofradía de mandatarios que tanto daño causan a los países de la región. Castillo fue uno más en ese círculo de gobernantes autoritarios, pero hoy está preso por sedición y otros gobiernos deberían seguir la misma senda. Los peruanos nos hemos sentido maltratados por la OEA, burlados por esa institución que cada día tiene menos credibilidad por apañar a la corrupción, el abuso del poder y a esas dictaduras que siguen llevando a la ruina a Latinoamérica.

Respetando el orden constitucional, hoy tenemos a la cabeza del país a un personaje que formó parte de este desgobierno desde el principio. Es parte de lo mismo, pero necesitamos un respiro para iniciar un proceso de reorganización. El Pueblo exige un nuevo gobierno, nuevas autoridades en el ejecutivo y el legislativo que tanto daño han causado. Pero en ese camino es prioritario recomponer el sistema electoral, institución totalmente desprestigiada. Necesitamos gobernantes, con experiencia y conocimientos que reactiven esa economía paralizada que afecta principalmente a las clases más necesitadas. Esa reorganización no puede ser postergada. Dina Boluarte debe entender que no cuenta con el apoyo del pueblo, ni otras instituciones y que sus actos serán vigilados.

Debemos agradecer a los verdaderos autores de la caída de este régimen que no claudicaron ante las graves amenazas, al equipo del ministerio público, la prensa de oposición y los colectivos ciudadanos que perseveraron en la lucha. Estos actores no pueden bajar la guardia porque esto ha sido sólo una batalla, pero el combate contra la corrupción y la desigualdad aún persisten. Ha quedado claro quién es quién; conocemos al enemigo, pero la guerra continúa.

No al Intervencionismo

El Reporte, 16 de diciembre de 2022

El Perú inició una nueva etapa, intentando dejar atrás las secuelas del mandato del odio, el resentimiento y el rencor. Vivimos momentos dramáticos, con el resurgir del terror por actos que no son legítimas protestas. Los grupos subversivos estuvieron siempre ahí, esperando el momento para activar sus fuerzas y atemorizar a la población, utilizando a los más desfavorecidos como carne de cañón.

Pedro Castillo abrió la puerta a la subversión, invitando a organismos de fachada terrorista que ahora protestan porque los terruquean. Esos terroristas fueron liberados, uno a uno durante el gobierno del presidente interino Valentín Paniagua, Alejandro Toledo –presidente de origen rural– y así sucesivamente. La Comisión de la Verdad accedió a sus demandas, negociando con los agresores y atacando a los defensores en los años de la barbarie. La Policía y las Fuerzas Armadas defendieron a la ciudadanía, pero también los pobladores se levantaron en armas para luchar por sus familias, formando los Comités de Autodefensa en medio del terror y no de un conflicto armado como pretenden llamarlo.

El desgobierno llegó al poder por la senda electoral; haciendo retroceder al país durante 16 meses. Las poblaciones más pobres fueron engañadas y hoy sufren las consecuencias con más pobreza y desconcierto. Pero hoy la subversión tiene otros ingredientes. El Financiamiento es internacional, de procedencia ilícita o avalado por los países que hoy intentan imponernos la reposición del peor presidente de la era Republicana. Eso se llama intromisión en asuntos internos.

El 14 de diciembre se reunieron en La Habana los miembros del grupo ALBA, encabezados por Miguel Díaz-Canel, Nicolás Maduro, Daniel Ortega y Luis Arce; con Raúl Castro avalando dicha reunión. Emitieron una declaración conjunta en defensa del expresidente peruano y de la vicepresidenta argentina, condenada por corrupción. Denuncian un complot para desestabilizar a los Gobiernos de izquierda en la región.

Censuran el uso de estrategias de guerra no convencionales contra gobiernos y líderes democráticamente elegidos, procesos judiciales políticamente motivados y sin sustento jurídico, para destruir a rivales políticos e ideológicos. "Rechazamos el entramado político creado por las fuerzas de derecha de Perú en contra del presidente constitucional Pedro Castillo, obligándolo a tomar medidas que fueron luego aprovechadas por sus adversarios". Están confundidos, así actúa justamente Cuba y no los países democráticos. Pero el mensaje es claro, están perdiendo la batalla en el Perú y no saben cómo manejar la situación.

El presidente de Colombia, Gustavo Petro, ha declarado que "La crisis en el Perú, el apresamiento, sin juez y sin defensa, de un presidente elegido popularmente ha puesto en serio cuestionamiento el papel de la Convención Americana en el orden jurídico Latinoamericano." Irónicas palabras pues fue justamente la OEA quien avaló a Pedro Castillo, quedando desacreditados cuando su protegido impuso un Golpe de Estado.

Andrés Manuel López Obrador, presidente de México, no solo apoya a Pedro Castillo; sino que continúa victimizándolo y ofreciendo asilo político a un exgobernante procesado, quien es condenado a prisión preventiva por delitos no solo de rebelión, intento de Golpe de Estado, sino además por ser el presunto cabecilla de una organización criminal. Al respecto la Cancillería del Perú se ha pronunciado enfáticamente rechazando la intromisión del presidente mexicano.

Venezuela no solo ha acogido a exministros de Estado corruptos del régimen de Castillo, perseguidos por la justicia y con orden de captura, sino que además solventa sus gastos y facilita su estadía, al igual que el presidente de Bolivia, Luis Arce. Parece ser el modus operandi. El intervencionismo no sólo crea confusión, sino que pone además en peligro nuestra soberanía.

El Perú está dando la cara, luchando contra los proyectos Socialistas. El abuso del poder no puede ser admitido, aunque tengamos que pagar un alto precio. Somos un ejemplo para toda Latinoamérica y los países autoritarios están preocupados; al convertirnos en un peligro para el eje socialista. Tenemos que salir adelante, ellos tienen un solo objetivo: la Asamblea Constituyente y cambiar las reglas democráticas. Sólo buscan doblegarnos.

Se queda solo…

El Reporte, 23 de diciembre de 2022

Pedro Castillo está en el Penal de Barbadillo, luego del fallido Golpe de Estado, compartiendo la misma prisión que Alberto Fujimori. Los primeros en abandonarlo fueron sus asesores, hoy colaboradores eficaces; prontamente los ministros de su gabinete renunciaron; sus abogados nuevos y antiguos desertaron; los asiduos visitantes de Palacio marcaron distancia y muchos de sus familiares están no habidos. Quedan pocos que no sabemos si intentan defender a Castillo, utilizarlo o protegerse a sí mismos.

En setiembre de 2021, durante la sesión del Consejo de la Organización de Estados Americanos (OEA), Castillo declaró "en el Perú tenemos corruptos de todo calibre y hasta para exportar." Quien diría que el presagio se haría realidad.

Algunos prófugos reciben asilo en Venezuela, con Maduro presto a admitirlos o cruzan la frontera de Bolivia. Su esposa e hijos están innecesariamente asilados en México, ya que la Corte Suprema anuló las restricciones a Lilia Paredes, eliminando los impedimentos de salida del país. Pero nadie visitó a Castillo para despedirse.

El círculo íntimo del Socialismo del Siglo XXI continúa protestando. Se resisten a aceptar a Dina Boluarte, pero qué defienden. ¿A Pedro Castillo? ¿Un bastión que no quieren perder en Latinoamérica? O son otras las preocupaciones ya que Cuba tiene por lo menos 1,026 presos políticos, Venezuela 314, Nicaragua 236 y Bolivia 90. Perú se ha convertido en un dolor de cabeza para esas dictaduras; pero también en un modelo a seguir en la región. ¿Qué pasaría si otros países deciden imitarnos? Son motivos de alarma, la unión es su fortaleza y el Perú es una fisura.

Mientras tanto en Colombia, el flamante Camarada de Sao Paulo, se muestra perturbado. Su intervencionismo, ha merecido la desaprobación del gobierno peruano quien ha emitido un comunicado de Cancillería manifestando profundo malestar ante las reiteradas declaraciones del presidente colombiano. La OEA y el representante colombiano fueron ampliamente documentados sobre la situación en Perú. Incluso la OEA, el día del Golpe de Estado, saludó a Dina Boluarte, reconociendo su presidencia.

Otros países simpatizantes de Castillo siguen negando el autogolpe, avalando la corrupción. Argentina no sabe, opina a veces si y otras no. López Obrador concentra sus esfuerzos en defender lo indefendible, poniendo en peligro las relaciones bilaterales. Ante el intervencionismo mexicano, Cancillería se ha mostrado firme por esa injerencia que hace peligrar nuestra soberanía. En su comunicado oficial rechaza las expresiones del presidente mexicano y declara persona no grata a su embajador en Perú, instándolo a abandonar el país en 72 horas.

La grave situación que vivimos, con atentados que destruyen al país, sólo suman pobreza e inestabilidad; y no podemos permitir la manipulación de fuerzas externas que avalan el terrorismo. Algunas manifestaciones son justos reclamos ciudadanos; pero la gran crisis está siendo organizada y financiada por el narcotráfico, la minería ilegal y otros delincuentes dirigidos por grupos terroristas, que operan a nivel internacional. Sabemos quiénes son los políticos que respaldan estas acciones, algunos están en el Congreso, y son responsables por el estado de emergencia, decisión extrema para reestablecer el orden. Pedro Castillo es el instrumento para sus fines, que permanece solo en prisión.

Resiste Perú

El Montonero, 15 de diciembre de 2022

Fueron muchos los discursos de odio, rencor y desprecio repetidos una y mil veces para despertar ese malestar, hoy convertido en barbarie. No somos testigos de manifestaciones de protesta; lo que hoy presenciamos son movimientos organizados por agitadores profesionales, remanentes de los movimientos que aterrorizaron al Perú durante los años ochenta con verdaderos actos de terrorismo. Estos atentados son dirigidos por no más de 8,000 rebeldes, son actos terroristas organizados por operadores que utilizan a la población azuzándola y enervándola para ser usadas como fuerza de choque. Pedro Castillo nunca dejó de pensar y actuar como sindicalista radical, ni se desligó de los personajes vinculados con los organismos de fachada de Sendero Luminoso, por ello – además de redes de corrupción– el país estuvo a la deriva.

Dina Boluarte afirma que "nunca abracé el ideario de Perú Libre a pesar de participar en el Gobierno de Pedro Castillo como vicepresidenta y ministra", lo que motivó su expulsión del partido. A pesar de ello se desligó del régimen solo 12 días antes del final del gobierno de los 497 días. Un año antes de la vacancia de Pedro Castillo, el 7 de diciembre de 2021 declaró

"Si al presidente Pedro Castillo lo vacan, yo me voy con él".
Pero fueron solo palabras.

Todo parece demostrar que la aceptación no será uno de los
ingredientes que acompañarán al Gobierno de Dina Boluarte.
No tiene partido político, tampoco una bancada en el Congreso,
las Fuerzas Armadas se han enfrentado a enfurecidos
manifestantes sin su apoyo y el pueblo la repudia. Padece
además las consecuencias de la permanente agitación de masas
de su antecesor, actos a los que ella también contribuyó; pero
nadie sabe para quién trabaja.

Mientras tanto Pedro Castillo ha recibido más de 25 visitantes
diarios –abogados, congresistas y diversos personajes–,
aprovechando a las turbas para promover la agitación entre los
pobladores apostados frente a la Dinoes, donde el exmandatario
está recluido. Luego de los siete días de detención preliminar, la
Fiscal de la Nación ha formalizado la investigación preparatoria
solicitando 18 meses de prisión preventiva ante el Juzgado
Supremo de Investigación. En ese escenario, los presuntos
coautores por delito de rebelión y conspiración van dando sus
testimonios sobre los hechos y la fiscal de la nación ha incluido
a Aníbal Torres en la investigación presentada ante el juez.

La pregunta es: ¿quién se beneficia con todo este vandalismo?
La vehemencia y los extraños argumentos sobre una supuesta
pérdida de memoria o una posible intoxicación de Castillo para
obligarlo a leer el discurso golpista –tesis promovida por Guido
Bellido, Guillermo Bermejo y la misma Betssy Chávez– solo
despiertan sospechas. Estos relatos descabellados con los que
incitan a la población parecen tener por objetivo evitar que
Castillo hable, confiese sus crímenes y con ello acuse a quienes
fueron sus cómplices.

El resultado son los graves levantamientos en Apurímac,
Arequipa, Ica, Cusco, Puno, Tacna, Ucayali, La Libertad y
Lima. Pero es justamente en Andahuaylas, tierra natal de Dina
Boluarte, donde se inician los disturbios en el aeropuerto de
dicha localidad. Dina ha tenido que hacer frente al rechazo de
sus propios paisanos, tomar conciencia de la gravedad de los
atentados, lo que ya tiene por resultado siete muertos (entre
ellos menores de edad) y numerosos policías gravemente

heridos. Tal vez ello ha sido el detonante para dar marcha atrás en su intención de permanecer en el Gobierno hasta el 2026 y reflexionar sobre la necesidad de un adelanto de elecciones. Pero una vez más caemos en manos del Congreso.

Al respecto, la Comisión Interamericana de Derechos Humanos (CIDH) se ha pronunciado condenando la violencia y "llaman a las instituciones del Estado y a los sectores sociales a sostener un diálogo serio, amplio e inclusivo, con perspectiva intercultural, crucial para la gobernabilidad, la preservación de la institucionalidad democrática y la garantía de los derechos humanos". Una vez más, tanto los desaterrizados miembros de la CIDH como la OEA tienen una lectura errónea sobre la verdadera situación del Perú, no entienden la gravedad del conflicto.

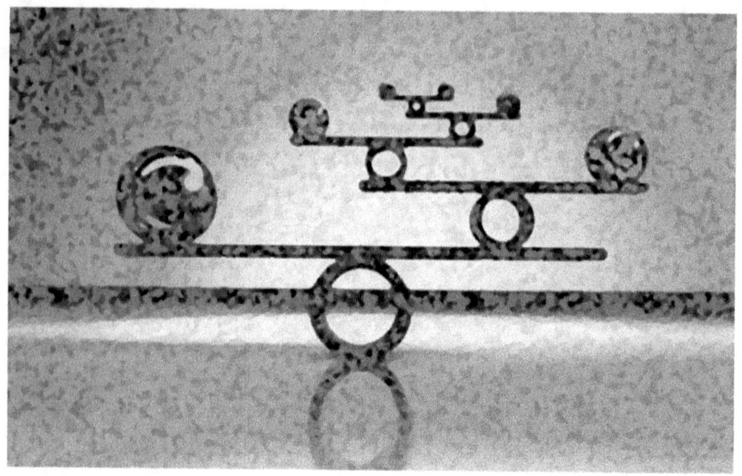

En busca de Equilibrio

El Montonero, 22 de diciembre de 2022

La Real academia define "equilibrio", como "estado de un cuerpo cuando fuerzas encontradas que obran en él se compensan destruyéndose mutuamente", pero también como "contrapeso o armonía entre cosas diversas." ¿A que equilibrio nos encaminamos? ¿Al de las fuerzas que se destruyen mutuamente o al del contrapeso para encontrar armonía?

El país sigue atravesando por una grave coyuntura. Las protestas violentas o mejor definidas como actos terroristas han disminuido, mas no cesado desde el fallido golpe de estado de Pedro Castillo. Las pérdidas materiales y humanas son lamentables, pero surgen evidencias que demuestran que este fue un plan diseñado para desestabilizar al país y con ello, cerrar el congreso, romper el orden democrático y lograr la Asamblea Constituyente con la consigna de la destrucción.

Hoy vemos un gobierno de transición, con una presidenta interina que, aunque formó parte del funesto gobierno anterior –nos guste o no–, muestra una actitud diferente, toma medidas buscando recuperar una calma que no hemos experimentado por más de un lustro. Ha nombrado a ministros que parecen actuar acorde con las circunstancias, con renuncias en educación y cultura, pero fueron reemplazados. Se percibe la intención de poner mano dura frente a los graves sucesos en el plano

270

nacional e internacional y, por el bien del país, los peruanos debemos apoyar las buenas medidas, lo que no implica bajar la guardia y olvidar la fiscalización.

Un buen ejemplo son las acciones de Cancillería ante el intervencionismo de México y Colombia por las desafortunadas declaraciones de sus presidentes Andrés Manuel López Obrador y Gustavo Petro, con una actitud firme respecto a la inaceptable injerencia en asuntos de nuestra soberanía. Queda pendiente el pronunciamiento de Cancillería sobre Cuba, Venezuela, Nicaragua y Argentina, quienes deberían ser igualmente desaprobados. Otro pendiente es exigir la renuncia de los embajadores José Manuel Rodríguez Cuadros y Harold Forsyth como Representantes del Perú ante Naciones Unidas y la OEA, cuya actuación –incluida la activación de la Carta Democrática– , ha sido reprobable.

Lo urgente es resolver los conflictos sociales en el país. El Estado de Emergencia era necesario y ha permitido localizar a responsables, interviniendo locales en donde operan. El ejército está frenando a esos 8,000 delincuentes que promueven la destrucción, pero la fiscalía debe tomar medidas contra los verdaderos agitadores y autores intelectuales. Me refiero a Guillermo Bermejo, Guido Bellido, Betssy Betzabet Chávez, Edgar Tello, Aníbal Torres, entre otros; ellos son el ala visible de la lista de conspiradores. No podemos tolerar más ese discurso de odio que nos llevó a esta crisis. Peor aún, es inadmisible que una universidad histórica como la San Marcos admita a Aníbal Torres, quien debería ser inhabilitado como docente.

Entre las ineludibles acciones está la renovación de las autoridades electorales y la revisión del sistema electoral. Pero el Parlamento debería además dar muestras de un cambio de actitud, suspendiendo a los congresistas con acusaciones por corrupción, promotores de la subversión o apología del terrorismo.

La situación que vivimos es sumamente grave, los atentados terroristas sólo agregan destrucción y pérdidas a un país que necesita equilibrio y armonía. Algunos demócratas se van sumando al gobierno para colaborar por el bien del Perú y esa es la actitud que precisamos para reestablecer el orden. Es necesario buscar armonía para que el gobierno pueda concentrarse en los importantes temas postergados por demasiado tiempo; escuchando el reclamo de las poblaciones necesitadas, que como siempre son las más afectadas.

Defender nuestra Soberanía

El Montonero, 4 de enero de 2023

El Foro de Sao Paolo, creado en 1990 por Lula da Silva y Fidel Castro para definir el rumbo de la izquierda en América Latina y el Caribe, reunió a 48 partidos y organizaciones; pero Cuba buscaba fuentes de recursos en medio de la crisis de la Unión Soviética. En su Declaración expresaron los principios y objetivos de los hoy 123 partidos y movimientos de las izquierdas en 27 países. Los gobernantes de Izquierda actúan en bloque con coaliciones como el Alba, Puebla y satélites como Runasur, intentando violar nuestra soberanía.

El apoyo a Pedro Castillo es parte del plan solidario del Foro, busca su retorno al poder; pedido declarativo ya que esas organizaciones no tienen carácter vinculante. Así, Cuba, Venezuela, Nicaragua y Bolivia se pronunciaron en bloque a favor del presidente golpista; más preocupados por perder uno de sus bastiones que por la suerte de Castillo. Las protestas de Petro y los intentos incansables de López Obrador con el asilo político les valieron a ambos mandatarios la reprobación del gobierno peruano, de políticos y congresistas de sus propios países.

Desde inicios de la crisis, Argentina tuvo idas y venidas, cambiando su posición. Chile, aceptó a la nueva mandataria y hoy escuchamos a Lula Da Silva, reconociendo las decisiones peruanas y enviando un contundente mensaje a Dina Boluarte: "Su tarea es reconciliar el país". Esto parece mostrar fisuras en el bloque de izquierda.

Es importante precisar que en 2017 Lula da Silva recibió condenas de entre 12 y 17 años por corrupción y lavado de activos en el marco de la operación Lava Jato. Fue liberado en 2019 tras 19 meses de prisión y en 2021 los juicios fueron anulados argumentando que Curitiba, en el Estado de Paraná, no tenía jurisdicción para dichas sentencias.

De cualquier forma, Lula estuvo preso, fue liberado, fue candidato y hoy es presidente del Brasil por tercera vez. En este escenario parece contravenir a sus camaradas del Foro de Sao Paulo, lo que resulta relevante. Habrá que estar atentos, observando los pasos del flamante mandatario brasileño antes de pronosticar el desenlace.

Bolivia atraviesa una grave crisis política y social. Para comprender este escenario nos remontamos a 2019, fecha en la que Evo Morales huyó de Bolivia tras declararse fraude electoral. Jeanine Añez asumió como presidente interina y convoco a elecciones, resultando elegido Luis Arce del partido Mas de Evo Morales. En 2022, Santa Cruz –que representa el 30% del PBI de Bolivia– inició un paro de 36 días, exigiendo un censo para conocer la población real y corroborar la información de los patrones electorales; cediendo finalmente Arce, quien aceptó el compromiso. Pero el 29 de diciembre, el Gobernador de Santa Cruz, Luis Fernando Camacho, ha sido detenido y acusado de participar del Golpe de Estado de 2019. Ello suma un nuevo preso a la lista de 187 prisioneros políticos hostigados y en aislamiento, incluida la expresidenta Jeanine Añez.

RUNASUR es la alternativa para Evo Morales, acusado por violar en reiteradas oportunidades la constitución, avalar a las dictaduras y declarado "Persona no grata en el Perú" en 2021. Pero la tesis de Morales resulta inconsistente, RUNASUR promueve Estados "plurinacionales" y la creación de una "nación aimara" es contradictoria. Lo que busca es desestabilizar al Perú, consiguiendo así una salida al mar.

El Perú no puede ceder ante naciones extranjeras que pretenden intervenir en asuntos internos que competen a la defensa de nuestra soberanía. Pedro Castillo es sólo un instrumento, ha sido abandonado por 12 abogados, cómplices y también por ese club de amigos interesados solo en consolidar sus posiciones en Latinoamérica. El peligro es ese bloque, liderado por Cuba; pero la actuación de Brasil deberá ser objeto de toda nuestra atención.

El Perú despierta

El Reporte, 30 de diciembre de 2022

El Perú demostró que es posible combatir la corrupción y el abuso de poder por la vía democrática. El mensaje a la comunidad internacional es claro, rechazamos las interferencias de quien intente obstaculizar a la justicia peruana o romper el equilibrio de poderes. Luchamos para enderezar el rumbo del país, buscando erradicar la corrupción, combatiendo el totalitarismo.

Los países que rechazan las medidas democráticas parecen temer su propio fracaso; se rehúsan a perder su injerencia sobre el Perú como posición estratégica en el corazón de Sudamérica. Cuba, Venezuela, Nicaragua, Bolivia, Colombia, México y Argentina, desconocen a Dina Boluarte; sólo dos países del bloque, Brasil y Chile han reconocido la nueva presidencia y con ello, la democracia.

El caos y el terror que azotan al país son producto de agitadores, no más de 8 mil, que azuzan a la población. Actúan en complicidad con agrupaciones terroristas, narcotraficantes, minería ilegal y otros grupos delictivos, financiados y organizados por círculos radicales internacionales. El objetivo es claro, buscan el terror y la división de los peruanos, cobrando vidas humanas, destruyendo instalaciones, devastando activos críticos nacionales con daños que van costándole al país más de 300 millones; fondos que deberían emplearse en las poblaciones necesitadas, llevando salud, educación, luchando contra el hambre y creando oportunidades para apartarlos de la miseria; pero a los grupos radicales no les interesa.

No olvidemos el auténtico reclamo de las poblaciones abandonadas del país, una vez más usadas como "carne de cañón" por grupos delictivos y terroristas, instrumento de los agitadores que buscan crear el caos.

Dejemos de lado los discursos de odio con los que nos engañaron durante más de 16 meses, grave secuela que aún sufrimos. La única prioridad de Pedro Castillo fue polarizar a los peruanos dividiéndonos. El discurso final, ese 7 de diciembre, demostró su indolencia ante las poblaciones vulnerables, cuyas demandas nunca fueron atendidas; les robó a los peruanos, pero abusó de los sectores más necesitados.

Los lemas son claros, no quieren a Dina Boluarte, pero no aceptarán a un gobernante democrático; reclaman a Pedro Castillo, para continuar desestabilizándonos; piden cerrar el Congreso, para acabar con el orden democrático y el equilibrio de poderes; quieren una Asamblea Constituyente, para cambiar las reglas de juego y llevarnos hacia el autoritarismo.

Cuba, Venezuela, Nicaragua y Bolivia tienen una constante: son gobiernos autoritarios que suprimen a la oposición política y las libertades civiles. Han sido acusados de usar la violencia, intimidación contra opositores políticos, medios de comunicación y organizaciones de la sociedad civil. Sus elecciones se ven empañadas por denuncias de fraude y manipulación, sus autoridades electorales han sido denunciadas de parcialidad a favor del partido gobernante; la corrupción es generalizada y atentan contra los derechos humanos; el poder judicial carece de independencia. El control excesivo sobre la vida política, económica y social los caracteriza.

Eso es lo que representa Evo Morales quien cruza nuestras fronteras con su discurso divisionista, atentando contra nuestra soberanía, buscando fracturar nuestro territorio. Enfrentamos además el inminente peligro del repliegue estratégico de los movimientos terroristas quienes amenazan con nuevos atentados.

La situación es compleja, los peruanos tenemos que unirnos para erradicar la violencia y el divisionismo; pero también para luchar contra la desigualdad, para sacar de la pobreza a los peruanos que siempre sufren las peores consecuencias de los nefastos gobiernos. Necesitamos construir un futuro más justo para todos.

¡Qué pasa en el Perú!

El Reporte, 6 de enero de 2023

Estamos lejos de superar la grave crisis. Aun así, la sensación de confianza en las instituciones se incrementa. Creemos en el ministerio público, en la Policía y las Fuerzas Armadas; confianza que ha mejorado respecto al mes pasado, cuando estuvimos al borde de un Golpe de Estado. Se respira la tranquilidad de habernos librado del más nefasto de los gobiernos de la era republicana. Irónica realidad, luego de las críticas de Castillo a los 200 años de esa misma república.

Lo cierto es que esta sensación no es compartida por todos los peruanos; muchos que tienen el auténtico derecho a protestar por las grandes injusticias de las que son objeto. Son las verdaderas víctimas de la crisis política iniciada en 2017 con el caso de Odebrecht, que llevó a Martin Vizcarra a la presidencia, con la aparición de la pandemia de Covid-19, el gobierno interino de Francisco Sagasti, la crisis electoral del 2021 y el desastroso desgobierno de Pedro Castillo.

Cada una de estas crisis hizo retroceder las economías de las poblaciones vulnerables. El PBI de 2016 creció 4%, pero la población en situación de pobreza monetaria se incrementó de 6.3 a 6.7 millones de peruanos. En 2018 el PBI creció 4%, pero el número de pobres se mantuvo durante dos años en 6.5

millones, hasta 2019. En 2020 el PBI calló 11%, pero la pobreza creció 52%, pasando de 6.5 a 9.8 millones de peruanos pobres. En 2021 la economía se recuperó con un crecimiento de 10% del PBI; pero la pobreza retrocedió sólo un 13%, cerrando el año con 8.5 millones, muy lejos de los niveles prepandemia. Pero el 2022 ha sido el peor año de nuestra historia, dicen que el PBI crecerá 3% y otros siguen especulando, pero la pobreza se incrementa en términos absolutos.

Pedro Castillo, sus asesores, sus cómplices, los niños del Congreso, las autoridades corruptas, la desidia de los poderes del estado, nos han llevado a la peor de las miserias. Entre 2021 y 2022 la cifra de pobreza se incrementó 4 puntos, mientras que el PBI creció 3%. Esos números parecen aumentar y disminuir sin un correlato, en un mundo paralelo. Cuando hablamos de pobreza hablamos de personas, hablamos de un 1.5 millones de pobres adicionales; 10 millones de peruanos que pasan angustias económicas, que no pueden cubrir sus necesidades básicas; más de 2 millones de familias que no llegan a fin de mes y no pueden comer diariamente.

Por supuesto que eso no les importa a esos fanáticos de izquierda que hoy quieren incendiar la pradera. Pero esto no es una pradera, es nuestro hogar, nuestro país, los que sufren son nuestros compatriotas, nuestros hermanos. ¡Ya Basta…! ¡No podemos ser tan insensibles! Los peruanos tenemos que unirnos para hacer causa común y combatir a esos no más de 8 mil azuzadores que actúan en coordinación con grupos delictivos, terroristas, narcotraficantes, mineros ilegales y delincuentes que se venden por 100 soles.

Sabemos perfectamente quienes están al frente, quienes son los autores intelectuales de este genocidio. Las cosas por su nombre. Son las élites de Cuba, Nicaragua, Venezuela, Colombia, México y Bolivia, con Evo Morales incluido; por intervenir en asuntos de la política peruana causando el caos y la desunión. Son los dirigentes de los partidos de Izquierda, Vladimir Cerrón, Verónica Mendoza, Guillermo Bermejo, Bellido, Tello, Sigrid Bazán, Aníbal Torres, Betssy Betzabet y tantos otros en una interminable lista, en cuyas bitácoras contabilizan las pérdidas humanas como trofeos de una guerra para llevarnos a una dictadura. Todos ellos son cómplices de la pobreza en el Perú.

Las manifestaciones son violentas, porque buscan muertes; pero estos autores intelectuales son culpables por los que protestan y por las muertes de los que no van a las protestas. Millones de peruanos que sufren de hambre, que mueren lejos de las marchas, como consecuencia del mismo terrorismo que está destruyendo al país. Ese terrorismo que le va costando 1,200 millones a todos los peruanos en menos de un mes; dinero que podría alimentar a los que no pueden comer diariamente. Pero eso, a la izquierda mezquina no le interesa.

¿Suicidio Económico?

El Montonero, 12 de enero de 2023

El Perú es un país con una gran diversidad cultural y una historia compleja y cambiante. Nuestra población es mestiza y cohabitamos con 52 pueblos indígenas, cada uno con sus propias tradiciones, lenguas y formas de vida. La diversidad cultural se refleja en la música, la danza, la religión y la arquitectura. Somos la cuna de los más importantes centros arqueológicos de Sudamérica y también nos caracteriza la biodiversidad, lo que nos convierte en uno de los países con mayor número de ecosistemas.

Pero tenemos que reconocer que el Perú tiene graves problemas de pobreza, desigualdad y acceso a servicios básicos. Estos son temas urgentes de agenda y tienen que ser resueltos; pero hoy enfrentamos a agentes internos y externos que buscan capitalizar esta dramática situación de "dependencia" para manipular a las poblaciones vulnerables.

Ernesto Laclau, filosofo político, sostiene que una de las tendencias del populismo es la construcción de una "imaginaria comunidad" que busca oponer a la población a un "enemigo" común, argumenta que los líderes populistas utilizan esta narrativa para construir una condición de dependencia y con ella capitalizar el apoyo popular. La constante es que una vez en el poder, estos lideres utilizan el apoyo popular para implementar y limitar la libertad y la participación ciudadana, buscando el autoritarismo.

Esto es lo que sucede en el Perú. Agentes internacionales han puesto en evidencia sus intenciones con declaraciones intervencionistas; pero también con acciones. Un enemigo común es el motor que los agrupa; ese adversario se llama antimperialismo. Las cupulas de Cuba, Venezuela, Nicaragua, México y Colombia se han unido para hacer frente común y contribuir con la violencia en el Perú.

Evo Morales, que ha perdido fuerza con el gobierno boliviano de Luis Arce, ha manifestado sus intenciones: insiste en crear, por medio del proyecto del Runasur, su nación aimara, convirtiendo a las zonas anexadas del territorio peruano en sus vasallos. En un Twitt del 9 de enero manifiesta que: "… la única solución para la crisis es la refundación del Estado para la recuperación de los recursos naturales". No nos dejemos engañar, sus objetivos son riqueza y poder.

El mecanismo es la creación de "enemigos". En el Perú fue el anti-fujimorismo; pero hoy necesitaron fabricar a un nuevo "enemigo imaginario" llamado Dina Boluarte. Esta narrativa hegemónica sirve de ligazón para cada grupo que van convocando: en Puno son los aimaras; en Apurímac los etnocaceristas; en el centro están los remanentes de Sendero Luminoso, apoyados por el narcotráfico; en San Martin grupos subversivos; otros son miembros de la minería ilegal; pero son pocos los agitadores, no más de ocho mil. Ellos capitalizan el descontento del pueblo, poniéndolos al frente de este campo de batalla, donde los que mueren, son pobladores inocentes.

¿Quién gana con esta crisis? Los camaradas del foro de Sao Paulo que luchan por un territorio que creían dominado. ¿Quiénes pierden? Los peruanos, en especial las poblaciones más pobres, porque el vandalismo va costando 1,500 millones en pérdidas materiales, 450 millones en turismo solo en Cuzco. El país se paraliza y no es posible trabajar en soluciones para resolver la problemática, justamente de esas poblaciones marginadas.

Hemos visto marchas por la paz; porque esa es la gran demanda de la población peruana, pero hoy gobierna el terror y la destrucción. Los peruanos pacíficos tienen miedo; ellos quieren trabajar para salir adelante y vencer las barreras de la pobreza; pero en medio de este caos la prioridad es acabar con el vandalismo. ¿Esto no es suicidio económico? No señores. Esto es asesinato; están asesinando al Perú.

La Tormenta Perfecta

El Reporte, 13 de enero de 2023

El término "marea rosa" se refiere al aumento de gobernantes de izquierda en América Latina. La antesala fue la creación del Foro de Sao Paulo, durante la crisis soviética, convocando a los movimientos de izquierda. La primera ola se inicia con Hugo Chávez en Venezuela (1999), Luiz Inácio Lula da Silva en Brasil (2003), Néstor Kirchner en Argentina (2003), Tabaré Vázquez en Uruguay (2005) y Evo Morales en Bolivia (2006). Pero al poco tiempo, ante las crisis políticas y económicas de estos gobiernos, se inicia una "ola conservadora" en la región.

La segunda "marea rosa" o "giro a la izquierda", lo inicia López Obrador en México (2018), Alberto Fernández en Argentina (2019), Luis Arce en Bolivia (2020), Pedro Castillo en Perú, Xiomara Castro en Honduras y Gabriel Boric en Chile en 2021; luego, en 2022, Gustavo Petro Colombia y el regreso de Lula en Brasil.

Otra tendencia es la recesión democrática liderada por las dictaduras de Cuba, Venezuela y Nicaragua, enquistadas por décadas; Bolivia que les sigue los pasos; Haití, como estado fallido y las democracias hibridas o imperfectas de El Salvador, México y Argentina. En 2023 las grandes interrogantes serán las elecciones en Paraguay, Guatemala, Argentina, y saber si Dina Boluarte logrará enderezar la situación en el Perú.

En medio de esta "marea rosa" que se torna borgoña, el panorama para 2023 no es nada alentador. El retroceso democrático muestra tendencias al autoritarismo, crisis institucional y de gobernabilidad; los países presentan manifestaciones de protesta generales desde el inicio de sus gobiernos y los índices de aprobación son cada vez más bajos, Uruguay sería la única excepción.

Otros factores que agravan el escenario son: la baja credibilidad en los sistemas electorales, alta percepción de corrupción y baja participación de los partidos de gobierno en el parlamento. Ello trae como consecuencia la baja aprobación presidencial, disminución de la confianza en las instituciones y un incremento progresivo de la desafección hacia la democracia.

Latinoamérica no termina de recuperarse de las consecuencias de la pandemia, el empleo informal se encuentra por encima del 50%, el crecimiento del PBI se proyecta entre 1.7 y 0.7% en toda la región; la inflación muestra máximos no experimentados en los últimos 20 años y se estima que la tendencia continuará.

Todo ello ha incrementado los índices de pobreza, –cifras que resultan imposibles de conocer con certeza en los países autoritarios–, donde las olas migratorias; la violencia, la inseguridad, la corrupción y el crimen organizado continúan debilitando el Estado de Derecho.

Este es el resultado de la hiper polarización que vive Latinoamérica, problema que se agudiza al interior de cada país como una pandemia, casi imposible de controlar. Las irreconciliables posiciones de la izquierda y la derecha extrema son barreras que impiden la creación de oportunidades para lograr el retroceso de la pobreza.

Esa es la realidad en la región; raíz de los conflictos y la barbarie que sufrimos. Ante la insostenible situación, Dina Boluarte declaró: "Me equivoqué, se supone que los de izquierda no venían a robar, se suponía que los de izquierda venían a sacar al país adelante, pero me equivoqué".

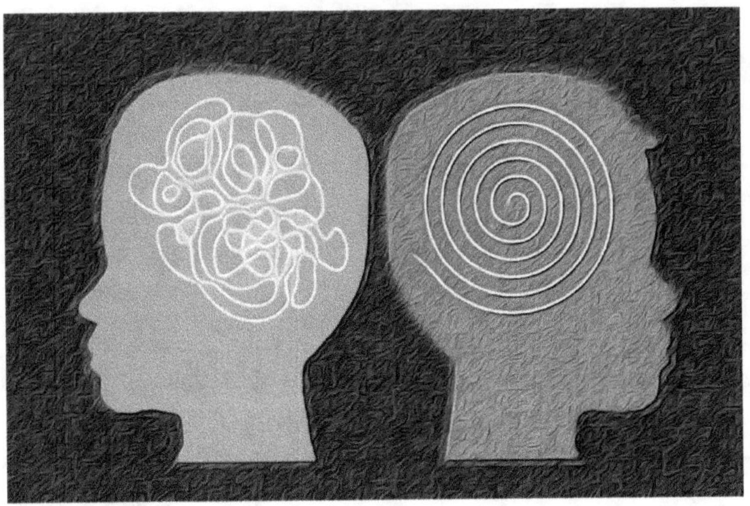

Realidad imaginaria… o paralela

El Reporte, 3 de febrero de 2023

Mientras los países del "bloque Norte", naciones desarrolladas, trazan objetivos para lograr el "Estado de Bienestar" como "pacto entre actores sociales y políticos en busca de la cohesión necesaria para el buen funcionamiento de la economía y de la sociedad"; el Perú y los países del "bloque Sur", nos podríamos conformar con "estar bien", pero hasta eso parece inalcanzable por el desgobierno y corrupción generalizada.

Latinoamérica no progresa porque está a merced de esa coalición de izquierda que pretende imponer el "Modelo Maximalista", que otorga un rol predominante al Estado. Para lograrlo, los grupos radicales han construido un discurso disfrazado de valores públicos, atención al principio de igualdad; combinados con mensajes antiimperialistas, pero no hablan sobre la pobreza y la ausencia de libertades individuales que sufren sus naciones. Con el falso discurso de la igualdad, destruyen las economías y esa supuesta cohesión social desencadena masivas olas migratorias de pobladores que huyen de esos sistemas inoperantes. Dicen luchar contra la desigualdad, pero todos son igualitariamente pobres –a excepción de las élites que representan el 1%–, negando oportunidades y libertades al resto de la población.

Los grupos de izquierda y el modelo del Socialismo del Siglo XXI, cuentan con una red organizada: Congreso Bolivariano de los Pueblos, Alianza Bolivariana para los pueblos de nuestra América (ALBA), Coordinadora Continental Bolivariana, Foro de Sao Paulo y medios de comunicación; alineados a un mismo objetivo e ideología.

Sus mensajes, para adoctrinar a sus seguidores, intercalan una narrativa democrática, ecológica e inclusiva; con el discurso de odio antiimperialista contra su principal adversario que es Norteamérica y su política liberal; denunciándolos en sus reuniones del Foro de Sao Paulo: "ofensiva del imperialismo… desalentar la producción y la distribución de la riqueza, contaminan el medioambiente, causan pérdida de soberanía, desempleo masivo, aumento de la pobreza y la marginalidad social. Generan conflictos militares y enfrentamientos entre pueblos hermanos, incentivan el odio, la xenofobia, el autoritarismo y el miedo". Frases que parecen referirse a sí mismos, más que a su aborrecido adversario.

No faltan las protestas acusando a la Unión Europea, por: "acentuar el desempleo masivo, pobreza, marginalización y desigualdades… llevando a pervertir lo que debería ser un proyecto de integración horizontal y solidaria".

Afirman también: "impulsaremos conjuntamente movilizaciones en defensa de la Paz y la Solidaridad a escala mundial… para detener el drama del éxodo masivo de refugiados que buscan refugio en otras regiones del mundo, siendo Europa y EE. UU. los lugares donde son maltratados, humillados y muchas personas mueren en el intento." "Denunciamos la dramática situación en la frontera entre México y EE. UU…. donde no se dan condiciones de vida digna para los migrantes".

No faltan las alabanzas a favor de sus camaradas "Ratificamos nuestra solidaridad con la Revolución Cubana, la Revolución Bolivariana de Venezuela y la Revolución Sandinista de Nicaragua, ante los embates de las fuerzas de la derecha y del imperialismo". "Respaldamos los triunfos de Lula en Brasil, Gustavo Petro en Colombia, Xiomara Castro en Honduras, Gabriel Boric en Chile, Pedro Castillo en Perú, Luís Arce

Catacora en Bolivia, y Alberto Fernández en Argentina, que han modificado el mapa político de la región… apoyo a la Cuarta Transformación de México…" "Las políticas sociales de los gobiernos progresistas demostraron su eficacia y su sentido de justicia… se alzaron en potentes movimientos sociales los pueblos latinoamericanos, luchas en todos los terrenos que también se han expresado en el campo electoral, con las victorias ejemplares de las fuerzas populares y revolucionarias."

No comprendo a que mundo paralelo se refieren. Critican los maltratos a las olas migratorias que ellos mismos desencadenan con sus nefastas políticas; se quejan del aumento de la pobreza culpando a otros de su propia ineficacia; acusan a los neoliberales por conflictos, autoritarismo y odio, cuando esa es justamente la estrategia empleada por los grupos de izquierda. Sólo me viene a la mente un conocido proverbio "Cada ladrón cree que todos los demás son de su condición".

Política sin política

El Montonero, 2 de febrero de 2023

La crisis que sufre el Perú no comenzó hoy ni terminará mañana. El Perú padece de un mal sistémico y son demasiados los actores involucrados. El problema central es el desconocimiento de la realidad peruana, sumado a una clase política en ejercicio que no entiende su función, ni las implicancias de la responsabilidad que asumieron al ocupar sus cargos. El egoísmo y la ignorancia son una constante.

¿Cómo garantizar la protección de los derechos y libertades individuales, promover el bienestar económico y social de la población, sin transparencia y responsabilidad? ¿Cómo lograr la paz y tranquilidad que reclama la población si los actores políticos actúan movidos por sus propias agendas y sin intención de ceder a favor del bienestar de los peruanos?

La crisis de hoy es el resultado de una "bola de nieve" que empieza a rodar en 2016; y que se agrava con Martin Vizcarra, la pandemia, el cierre del Congreso de 2020, la actuación de Francisco Sagasti, las elecciones presidenciales en 2021 plagadas de irregularidades, el nefasto Gobierno de Pedro Castillo y la sucesión de Dina Boluarte.

El reclamo de grupos minoritarios pone de cabeza al país y se resume en cuatro demandas: renuncia de Dina Boluarte, cierre del Congreso, adelanto de elecciones y una asamblea constituyente. Pero la realidad es que buscan un solo objetivo: implantar el modelo del Socialismo del Siglo XXI, practicado por los países que rechazan las medidas asumidas por Perú, cuestionando nuestras decisiones democráticas. Rechazamos la injerencia de esos países en asuntos que competen solo al Perú, pero ellos insisten en ese modelo fracasado en todos los países en los que ha sido implantado. Un modelo que genera pobreza extrema, descontento, éxodos masivos de poblaciones que huyen de la miseria y la ausencia de libertades individuales.

Así, en la región la izquierda forma coaliciones, y hoy los países que saludaron la decisión democrática sobre el nombramiento de Dina Boluarte, retroceden cuestionando las decisiones peruanas en un acto de injerencia sin precedentes, hecho evidenciado en la VII reunión de la CELAC.

Pero a nivel interno son muchos los actores que intervienen, desde los movimientos del Runasur de Evo Morales en la frontera Perú-Bolivia –causando desestabilidad no solo en el Perú, sino también temor en el país vecino–, hasta todo tipo de actores que encuentran un terreno propicio para desencadenar la ola de terror y destrucción que vivimos.

Los actos subversivos fueron organizados y avalados por Pedro Castillo, quien convocó a propios y ajenos dispuestos a contribuir con el caos. Así es como se reactivan los organismos generados por Sendero Luminoso, grupos de extrema izquierda, etnocaceristas, movimientos locales, la minería ilegal, narcotráfico, reservistas descontentos y muchos más. Son tantos actores que resulta difícil trazar un mapa para entender lo que verdaderamente ocurre. Lo que resulta evidente es que sostener la logística de la subversión requiere de ingentes fuentes de financiamiento, y está demostrado que las fuerzas insurgentes no tienen ideales políticos, son actores a sueldo para cumplir con los planes orquestados por una cúpula cuya agenda no es nacional.

Finalmente, los perdedores siempre serán los grupos más desfavorecidos. El pueblo peruano es pacífico y busca trabajar, mejorar sus condiciones de vida; pero son los perjudicados con los cierres de carreteras, cuando su producción agrícola se pudre sin llegar a destino; esos peruanos amenazados por grupos subversivos por intentar vender sus productos y no acogerse a los paros; peruanos que organizan marchas pacíficas porque reclaman el regreso a eso que llamamos normalidad.

En este dramático escenario, las fuerzas del orden se enfrentan a ese vandalismo que no respeta la vida humana. Los policías cumplen con su rol, que es proteger a la sociedad y mantener el orden público, saliendo al frente dispuestos a sacrificar sus vidas para defender a 33 millones de peruanos, buscando mantener el orden, la paz y la seguridad.

Irónica o dramáticamente, son estos agentes del orden, tan humanos como todos, quienes reciben las peores calificaciones, acusados injustamente por muchos, sin entender que ellos solo buscan defendernos. Un error de la policía es denunciado, magnificado y utilizado para desinformar a la población por aquellos que son justamente los que dirigen la insurrección, el vandalismo y terrorismo que sufrimos.

Información es poder. Necesitamos informes sobre las circunstancias y causas de cada uno de las muertes y heridos; sobre las más de 20 comisarías siniestradas, las ambulancias atacadas; los daños causados; detalle de los bloqueos y sus consecuencias, entre tantos hechos hoy usados para tergiversar la realidad. El Gobierno tiene la obligación de informar sobre todo lo que acontece y esa información oficial debe difundirse también a nivel internacional; para que periodistas irresponsables dejen de dañar aún más la alicaída imagen de nuestro país.

Libertad

El Montonero, 16 de febrero de 2023

Nada tan humano como anhelar y reconocer que algo es valioso cuando está en peligro o lo hemos perdido. Luego de tiempos de relativa calma, vemos mermada nuestra tranquilidad; proceso lento y poco evidente durante las últimas dos décadas; pero que parece desvanecerse en forma acelerada en los últimos dos años, llevándonos a un estado de crisis y decadencia que creímos superado a principios de este nuevo siglo. Lo que hoy vivimos hace peligrar uno de los derechos y valores más importantes como seres humanos: la Libertad.

Hannah Arendt, escritora y teórica política de nacionalidad alemana y judía, emigra a los Estados Unidos en 1941 huyendo de la persecución Nazi. En medio del exilio y a lo largo del tiempo desarrolló importantes teorías desde una perspectiva filosófica sobre la Libertad y su antípoda. Ella habla de la "banalidad del mal", término con el que describe la tendencia de personas comunes a cometer acciones terribles sin reflexionar sobre las consecuencias éticas o morales de sus actos. Explica el fenómeno de la "petrificación" como proceso político que impide la libertad, creando un declive y estancamiento histórico, que puede llegar a ser prolongado y conducir a una ruina predestinada.

Es fácil suponer el escenario imaginado por Arendt, donde los valores y los derechos humanos fueron reemplazados por la "petrificación" política que marca el autoritarismo, el abuso de poder, los discursos de odio y el sometimiento de la población a lo que ella llama la "banalidad del mal".

"cuanto más esté desequilibrada la balanza en favor del desastre, tanto más milagroso aparecerá el acto realizado en libertad; porque es el desastre y no su salvación, lo que siempre ocurre automáticamente". Para Arendt la acción política es la forma en la que la libertad se afirma como un "milagro" en contra de los "procesos automáticos" que llevan a la ruina a la vida humana.

El Perú enfrenta un proceso de crisis, de conflicto irracional y decadencia, donde la "banalidad del mal" se hace presente en todas sus formas, movidos por intereses, consignas y mensajes confusos. Esa "banalidad del mal" es activada y manipulada por grupos de poder que lo único que buscan es apropiarse del Perú con un gobierno totalitario; para ello necesitan una Asamblea Constituyente y para lograr esa asamblea necesitan crear un clima de caos y desesperanza. Esta situación de crisis extrema no es posible sin la presencia de grupos de agitadores a sueldo que son los instrumentos para incendiar la pradera.

No podemos olvidar a esa población que vive en situación de pobreza y abandono, a aquellos cuyos reclamos han sido desoídos indefinidamente. Esas poblaciones tienen derechos que no han sido atendidos por consecutivos gobiernos y la constitución avala sus legítimos reclamos y manifestaciones de protesta.

Pero hoy caen en la "banalidad del mal", peruanos de diversas zonas pierden el norte, confundidos con los discursos de odio, promovidos por agitadores que siguen los mandatos de grupos nacionales y regionales que buscan poder y dominación. En ese proceso no les importa destruir el país; pero más grave aún, están destruyendo nuestros principios y valores, se pierde el respeto, se pierde la autoridad y en medio de esos gritos de protesta confusa, perderemos la libertad.

Circo Político

El Reporte, 17 de febrero de 2023

Si el Gobierno y el Congreso fueron elegidos en un proceso democrático y la ciudadanía votó por esas autoridades; deberían ser una muestra representativa de la población reflejar las preferencias y opiniones ciudadanas. Pero no es así. El Perú es más que los irresponsables ante la crisis que padecemos.

Ya vivimos el más patético de los gobiernos con Pedro Castillo, rodeado por delincuentes y los peores representantes de la sociedad. Personajes que tuvieron la mentira como forma de expresión y un discurso de odio cuyas consecuencias hoy sufrimos. Eso no es lo que los peruanos somos, por eso gritamos masivamente "ese gobierno no nos representa".

Aníbal Torres insiste en que "nadie de los que hemos estado presentes sabíamos que la decisión del presidente era disolver el Congreso… sin coordinación con las fuerzas armadas no hay golpe de estado…" Niega un discurso redactado con sus propias palabras, las mentiras continúan y los medios siguen propalando sus absurdos.

Esa agenda diseñada para que "corran ríos de sangre" se puso en marcha y sufrimos las consecuencias. En ese escenario, la inacción de Dina Boluarte es causal suficiente para que el caos siga propagándose; tema más que preocupante. ¿Cuándo veremos a un gobierno que gobierne? Luego de años de parálisis, parece que hemos olvidado lo que significa gestión para el desarrollo o acortar las brechas de la desigualdad. El gobierno no entiende que ese es justamente el motivo por el cual siguen "incendiando la pradera" y no la urgencia por una nueva constitución.

Pero también están aquellos convocados para representar la voz del Pueblo y defender sus demandas. Me refiero a congresistas que cambian de bancadas sin escrúpulos, se venden al mejor postor y luego eluden el juicio político apañándose unos a otros. Ellos le dan la espalda al pueblo, abrazados a sus curules para seguir lucrando, dedicando tiempo a inútiles discusiones sin lograr acuerdos.

Es lamentable escuchar al congresista Paul Gutiérrez Ticona quien en un descuido dejó el micrófono abierto mientras decía: "...señor empresario suficiente con un almuerzo para empezar y en la tarde una cena..." Otro congresista más centrado afirma: "para aquellos que no quieren estar en el congreso de la república también hay un proyecto de ley para que se pueda renunciar. Que vayan a hacer emolientes o cualquier cosa en la calle y que no perturben la paz social en el país." Pero por un motivo o por otro, no existen acuerdos o propuestas que interpreten el sentir de los peruanos.

Seguimos perdiendo la fe en la justicia, con interminables procesos que, luego de idas y venidas, absuelven a acusados por delitos comprobados; casos de proselitismo como el de Guillermo Bermejo; o condenas como la de Vladimir Cerrón, que según tememos, pasará a una siguiente instancia donde las probabilidades de ser absuelto son abrumadoras. Todo en medio de la indignación de una población cansada de la impunidad.

Son solo ejemplos de un Estado inoperante, 3 poderes que le dan la espalda al Pueblo que hoy reclama. Pero sobran aquellos que organizan, financian y promueven el caos que genera el retroceso constante del país, para quienes la destrucción y las vidas humanas son solo medios para lograr sus objetivos. En ese circo político, siguen perdiendo los más necesitados.

Posverdad de Sendero

El Reporte, 10 de febrero de 2023

Debatí con Alex Chaman, militante de Sendero Luminoso y fundador del Movadef en Bolivia, en donde radica desde que salió en libertad en 1995 luego de purgar una pena de 5 años por actos de terrorismo en tiempos de Abimael Guzmán. En 2018, compartió la tristemente célebre reunión en la que Pedro Castillo pidió "Mar para Bolivia".

Extraño encuentro, sobre el que transcribo algunos pasajes, intentando entender el pensamiento de un senderista: "No creo que puedas entenderlo, para entender mi pensamiento de izquierda hay que tener varios elementos, no sólo cognitivos sino anecdóticos, una especie de raíz social…" Lo cierto es que nunca entenderé a quien crea que los fines sólo pueden alcanzarse con discursos de odio y sacrificando vidas.

Respecto a Abimael Guzmán afirma: "sobre el señor Guzmán, y a mucha honra, soy marxista, lo digo en todas partes. Soy marxista, por consiguiente, respeto a todos los revolucionarios, llámese Che Guevara, Carl Marx, Lenin, Stalin, doctor Abimael Guzmán. Yo respeto, porque con sus luces y sombras se atrevieron a transformar procesos revolucionarios." Sobre Pedro Castillo opina: "un tipo que respondió al clamor popular por ser el mal menor, pero cuando fue presidente se aplazó, no tuvo un mínimo de conducta patriótica, democrática, menos antiimperialista."

Rechaza la Constitución –tildándola de neoliberal–, sin entender su corte Socialdemócrata que defiende la Economía Social de Mercado. Ley de leyes donde el Estado tiene la obligación de hacer respetar y cumplir cada uno de sus capítulos: "La educación es obligatoria y el Estado garantiza el derecho a educarse gratuitamente"; "Todos tienen derecho a la protección de su salud"; "El Estado brinda oportunidades de superación a los sectores que sufren cualquier desigualdad"; "El Estado combate toda practica que abuse de posiciones dominantes o monopólicas". Es evidente que el gobierno central y los gobiernos regionales no obedecen este mandato constitucional. Son ellos los culpables de la pobreza, desigualdad y reclamos de los manifestantes.

Sobre las actuales manifestaciones opina que "el pueblo peruano ha dicho basta y está haciendo uso de su derecho a la protesta, derecho constitucional a la insurgencia. Han levantado la lucha popular que está en ascenso." Avala las revoluciones sin importar las muertes, consideradas el precio que hay que pagar por aquello que llama reivindicación. Trae a colación la lucha por la jornada de 8 horas laborables, movimiento iniciado en Londres en 1864 por múltiples grupos sociales, y aunque Marx colaboró, fue una entre tantas facciones. Pero recordemos que no es hasta 1886, en el país de los imperialistas donde se sella este justo derecho laboral.

El gran enemigo internacional de la izquierda es y será el imperialismo norteamericano y sus teorías neoliberales. A nivel local, cada país inventa sus fantasmas y el nuestro se llama fujimontesinismo. Ese pensamiento de izquierda está rezagado en el tiempo, con teorías caducas; aferrados a autores, conceptos y relatos del pasado. Movimientos latinoamericanos nacionalistas y regionales intentan imponer modelos de gobierno del siglo XIX; fracasados y sepultados –igual que la Unión Soviética– en el siglo XX.

Marx murió hace 140 años; la constante es el cambio; el mundo evoluciona a una velocidad cada vez mayor; la globalización
298

acorta tiempo y distancias; los científicos buscan soluciones a problemas urgentes, y, en este escenario, un importante paradigma es alcanzar el Estado de Bienestar para la humanidad. Pero estos movimientos se aferran a los mismos principios: odio, muerte, engaños y decadencia.

Cortinas de humo

El Montonero, 9 de febrero de 2023

Dos meses atrás, Dina Boluarte juró como presidente interina, comprometiéndose a propiciar un buen gobierno y resolver la crisis; pero la subversión no da tregua; nuevos grupos insurgentes se suman a la sedición en una ola de desolación que sigue causando muerte; destrucción, bloqueos y daños colaterales que afectan principalmente a los sectores pobres y cada día más familias caen en situación de pobreza extrema.

El caos y la crisis que vive el Perú fue organizado desde palacio por el golpista Pedro Castillo y Aníbal Torres, cómplices de los males que sufrimos. Uno a uno fue convocado cada dirigente que hoy lidera esta ola de destrucción y siguen jugando el rol que les fue encomendado. Sus ministros niegan haber tenido conocimiento de lo que sucedía, falacia imposible de creer.

Igualmente, difíciles de creer son algunos hechos que rodean a la actual presidenta interina. Hagamos memoria. Dina Boluarte trabajó en la RENIEC –organismo del sistema electoral–, cobrando honorarios incluso al ser investida como vicepresidenta. El presidente del Jurado Nacional de Elecciones se coludió, pasando por alto la incompatibilidad de ambos cargos públicos. Al iniciarse el desgobierno de Castillo, Dina pidió licencia ante la RENIEC, negándose a renunciar; pero el 25 de abril de 2022 presenta sorpresivamente su renuncia; –dos días antes que el alcalde de Lima, Jorge Muñoz fuera vacado–. El alcalde había sido acusado por ejercer en forma simultánea dos cargos públicos; justamente una de las acusaciones que ella enfrentaba. ¿Coincidencia? No lo creo.

Dina Boluarte fue ministra de Estado en la cartera de Desarrollo e inclusión social desde inicios del gobierno de Castillo hasta el 25 de noviembre de 2022. Sobrevivió a 78 ministros del régimen de los 497 días y a 4 de los 5 gabinetes ministeriales. Pero 12 días antes del intento de Golpe de Estado decide dar un paso al costado. ¿Coincidencias?

El 5 mayo de 2022 se presenta ante el Congreso una denuncia constitucional contra la entonces vicepresidenta, solicitando su inhabilitación para ocupar cargos públicos por diez años por haber infringido los artículos 2, 38 y 126 de la Constitución. La Contraloría General de la Republica avaló el pedido con un informe de fiscalización presentado el 25 de mayo. Luego de siete meses e irregulares dilaciones, la Subcomisión de Acusaciones Constitucionales decide archivar la denuncia y desestima la demanda. Se archiva el 5 de diciembre, 2 días antes del intento de golpe de Estado de Castillo. ¿Coincidencias?

Ya en el cargo, la actual presidenta interina afirma desconocer cualquier acto de corrupción o coordinaciones con dirigentes y grupos subversivos de Pedro Castillo. ¿Sospechoso?

Lo cierto es que los peruanos, congresistas incluidos, dieron un voto de confianza condicionado a un buen gobierno y control de la grave crisis. Pero los actos y declaraciones de la señora Boluarte son motivo de serias preocupaciones. Ella es parte de Perú Libre, parte de ese gobierno de izquierda radical y todo parece demostrar que el estilo es otro, pero los objetivos son los mismos.

Nuestra policía enfrenta a avezados delincuentes y terroristas, protegiendo a los peruanos en una lucha desigual. La población esta atemorizada y –aunque se ha declarado estado de emergencia– todo empeora. El Gobierno no toma medidas para proteger a los peruanos. La injerencia extranjera, acciones de Evo Morales, delincuencia, terrorismo, minería ilegal, narcotráfico y otros grupos radicales se siguen sumando. Nada motiva una actitud firme del gobierno: muertes, atentados, bloqueos, desabastecimiento, regiones paralizadas, ausencia de turismo, comercio, agricultura damnificada, minas siniestradas y la interminable lista continúa.

La situación política, económica y social es sumamente grave y no vemos acciones firmes o soluciones. Todo parece una cortina de humo, todo parece indicar que resolver la crisis no es prioridad en la agenda del gobierno; mientras que la inestabilidad y pobreza siguen creciendo. La población, sigue siendo engañada. ¿Qué pretenden verdaderamente? ¿Nuevas elecciones? ¿Asamblea constituyente? Debemos defender nuestra libertad, que es lo que buscan suprimir con ese proyecto inconstitucional.

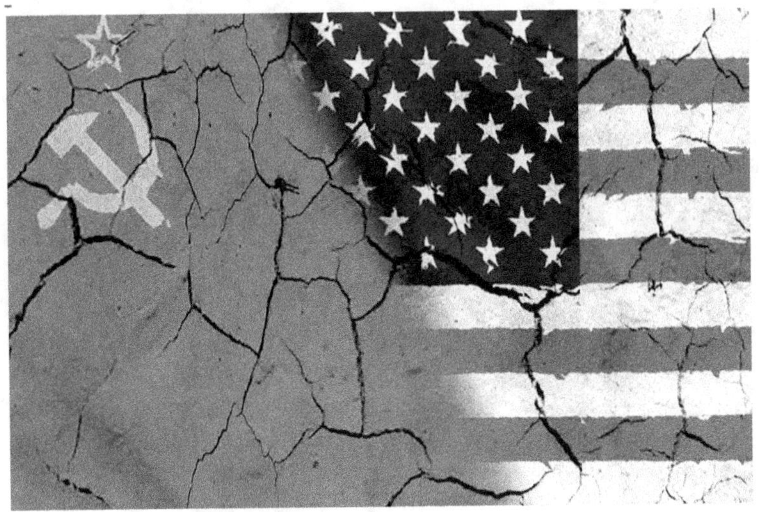

¿La guerra fría continua?

El Montonero, 23 de febrero de 2023

La Guerra Fría –conflicto político, económico y militar entre Estados Unidos y la Unión Soviética, luego de la Segunda Guerra Mundial (1945)– polarizó al mundo. Ambos bandos buscaban aliados y, en medio de esa rivalidad, Estados Unidos creó la OTAN, como estrategia de defensa colectiva; y los Soviéticos respondieron, en 1955, con el Pacto de Varsovia.

La rivalidad ideológica entre el capitalismo norteamericano y el comunismo soviético generó tensiones constantes: carrera armamentista, espionaje, propaganda y conflictos regionales en todo el mundo, especialmente en América Latina, Asia y África. Pero la caída del Muro de Berlín en 1989 y la disolución de la Unión Soviética en 1991 transformaron el mapa político mundial. El fracaso del sistema comunista dejó el campo abierto al liberalismo.

Aunque no hubo una guerra abierta entre Estados Unidos y los Soviéticos, se produjeron enfrentamientos indirectos en todo el mundo, como la Guerra de Corea y Vietnam. Pero años más tarde, seis de las ocho naciones soviéticas pasaron a formar parte de la OTAN: Polonia, Hungría y República Checa en 1999; Bulgaria, Rumania y Eslovaquia en 2004. Hoy son 30 países los que conforman la OTAN. Pero la Unión Soviética ya había expandido su influencia en América Latina, Asia y África.

En 1990, ante la inminente desintegración soviética, se crea el Foro de Sao Paulo, con partidos y movimientos de izquierda que buscaban la forma de recuperar influencia en la escena política. A este foro fueron convocados el Partido de los Trabajadores de Brasil y 48 organizaciones de izquierda, liderados por Cuba, único país que ejercía el poder con Fidel Castro como presidente.

Recordemos que el 1 de enero de 1959 la revolución cubana tomó el poder, pero un dato importante es que el 23 de enero del mismo año Fidel Castro voló a Venezuela, reuniéndose con el presidente electo Rómulo Betancourt, a quien solicitó 300 millones para "el plan maestro contra los gringos". Betancourt se negó, expresando que rechazaba el comunismo que años antes había profesado, lo que significó una afrenta que Castro nunca perdonó. Desde esos tiempos Venezuela se convirtió en una obsesión para Castro.

La historia de Cuba continúa con los movimientos guerrilleros o Ejércitos de Liberación Nacional (ELN), que exporta a todo Latinoamérica y el Caribe durante décadas. Pero respecto a Venezuela, no queda claro el momento en el que Fidel Castro inicia su relación con Hugo Chávez. Lo cierto es que tan pronto Chávez sale de prisión, tras la amnistía luego del fallido golpe de Estado en Venezuela de 1992, viaja a Cuba y que es Nicolás Maduro el vínculo entre ambos, incluso durante su presidio.

Hugo Chávez fue el primer presidente de izquierda que llegó al poder en varias décadas, convertido en líder activista del Foro de Sao Paulo desde 1999; por muchos señalado como la "billetera de la marea roja" ya que financió las campañas políticas de presidentes que gobernaron durante la primera década del siglo XXI.

Hugo Chávez hace posible la expansión del Foro de Sao Paulo y el Socialismo del Siglo XXI gracias a sus importantes aportes económicos. Pero hoy parece que, sin esa colaboración, el Foro de Sao Paulo estuviera perdiendo la cohesión necesaria para lograr sus principales ideales: la autodeterminación de los pueblos, la integración regional y la lucha antiimperialista.

Lo que hoy vemos son más países aliados con esta agenda que solo ha traído pobreza, éxodos y manifestaciones masivas de descontento. Brasil, importante líder de este movimiento, no muestra una posición tan firme como en otros tiempos. Sin Fidel, Cuba va perdiendo poder y ninguno de los presidentes de izquierda de turno muestra un perfil de liderazgo. Tendremos que ver qué marea llegará luego de esta última que parece tornarse rosa. De cualquier forma, esa guerra fría con nuevos ingredientes parece continuar.

La Banda de los Intrusos

El Reporte, 24 de febrero de 2023

La intromisión extranjera sigue agravando la crisis del país. Dina Boluarte respondió a las declaraciones de Gustavo Petro sobre el Perú y nuestras fuerzas armadas: "lamento que ciertos presidentes, en este caso Colombia, tengan declaraciones tristes para el Perú. No es ajena para él la situación política que estamos viviendo, y desde afuera se viene azuzando a la población peruana. Rechazamos todo tipo de injerencia (...) le digo al señor Petro que se dedique a gobernar Colombia, que sus calles se están llenando de protestas, y que nos deje a nosotros, los peruanos, resolver las nuestras".

La reacción del presidente de México, Andrés Manuel López Obrador no se hizo esperar anunciando su decisión de no entregar la presidencia pro tempore de la Alianza del Pacífico al Perú ya que, en su opinión, el gobierno de Dina Boluarte es "espurio".

Cabe destacar que esta alianza –establecida en 2011– tiene por objetivo la integración económica y comercial de Chile, Colombia, México y Perú; la presidencia se alterna anualmente en orden alfabético y México debió entregarla al Perú a inicios de 2023. El marco de esta alianza compromete al 35% del PBI,

50% del comercio y atrae al 45% de la inversión extranjera de América Latina. Hablamos de importantes intereses económicos que no pueden manipularse en forma caprichosa y desaterrizada.

El problema es la coalición de Cuba, Venezuela, Nicaragua, Colombia, Bolivia, Brasil, Argentina y Chile que actúan en bloque para defenderse mutuamente o atacar a quienes consideren adversarios. Entre ellos se adulan, se condecoran y hacen oídos sordos a la pobreza, la corrupción y las crisis de sus países. En este escenario, el Perú se ha convertido en una obsesión, exigiendo restituir a Pedro Castillo. Durante la última cumbre de la CELAC, desoyeron las aclaraciones de la Canciller peruana, victimizando al expresidente golpista. Pero atacan a jueces si están en contra de Cristina Kirchner o toman partido contra el presidente Lasso en el referéndum ecuatoriano.

Organizaciones como Amnistía Internacional, agregan más leña al fuego mostrando una visión muy lejana de la realidad del país, afirmando: "Perú: La represión letal del Estado es una muestra más del desprecio hacia la población Indígena y campesina". Estas declaraciones no reflejan nuestro sentir, exacerban el conflicto, dificultando una solución pacífica.

El Relator de los Defensores de Derechos Humanos de la ONU, Michel Forst, dijo que había observado patrones de amenazas y ataques que se repiten en Cajamarca, Piura, Cusco, Ucayali y Madre de Dios. "Sufren de criminalización, acoso judicial, estigmatización, intimidación y uso excesivo de la fuerza policial durante las protestas sociales". Declaración que acrecienta la inestabilidad.

¿Y adonde esta la OEA en medio de esta crisis? Porque no aplican la Carta Interamericana y el Articulo 19: Ningún Estado o grupo de Estados tiene derecho de intervenir, directa o indirectamente, sea cual fuere el motivo, en asuntos internos o externos de cualquier otro. El principio anterior excluye... cualquier forma de injerencia del Estado, elementos políticos, económicos y culturales.

No se convoca al Consejo Permanente, el secretario general Luis Almagro no se pronuncia; con flagrante injerencia se viola la Carta Interamericana y con impasividad se vulneran principios internacionales; por ello la OEA va perdiendo autoridad, se va convirtiendo en un organismo débil y difuso.

La OEA está formada por 35 estados, 14 países han firmado una carta denunciando el plan para desestabilizar al Perú. Están incluidos Italia, Polonia y España; quiere decir que —excluyendo al bloque—, 16 países no se han pronunciado. Ese silencio —con la OEA incluida— y falta de apoyo a la democracia es lo que sigue envenenando a nuestra región.

Somos libres, seámoslo siempre

El Reporte, 3 de marzo de 2023

El Perú es un país asombroso, con una cultura milenaria que logró domesticar especies vegetales hace más de 14 mil años, desarrolló Caral, civilización más antigua de América hace 5 mil; tuvimos un imperio que abarcó gran parte de América del Sur. Años después del poderoso, aunque efímero Tawantinsuyo, llegan los españoles y nos convertimos no sólo en Virreinato, –máxima expresión administrativa de la época– sino en una potencia cuyos dominios abarcaban casi toda América hasta Panamá (excluyendo una fracción de Brasil y Venezuela). Fuimos la capital política y administrativa de América, territorio que reconoció el linaje imperial de los sucesores del Tawantinsuyo.

Han pasado muchos siglos y el poderío de antaño, hoy es reducido a trizas en esos imaginarios "relatos"–palabra que pareciera significar ficción– para dividir a conciudadanos. Los peruanos estamos enfrentados, cualquier historia es buena para los adversarios de la libertad y la democracia. Evo Morales, rechazado por sus propios compatriotas, busca una salida más allá de sus fronteras para apropiarse de parte del Perú. Son demasiadas fuerzas antipatrióticas que buscan enfrentarnos con discursos de odio y resentimiento; inoculando el veneno de la desunión. ¿Qué tipo de desunión? Todas sirven para los que buscan enemistarnos, con el lema "divide y vencerás" porque sólo quieren poder.

La convocatorio del segundo intento para "tomar Lima" está en marcha. Desde Puno, una señora –ataviada con un bello traje típico, sombrero incluido–, tomó el altoparlante para convencer a sus paisanos diciendo: "porque en Lima todos los policías son negros, feos y flacos, ni siquiera he visto un gringo, todos son horribles, cara de asesinos". La señora Margarita parece haberse decepcionada de Lima. Qué habría imaginado encontrar en la Capital luego de tantos discursos de odio, pobres contra ricos, provincianos contra limeños y, sobre todo, esas nefastas ONG – Amnistía Internacional incluida– que promueven la discriminación racial. ¿Cómo se explica que Margarita buscara gringos en Lima?

Esos son los "Relatos", posverdades, mentiras puras y duras; pero en el camino los peruanos mueren, el país se destruye, la pobreza y el hambre crecen, mientras unos odian a los otros sin poder explicar las verdaderas razones de esa aversión.

La ola de terrorismo, destrucción y conflicto, que ha causado daño por meses, parece estar cediendo. Lo único bueno es que destruir también genera costos a los organizadores y las movilizaciones son caras. Esos que asesinan y destruyen todo a su paso son delincuentes a sueldo. Y según parece, ninguno, en la banda de los ocho: Cuba, Venezuela, México, Colombia, Bolivia, Nicaragua, Brasil o Chile, cuenta con esa billetera con la que Hugo Chávez financiaba todo, no hace mucho.

Tenemos que ser realistas. Dina no va a renunciar porque irá presa, junto a los presidentes investigados: Castillo, Fujimori, Humala, PPK y Toledo. ¿El Congreso? No se van a ir para no perder sus gollorías y otros para no terminar en la cárcel. Así que: Dina, tendrás que gobernar; los Congresistas quítense la corona y entiendan que son nuestros servidores; así que a trabajar también. Olvidemos el adelanto de elecciones, busquemos unión y coaliciones esperando conseguir esta vez buenos candidatos para 2026. El Perú no puede seguir a la deriva por más tiempo.

Rebelión del enjambre

El Montonero, 2 de marzo de 2023

Byung Chul Han en su obra titulada "En el Enjambre" ofrece una visión crítica sobre la Sociedad de Red a en la que los individuos tienden a aislarse, carecen de alma, en un falso nosotros que hace difícil la acción común. Muestra cómo las tecnologías de comunicación digital han cambiado nuestra forma de interactuar con el mundo y con los demás.

Estas tecnologías han traído beneficios al eliminar las distancias físicas y mentales, pero los individuos hoy viven su propia realidad al interior de una "comunidad virtual", donde comparten una comunicación que separa el mensaje del mensajero dando lugar a un anonimato que se alimenta del espectáculo y el escándalo.

El enjambre digital supone desafíos para la acción política efectiva, modifica la forma como nos comunicamos y relacionamos con el mundo, eliminando asimetrías, creando relaciones horizontales, en el individualismo y la soledad.

La tecnología digital y la sociedad de redes cambia la concepción de tiempo y espacio, el mundo se hace cercano y las fronteras se diluyen; haciendo necesario reflexionar sobre el poder de la tecnología, que está lejos de ser un monopolio. Pensar su uso en forma efectiva y su gestión política eficaz.

Pero también propicia dificultades para la formación de una acción política efectiva, ya que, en medio del espectáculo y el escándalo, suele circular una indignación como reacción ante el conflicto digital y contra el poder; pero esta indignación no es suficiente para producir cambios.

La energía suele agotarse en las redes, sin crear corrientes políticas que generen cambios significativos en una sociedad de individuos solitarios. Es necesario que los sujetos digitales se unan y generen un discurso común, con objetivos que permitan transformar la indignación en acción política efectiva con un discurso compartido y una acción colectiva.

Estas acciones colectivas se presentan como la única forma de producir cambios significativos en la sociedad. Un enjambre articulado es capaz de crear un contrapoder que ponga en jaque al poder. El enjambre puede representar un desafío para la formación de una acción política en una comunicación digital que elimina las distancias geográficas; desafiando la lógica de la autoridad vertical y asimétrica.

Sin embargo, en tiempos de transparencia, donde la información fluye sin vallas ni interrupciones y en un cauce siempre abierto, la comunicación digital –y sus limitaciones–, conspira contra el contacto corporal y la comunicación cara a cara, disminuyendo el respeto y atención a los demás. La simetría de las relaciones horizontales amenaza al poder vertical.

Lo que hoy presenciamos en el Perú, son comunidades –indignadas por un justo reclamo producto de la desigualdad–, sentimiento que es manipulado con discursos de odio y resentimiento con el que alimentan al enjambre, canalizando la indignación y el escándalo. Padecemos el ataque propiciado por colectivos, con mensajes sin mensajeros, que inoculan su veneno para lograr un único objetivo: apropiarse del poder.

La tecnología digital debe ser herramienta de colaboración, solidaridad y permitir la transformación social; ante la inminente amenaza, la indignación ya no es suficiente.

La justicia entra en Pánico

El Reporte, 10 de marzo de 2023

El 9 febrero de 2017 el Poder Judicial dictó 18 meses de prisión preventiva contra Alejandro Toledo, acusación sustentada en presuntos delitos de tráfico de influencias y lavado de activos por 20 millones de dólares en el caso Odebrecht y la licitación de la carretera Interoceánica Sur. El 17 de Julio del mismo año, el expresidente fue detenido en su residencia en los Estados Unidos; pero 6 años más tarde, los trámites de extradición –con recurrentes avances y retrocesos– parecen concretarse. En el penal de Barbadillo se prepara un nuevo pabellón para hospedar al tercer presidente que compartirá simultáneamente dicha prisión.

Mientras tanto, la Junta Nacional de Justicia (JNJ) abrió una investigación contra la fiscal de la Nación, Patricia Benavides, acusándola por haber realizado cambios en el equipo especial que investiga el caso de los "Cuellos Blancos".

La Fiscal de la Nación denunció que se trata de obstrucción y amedrentamiento a sus funciones debido a sus avances en las investigaciones, manifestando que "la resolución de la JNJ es nula. El equipo especial de Los Cuellos Blancos no ha sido desarticulado, sino reforzado. En solo seis meses se concluyó con las escuchas de la totalidad de los audios, lo que no se hizo en cuatro años.”

Pero retrocedamos al 7 de julio de 2018: IDL reporteros hizo públicos los audios, donde se escuchaba a personajes del sistema de justicia, empresarios y abogados, evidenciando casos de corrupción al interior del Consejo Nacional de la Magistratura (CNM). De los 14 consejeros del CNM (titulares y suplentes), 3 fueron implicados en dicho caso y sólo se dictó prisión preventiva a Julio Gutiérrez. Pero Martín Vizcarra utilizó el referéndum del 9 de diciembre de 2018 –famoso por ese “Si, Si, Si, No”– para disolver el CNM, con el aval y promoción de los principales medios de comunicación.

Al disolver el CNM, se despide a todos los consejeros, incluso a los suplentes que nunca habían ejercido y a 150 empleados de la organización. Se cambia de nombre por Junta Nacional de Justicia (JNJ), pero se mantienen las mismas funciones de la defenestrada CNM. Además, en tiempo récord se nombra a todo el personal de reemplazo, concejales incluidos, con el beneplácito de Martín Vizcarra.

Ello deja clara la vinculación de las autoridades de la JNJ –quien nombra a todos los jueces y fiscales, o sea, a quiénes nos investigan y nos juzgan, con el vacado mandatario y hace sospechosa la investigación contra la Fiscal de la Nación, justamente cuando se investiga el caso de los “Cuellos Blancos” y, además, ad-portas de la llegada a Lima de Alejandro Toledo –extradición que continúa dilatándose–, expresidente que debería ser interpelado justamente por la fiscal de la Nación.

Todo parece poner el escenario de color hormiga para algunos personajes. Evidentemente muchos nombres saldrán a la luz, tanto por el lado de los “Cuellos Blancos”, como por el lado de Alejandro Toledo. Si ello perturba al sistema de justicia; ya es tiempo de que los tres poderes del Estado se vayan poniendo en vereda.

Hordas Asesinan

El Montonero, 9 de marzo de 2023

Una partida de 800 personas persigue a una patrulla de 20 jóvenes militares en el distrito de Juli en Puno. Los manifestantes los insultan, les tiran piedras y avellanas acorralándolos al pie del puente del rio Ilave que había sido bloqueado, obligando a los soldados –que tienen orden de No disparar–, a lanzarse al rio para salvar sus vidas. Estando ya en el rio, los "manifestantes" continúan con el ataque.

Pero Amnistía Internacional manifiesta: "Perú: Crisis en el país debe ser abordada con pleno respeto a los derechos humanos". ¿Los derechos humanos de quién? Afirman: "Las autoridades peruanas deben abstenerse de hacer uso excesivo de la fuerza para responder a las manifestaciones que se extienden en el país, así como garantizar los derechos a la protesta pacífica".

Días antes, "protestantes pacíficos", iniciaron ataques incendiando la Comisaría de Chucuito y vehículos, poniendo en peligro la vida de 43 policías en el mismo distrito de Juli. Otros "pacíficos manifestantes" asaltaron a familiares, mujeres y niños en la Base Militar.

Pero Amnistía Internacional dice: "Perú, la represión letal del Estado es una muestra más del desprecio hacia la población

Indígena y campesina." Afirman "Las protestas fueron mayoritariamente pacíficas, pero incluyeron ciertos elementos de violencia focalizada por parte de algunos manifestantes, como el lanzamiento de piedras con hondas artesanales y cohetes."

Este es solo un ejemplo de incontables artículos periodísticos de la prensa irresponsable con información parcial sobre los conflictos en el Perú. Las protestas no son mayoritariamente pacificas, tampoco usan ciertos elementos violentos focalizados; las piedras matan y lanzadas con hondas –artesanales o no– la probabilidad es mayor; y lo que llaman cohetes, son "avellanas", explosivos artesanales con dinamita y perdigones que al explotar se disparan en diferentes direcciones.

Al margen de la problemática política y social del país, la prensa extranjera y ONG deben ser objetivas en sus declaraciones e informes. Parecen no entender que los Derechos Humanos son para "TODO" ser humano. Los militares y las fuerzas del orden existen para proteger la vida y Derechos Humanos de 33 millones de peruanos, militares incluidos.

Tomen nota señores de Amnistía Internacional, los "manifestantes pacíficos" dejaron un saldo de 37 heridos tras el ataque a la base militar y el incendio de la comisaria de Juli durante esta semana. Cabe recordar que en enero incendiaron otras dos comisarias –Zepita y Macusani– en Puno. Tres días más tarde murieron 6 militares, que tenían la orden de no atacar a la población; pero muchos no entienden que incluso las fuerzas armadas tienen derecho a la defensa propia, derecho que no ejercen para no ser condenados por "organizaciones de Derechos Humanos" que lanzan acusaciones irresponsables.

Es responsabilidad de la fiscalía esclarecer las muertes de todas y cada una de las víctimas de estos conflictos sociales; civiles y militares incluidos. Y los casos de negligencia deberán ser condenados. Pero no es posible permitir que las ONG y la prensa internacional irresponsable siga protegiendo y promoviendo el vandalismo y el terrorismo en nuestro país.

El Espía Chotano

El Reporte, 24 de marzo de 2023

Los movimientos clandestinos del golpista, expresidente Pedro Castillo, dentro y fuera de palacio se iniciaron el primer día de su gobierno y siguieron a pesar de las alertas de la Contraloría. Luego del destape de la "Casa de Sarratea", a principios de 2022 se descubre el "Gabinete en la sombra", surgiendo nombres como el de Abel Cabrera, Salatiel Marrufo, Auner Vásquez, Biberto Castillo y Alejandro Sánchez, dueño de Sarratea.

Nada alteraba al inmutable presidente del sombrero, quien avanzaba con sus planes para copar el Estado, mintiendo con descaro. Su agenda cumplía con cada ingrediente de la fórmula de Fidel Castro para copar Venezuela; pero irónicamente, su torpe estilo le jugaba a favor dejando lugar a dudas.

En diciembre de 2021 es nombrado embajador de Cuba en el Perú el alto comisionado de inteligencia Carlos Rafael Zamora y una de sus primeras acciones fue reunirse con Castillo. "Vengo con el mandato de fortalecer las tradicionales relaciones de amistad y cooperación que caracterizan los vínculos entre nuestros pueblos", comentó. Bastante preciso ya que desde los años 60, los principales centros de inteligencia cubana en Latinoamérica fueron México y Perú. Las audiencias continuaron con reiteradas visitas a Aníbal Torres en la PCM, Roberto Sánchez en Mincetur, Alejandro Salas en el Ministerio de Cultura, entre otros tantos encuentros.

En abril de 2022 se descubre una oficina de la Dirección de Inteligencia, junto al despacho presidencial, donde Henry Shimabukuro actuaba como enlace oficial de la DINI con Palacio de Gobierno. Shimabukuro ya había sido sindicado como miembro del "Gabinete en la Sombra" y además influyó en el ilegal toque de queda del 5 de abril. En octubre fue interpelado por la fiscalía, quien concluyó que esa oficina buscaría encubrir informantes que vincularan a Pedro Castillo con la corrupción.

En octubre de 2022 se desata un escándalo con la visita de Carlos Zamora a Willy Huertas, titular del Ministerio del Interior, con la excusa de "intercambiar experiencias sobre estrategias de ambos países".

Es evidente que Pedro Castillo, sindicalista básico, no pudo haber planeado estas intrigas de espías sin alguna fuente de inspiración. Pero resulta difícil creer que los cubanos estuvieran involucrados en maniobras tan torpemente planeadas, a juzgar por la avalancha de errores cometidos, desde la visita a la feria de soluciones tecnológicas en Panamá para adquirir equipos de interceptación de comunicaciones; descuidos de "El Español" y sus secuaces dejándose filmar en lugares públicos por cámaras visibles, equívocos imposibles de ser cometidos por un servicio de inteligencia profesional.

El hecho es que José Hernández, alias "el Español" fue detenido el 8 de marzo y 13 días más tarde fue liberado, a pesar de la investigación por presuntos delitos de organización criminal y sicariato en agravio de la fiscal de la Nación, Patricia Benavides; la fiscal Marita Barreto; el coronel PNP Harvey Colchado; el conductor de TV Phillip Butters, entre otros.

El oficial de la marina en retiro, Carlos Barba, logró infiltrarse en la organización como agente encubierto, ganándose la confianza de Pedro Castillo, quien le ofreció la jefatura de la DINI y la formación de un equipo de contrainteligencia; además, hizo posible la captura de "El Español", evidenció la participación del congresista –de la Comisión de Inteligencia– Luis Cordero de Fuerza Popular y fueron delatados 3 altos mandos de la Policía y un ex jefe de la Digimin como parte de la organización criminal.

Tendremos que agradecer la torpeza de Castillo eternamente. A pesar de haber contado con todo tipo de colaboradores, por convicción, comprando voluntades y hasta por extorsión; su ambición, sumada a su ineptitud lo llevaron tras las rejas más pronto de lo esperado y sus cómplices siguen cayendo en cascada

Inoperancia del Estado

El Montonero, 23 de marzo de 2023

El drama que vivimos no es el primer desastre natural en el Perú y lamentablemente, no será el último. Estos eventos se presentan en todo el mundo con diferentes formas: huracanes, inundaciones, sequías, terremotos, fenómenos como el Niño, etc.; son impredecibles, pero es responsabilidad de los Gobiernos tomar previsiones.

Los huracanes, ciclones y tifones, son el mismo fenómeno meteorológico con nombres distintos según el lugar donde se producen: en el Atlántico norte y Caribe se llaman «huracanes» por el "Dios caribeño Hurrican. En el Pacífico noroccidental se denominan «tifones», del chino "gran Viento"; y en el océano Indico y el resto del Pacifico se llaman «ciclones», del griego "Círculo".

El ciclón Yaku –por sistemas de baja presión– se presentó a inicios de marzo. El Niño global se manifiesta por el calentamiento del Pacífico ecuatorial por encima de 2ºC durante por lo menos tres meses (1877-1878, 1982-1983, 1997-1998 y 2014-2016). El Niño costero es un evento repentino de menor duración (1891, 1925 y 2017).

Pedro Pablo Kuczynski –quien asume la presidencia en julio de 2016–, tuvo que enfrentar los desastres del Niño de 2017. En abril decreta la creación de la "Autoridad para la Reconstrucción con Cambios (ARCC)", plan para la rehabilitación, reposición, reconstrucción y construcción de infraestructura; enfocado en la gestión de desastres en zonas de alto riesgo. El plan de la ley 30556 –con recursos financiados con el Fondo de intervención de desastres nacionales (FONDES)–, contaría con la intervención de los Gobiernos regionales y Locales para la creación de infraestructura de calidad y actividades sostenibles, incluyendo redes viales; canales, reservorios y drenes, encauzamiento y escalonamiento de ríos, gestión integral de cuencas, defensas ribereñas, entre otras actividades.

¿Pero qué pasaba en esos tiempos? En diciembre de 2016 se destapa el caso Odebrecht, paralizando la economía nacional; Martín Vizcarra fue investigado en el caso del Aeropuerto de Chincheros del Cusco, renunciando al cargo de ministro de Transportes en mayo de 2017 y 4 meses más tarde es nombrado embajador del Perú en Canadá. Recordemos también que PPK enfrentó la primera moción de vacancia en diciembre de 2017, promovida por Fuerza Popular, partido de Keiko Fujimori que contaba con 73 de los 130 congresistas. Es sabido también que Martín Vizcarra estuvo en conversaciones con Keiko, antes de integrar la plancha presidencial de PPK y mientras estuvo en Canadá. En marzo de 2018 –con solo 20 meses en el gobierno–, PPK renuncia y Martín Vizcarra consigue sus sueños presidenciales.

Ese fue el huracán político, en medio de la ola de desastres naturales e incompetencia. En enero de 2022 el gobierno informó haber invertido 6 mil millones en obras de reconstrucción durante 2021. Amalia Moreno –una de 8 directores de ARCC en 6 años–, afirma que "Hemos cerrado el 2021 con cifras optimistas […] trabajo coordinado con la Presidencia del Consejo de ministros y las carteras del directorio de la ARCC". El informe incluye gastos y transferencias a gobiernos regionales, trabajos en 12 ríos y 3 quebradas; pero los resultados demuestran la incapacidad del Estado.

La Ley 30556 recomendaba "impulsar la Inversión Pública Regional y Local con Participación del Sector Privado." Pero la historia se repite: sólo se destapan actos de corrupción e inoperancia de las autoridades, perjudicando a los peruanos de siempre: la población más pobre.

Durante el gobierno de Francisco Sagasti, en la segunda ola del Covid 19, se rechazó la donación de plantas de oxígeno ofrecida por la Unión Andina de Cementos, entre otros donativos del sector privado y ya conocemos el balance de la pandemia. El Estado peruano tiene que reconocer su inoperancia y aceptar que el sector privado representa una herramienta fundamental para apuntalar sus deficiencias.

La corrupción tiene un alto costo, no solo por los fondos de nuestros impuestos que son malversados; sino sobre todo por las tragedias que incrementan la pobreza, causa el sufrimiento de los más necesitados y muerte de peruanos inocentes, como hemos visto con estos desastres naturales que pudieron prevenirse.

En defensa de la Libertad

El Reporte, 1 de abril de 2023

El encuentro del II Foro de Madrid, nos deja como mensaje la importancia de la unión Latinoamericana para defender la "Libertad" de nuestras naciones. Esa libertad que es la esencia de la capacidad humana de elegir y tomar decisiones que afectan nuestra vida y nuestro entorno. Esta libertad no consiste en hacer lo que uno quiere o realizar elecciones ilimitadas, sino que se refiere a la posibilidad de asumir nuestra existencia de forma auténtica, de ser dueños de nuestra propia vida, de nuestra capacidad de tomar decisiones, asumiendo las consecuencias de nuestros actos.

Tal vez el problema que arrastramos es continuar con esa división entre "derecha" e "izquierda" para describir posiciones políticas que se remontan a los tiempos de la Revolución Francesa de 1789. Estos términos se siguen empleando para distinguir posturas en principio conservadoras, enfrentadas a las posiciones progresistas, simplificación que resulta insuficiente en nuestros tiempos. En esta región esta dicotomía se emplea para enfrentar lo que el Foro de Sao Paulo denomina la hegemonía neoliberal imperialista norteamericana; en una rivalidad en la que los Estados Unidos tiene cada vez menos protagonismo y son los países latinoamericanos los que sufrimos las consecuencias de esta polarización.

Uno de los cuatro principios del Foro de Sao Paulo es: "Oposición al imperialismo, su proyecto económico neoliberal y sus secuelas como el sufrimiento, la miseria y el retraso de nuestros pueblos. El neoliberalismo promueve una lógica de explotación a costo de vidas humanas y del medio ambiente. Rechazamos cualquier intento de injerencia externa que garantice los intereses de otros países en perjuicio de la voluntad soberana de nuestros pueblos y la preservación ambiental".

Pero son justamente las elites cubanas, venezolanas, nicaragüenses y bolivianas, las que han llevado a sus naciones al sufrimiento, la miseria, el retraso, migraciones masivas, perdida de la dignidad, violación de los derechos humanos, presos políticos, privación de la libertad de expresión y asociación, ausencia del estado de derecho y la consecuente pérdida de las libertades individuales. Estos gobiernos, a los que podemos sumar a los presidentes de Chile, Argentina, Honduras, Colombia y México, actúan en bloque con una abierta actitud intervencionista, sin importar la soberanía e independencia de nuestras naciones, para proteger sus propios intereses atentando contra la estabilidad y respeto mutuo de los Estados.

No es casualidad el uso de términos como la voluntad soberana de los pueblos o la preservación ambiental, conceptos que – aunque importantes– poco tienen que ver con la soberanía en medio de esos principios antimperialistas y antineoliberales. Es así como buscan confundir la esencia de sus verdaderos objetivos, creando esa coalición con la que hacen fuerza común para imponer sus intereses y políticas autoritarias.

El problema no son esas naciones formadas por personas que buscan una vida digna, plena y libre. El real problema son las reducidas elites que hoy manipulan el poder en esos países, apropiándose de las instituciones, controlándolas, uniéndose con sus camaradas para preservar el control, perpetuarse en un poder que hoy pareciera interminable y casi imposible de revertir.

El objetivo debe ser el fortalecimiento de nuestras instituciones, comenzando con la educación, principios cívicos, de partidos políticos con representantes íntegros, autoridades idóneas en nuestros sistemas electorales, instituciones sólidas, que propicien la libertad y el estado de derecho.

La raíz de los males

El Montonero, 6 de abril de 2023

Era 1968, en casa todos estaban preocupados. El general Juan Velasco había dado un golpe de estado militar, iniciando una dictadura comunista que duraría 12 años y dejaría al Perú sumido en la pobreza, luego de eliminar nuestras libertades. Los siguientes fueron dos gobiernos constitucionales, se fortalecieron los movimientos terroristas, sufrimos una hiperinflación galopante; pero, en medio de la crisis, respirábamos libertad.

En 1990 llegó Alberto Fujimori, con ese aterrador "fujishock", medida económica con la que comienza la estabilidad y recuperación; acompañado por el brutal terrorismo que padecimos por 20 años. Esa guerrilla que intentan disfrazar de "conflicto armado interno". No señores, se aterrorizó y asesinó a poblaciones enteras, y eso se llama "terrorismo". Pero no se negoció con esos sanguinarios, fueron enfrentados y derrotados.

Uno de los errores de Fujimori fue ese segundo gobierno, ya que –aunque no avalo el golpe de Estado–, durante el primero, se redacta la Constitución de 1993, que hizo posible que pasemos de 58% de pobres en 1990 a 20% en el 2019. Pero el poder es el poder, y comenzó el abuso de autoridad (hasta 2020).

Festejamos antes de tiempo, una lección que debemos aprender. El Gobierno provisional de Valentín Paniagua (2000-2001), tildado de "intachable", fue el que inició la liberación de terroristas, continuada por Toledo y Humala. Hoy más de 3,000 terroristas, que a todas luces no han sido reformados y mucho menos arrepentidos, están en las calles.

Pero en los siguientes gobiernos constitucionales la izquierda marxista continuó con el copamiento de las instituciones en todos los niveles, buscando el control. Podemos sumar a Vizcarra, Sagasti y al golpista Pedro Castillo. El objetivo principal es la Educación, cambiar el currículo escolar, para adoctrinar a la juventud. Luego se disolvió el Consejo Nacional de la Magistratura, reemplazado en tiempo récord por personajes del entorno del presidente Vizcarra, quienes hasta hoy deciden quien nos investiga y quien nos juzga; también está Jorge Salas Arenas, acusado de tener vínculos con el terrorismo, quien hoy maneja el sistema electoral.

Podemos asumir la torpeza de Pedro Castillo como una batalla que gana la libertad y el estado de derecho; y no menciono a la democracia ya que los grupos autócratas pretenden hacernos creer que son demócratas. "Pelotudeces democráticas" como diría el congresista acusado por apología al terrorismo, Guillermo Bermejo.

No olvidemos que todas las instituciones se unieron para respaldar ese momento histórico en el que la sociedad civil, las fuerzas armadas y policiales, la Fiscalía de la Nación, el Tribunal Constitucional, la Junta Nacional de justicia y el Poder Judicial, entre otras, se pronunciaron en contra del golpe de Estado de Castillo, antes de la votación en el Congreso que declaró su vacancia.

Pero si queremos luchar contra el autoritarismo, defendiendo nuestros derechos y libertades, hay que hacer frente a esa injerencia extranjera que busca vender un proyecto político a todas luces fracasado. No se trata de criticar principios caducos de izquierdas o derechas; se trata de evaluar las propuestas por sus propios resultados. Cuba, Venezuela, Nicaragua y Bolivia, reconocidos gobiernos autoritarios, muestran a todas luces no solo el fracaso económico, sino el dolor y el deterioro en la calidad de vida de su población, seres humanos que son sus víctimas.

Repensemos la realidad. ¿Cuáles son los orígenes y las causas de la polarización en Latinoamérica? La guerra fría terminó, pero el antimperialismo es la bandera que flamea en los frentes del Foro de Sao Paulo, el Grupo de Puebla y todas esas instituciones. Reflexionemos sobre los orígenes de ese pensamiento —que nace en tiempos de la independencia cubana–, que luego fue el eje de todas y cada una de las acciones de Fidel Castro en esa revolución antiimperialista. Castro era el aliado natural de la URSS; pero por qué tenemos que pagar las consecuencias de un odio en el que involucran a toda Latinoamérica, en un conflicto que hoy debería ser resuelto entre el Gobierno cubano y los Estados Unidos.

La doctrina Monroe (1823), originalmente pensada para defender a Latinoamérica contra los intentos europeos de recolonización, se convirtió en una política expansionista; pero el último territorio anexado data del siglo XIX. Además, la relación entre los Estados Unidos y Latinoamérica se hace distante. Las potencias del Norte Global, que no entiende la realidad de los países del Sur Global, buscan imponer modelos lejanos a nuestra realidad: ese es el problema.

Resulta irónico que el Foro de Sao Paulo y el Grupo de Puebla, avalen la Agenda 2030 o los principios de la Nueva Constitución, inventos del Norte Global, mal adaptados en nuestros países. Sólo buscan confundirnos, generar polarización, gobiernos autoritarios y esa injerencia que tanto daño nos viene causando. Sin importar la tendencia política, ese modelo simple y llanamente no funciona.

Entre el Conflicto y la Libertad

El Reporte, 7 de abril de 2023

El antagonismo latinoamericano entre "izquierdas" y "derechas", presenta como valor compartido la Libertad, entendida de forma distinta por cada colectivo. Isaiah Berlin, filósofo y politicólogo, estudio la libertad política clasificándola en dos grupos: "libertad para" y "libertad de"; traducido al castellano como "libertad positiva" y "libertad negativa"; lo que causa confusión ya que no existen aspectos negativos en ninguna de las dos tipologías y Berlin defendía la libertad negativa.

La libertad positiva es aquella que busca la "libertad para" lograr lo que uno quiere en la vida, con un enfoque comunitario. Pero también implica que el Estado intervenga para hacer posible que las personas tengan acceso a recursos y oportunidades para alcanzar esos mismos objetivos. El rol del Estado es crear un ambiente propicio para permitir que la persona logre el éxito y la felicidad personal, así como el bienestar general de la sociedad.

La libertad negativa, busca la "libertad de" poder tomar decisiones y actuar consecuentemente, sin restricciones o limitaciones externas; sin interferencias. Propicia la necesidad de un Estado que no interfiera, permitiendo el desarrollo de las capacidades para la superación personal y el libre emprendimiento. Cree en la necesidad de un estado pequeño que proteja y respete sus libertades.

El filósofo alemán Friedrich Hegel, decía que la "Libertad Sustancial" se expresaba en las costumbres y tradiciones de una sociedad para buscar el bien común. Consideraba la importancia de la familia en la sociedad como núcleo social, pero no reconocía el derecho a la libertad individual en la política. Pensaba que el Estado era lo más importante, y que los intereses individuales debían sumarse a los intereses colectivos por el bien común. Sin embargo, nada garantiza que el Estado este formado por "sujetos morales". Autores como Berlin afirman que darle todo el poder al Estado, sin dejar que las personas tomen sus propias decisiones es una forma de justificar el totalitarismo.

Organizaciones como Freedom House, muestran con preocupación la disminución de la libertad en el mundo, reportando que 20% de los países se clasifican como "libres", 55% como "parcialmente libres" y 25% como "no libres"; aumentando la represión política, violación de las libertades civiles y un alarmante retroceso de la democracia. Según el informe de 2022 de la Universidad de Gothenburg, la población que vive en países totalitarios en el mundo ha pasado de 49% a 70% en 10 años; con mayor autocracia electoral.

Estos datos despiertan serias alarmas en la región latinoamericana; Bolivia, ha sido catalogado como Estado autoritario; Cuba, Honduras, Nicaragua y Venezuela, lideran el ranking de países con menor libertad de prensa; la CIDH declara a Cuba como el país con más alta tasa de población penitenciaria per cápita a nivel mundial, 882 personas privadas de libertad por cada 100 mil habitantes; el profesor Steve Hanke de Cato Institute coloca a Cuba en el primer lugar como el "País más Miserable" en términos económicos del mundo, superando a Venezuela que ocupó ese puesto durante 5 años consecutivos; y la lista continúa.

Pero la marea roja sigue creciendo al mismo ritmo que el antagonismo latinoamericano, donde países hermanos viven enfrentados. El autoritarismo, violación de derechos humanos y libertades individuales son denunciados; pero las graves acusaciones parecen no afectar a estos gobiernos que hacen "oídos sordos" y causa común para defenderse y justificarse entre ellos. El gran argumento es la victimización y todos los males son atribuidos al embargo norteamericano, con el antimperialismo como bandera. Estos países no son capaces de analizar su propia problemática interna, ya que resulta bastante conveniente culpar a otros. Ya es tiempo de resolver esa situación que arrastra a toda Latinoamérica, obligándonos a pagar las consecuencias.

Hegemonía gramsciana

El Montonero, 13 de abril de 2023

Los grupos de izquierda interpretan los principios de Gramsci para construir un discurso diseñado con habilidad para convencer a grandes mayorías. Por ello, una de las lecturas obligadas de los demócratas, debería ser las teorías de Antonio Gramsci. Así entenderemos por qué hoy resulta que uno de los pilares del Foro de Sao Paulo y de las dictaduras en América, es la democracia.

En el capítulo sobre las "Estructuras mentales del pensamiento de Gramsci", destacan conceptos conocidos como la "cultura como forma de poder", pero también otras ideas que tratare de desarrollar usando la Declaración Final del XXVIII Foro de Sao Paulo, llevado a cabo en Caracas en 2022. En este documento, el 20% del texto se dedica al imperialismo; 30% al anticapitalismo y un 15% a conceptos antihegemónicos.

Gramsci pensaba que la conciencia se desarrolla por medio de un intenso trabajo critico de la cultura capitalista, buscando modificar las relaciones hasta convertirla en una autoconciencia unitaria. Por ello encontramos en las declaraciones del Foro frases como ""Rechazo y condena a la imperialista doctrina Monroe en el bicentenario de su declaración."

Otra característica de este Documento Final, bastante bien articulado y de fácil lectura, es que alternan frases agresivas contra la hegemonía del pensamiento norteamericano: "la amenaza que constituyen las corrientes neofascistas, que se colocan al margen de las leyes y de las constituciones, y se valen de todos los recursos que tienen a su disposición para promover, intentar y/o poner en marcha planes golpistas y desestabilizadores.". Pero también encontramos un discurso victimizante: "Frente a las maniobras del imperialismo y las oligarquías para revertir los logros sociales y políticos alcanzados por gobiernos progresistas y ejercer su dominación y hegemonía sobre Nuestra América [...]".

Los ejes discursivos son la hegemonía y el antimperialismo: "buscando la resistencia y lucha de los pueblos frente a las maniobras del imperialismo y las oligarquías para mantener su dominación y hegemonía sobre la región"; "necesidad de unidad y solidaridad entre las fuerzas políticas progresistas, los movimientos sociales y populares, y las organizaciones campesinas, de trabajadores, mujeres y pueblos originarios."; "la soberanía y la integración latinoamericana y caribeña para enfrentar los grandes desafíos globales y construir una nueva realidad en la región"; "rechazo y condena a los [...] actos imperialistas de los Estados Unidos en la región" y "defensa de la democracia participativa y los derechos sociales frente a las corrientes neofascistas que amenazan la estabilidad y la legalidad".

Así van construyendo un discurso, mediante la crítica y mentalidad antihegemónica con la que van ganando tribunas. En este escenario, el Partido se convierte en el "nuevo príncipe", aludiendo a la obra de Maquiavelo. El nuevo pensamiento hegemónico se construye con de elementos lingüísticos que crean significado. La idea central es una nueva historia, cultura y disciplina por medio de relatos: una nueva geografía mental de valores para trasformar la sociedad.

Pero, como bien dice Gramsci, la voluntad de muchos depende de la capacidad de una minoría que los oriente hacia una finalidad común. Y, es la literatura y las ideas de los pensadores la que vincula a las multitudes, desarrollando significantes que lentamente se difunden a partir de la producción individual.

Entre la lengua popular y la de las clases cultas, hay un contacto e intercambio continuo; por lo que la unidad de contenidos y formas es importante. Por ello, es tarea de todos crear un discurso unificado, desde las tribunas de los pensadores que amamos la libertad, para hacer frente a estos relatos y a la batalla cultural.

El éxito se demuestra con hechos

El Reporte, 14 de abril de 2023

No sé si cada país tiene el gobierno que merece, porque los seres humanos merecen condiciones decentes de subsistencia, acceso a una educación de calidad, servicios de salud, oportunidades y sobre todo el derecho a ejercer sus libertades individuales.

En el Perú, durante las últimas 3 décadas el Estado fue copado por esos intelectuales autoproclamados para resolver los problemas del país –con fórmulas inoperantes cuyos fracasos están demostrados–. Pero el eje central siempre fue la educación, desarrollando modelos de enseñanza, con contenidos hoy cuestionados y cuyas consecuencias pagamos. Las nuevas generaciones han sido formadas con un estilo de pensamiento diseñado para buscar una dependencia de un Estado que no puede cubrir sus necesidades básicas por ineficiencia, corrupción y porque somos parte de ese "Sur Global" con grandes problemas políticos, económicos y sociales.

Olvidaron que el Perú es un país de emprendedores, muchos informales, pero esa misma informalidad nos ha permitido sostener crisis como la de 2008, con resultados positivos –mientras el mundo se tambaleaba–, así resistimos las medidas nefastas de Vizcarra con la pandemia y luego, la economía soporto el embate de los 18 meses de Castillo que nos llevó a la deriva; mientras se concentraba en sus redes de corrupción.

Por algún motivo el sol peruano se ha convertido en la moneda con mejor desempeño en la región latinoamericana, utilizada como refugio ante la escasez de dólares y euros. Somos el país con más problemas e inestabilidad política; realidad que se contradice con los resultados económicos durante el desgobierno de los últimos 7 presidentes con los que no hemos progresado.

Pero ese mito construido por los "grandes pensadores de izquierda", intenta vendernos un modelo económico sin sustento alguno. El Socialismo del Siglo XXI es una propuesta imposible de autofinanciarse; con grandes planes de apoyo social, mejora de las condiciones de vida y muchos otros loables proyectos, que hablan del gasto; pero no tienen fundamentos económicos que garanticen fuentes de ingresos.

El Perú tiene una deuda que representa el 36% de su PBI, mientras en argentina es del 103%; Brasil 93%, las últimas cifras declaradas por Venezuela son de 2017 con 134%; Nicaragua 103%, Bolivia 80% en medio de una crisis de escasez de divisas; Chile 76%; Colombia 65%; Cuba dice tener un 25% difícil de creer; España 113%, luego de echar mano a los fondos de jubilación y hasta Estados Unidos muestra un 128%.

La deuda externa no es otra cosa que la herencia que le dejamos a las próximas generaciones, que deberán pagar por los malos manejos del presente. Mas grave aún son las políticas como la española quienes, al haber gastado los fondos de jubilación, obligan a la clase económicamente activa a mantener a los actuales jubilados de una población cuya pirámide esta invertida.

Los modelos económicos no pertenecen al mundo de la retórica; se miden por sus resultados. Cuba, Venezuela, Nicaragua y Bolivia, no solo abusan de las libertades individuales con sus proyectos dictatoriales; sino que representan un dramático fracaso económicos que los he llevado a la ruina, con pobreza, escasez y éxodos masivos, entre muchos otros males.

A esos defensores del proyecto del Foro de Sao Paulo, del Grupo de Puebla y del Socialismo del Siglo XXI les pregunto: ¿a quién le han ganado con ese modelo imposible de sostener?

La Injerencia y sus peligros

El Montonero, 27 de abril de 2023

El descontento del Grupo del Alba, Foro de Sao Paulo y Grupo de Puebla no se hicieron esperar desde el mismo momento en el que Pedro Castillo proclama el Golpe de Estado en diciembre de 2022, declarándose Dictador por dos horas, y de presidente se convierte en presidiario.

Los primeros en manifestarse en bloque fueron Miguel Diaz Canel de Cuba, Daniel Ortega de Nicaragua, Nicolás Maduro de Venezuela y Luis Arce de Bolivia, durante la reunión del Grupo del Alba, afirmando que "La injerencia extranjera, la inestabilidad política y el irrespeto a la voluntad de las mayorías continúan siendo las principales amenazas que se abalanzan contra la región". Coincidentemente estos países son catalogados como autocracias, incluso Bolivia que ha pasado de país hibrido a ser considerado dictatorial.

Pero Perú, luego de reiteradas intromisiones en asuntos internos de los países del bloque de izquierda, tuvo que ir tomando medidas diplomáticas. En diciembre se declara persona "non grata" al embajador de México en Perú por apoyar al golpista Pedro Castillo; en enero de 2023 retiró el embajador de Perú en Honduras, luego de las lamentables declaraciones de la presidenta Xiomara Castro durante la reunión de la CELAC; en febrero se retira al embajador de Perú en México, no solo por las reiteradas declaraciones de AMLO, sino por la negativa del mismo a entregar la presidencia pro témpore de la Alianza Pacifico; en marzo se retira al embajador de Perú en Colombia por los constantes ataques de Gustavo Petro, situación que no ha cesado hasta la fecha. Cabe anotar que con ninguna de estas naciones se ha llegado al extremo de romper relaciones diplomáticas.

La actitud de Gustavo Petro llega al extremo del absurdo al declarar que "los peruanos marchan como nazis", motivo por el cual ha sido declarado "persona non grata". Durante el mes de marzo se negó a que el Perú extraditara a un feminicida venezolano que quemó viva a una peruana y luego huyo a Colombia. Pero Petro no da tregua. Durante la reunión de la OEA en abril, defendió a las dictaduras de Venezuela pidiendo su reingreso al sistema interamericano de derechos Humanos, defendiendo a Cuba y afirmando sobre el Perú "hay allí un presidente preso sin sentencia judicial, sin sus derechos políticos… por no tener mayoría en el Congreso". Al respecto, Gustavo Adrianzén, representante de Perú ante la OEA, abandonó la sesión del Consejo Permanente, aclarando al día siguiente la verdadera situación legal del presidente golpista.

Así funciona la injerencia extranjera. Lula da Silva manifestó su reconocimiento a Dina Boluarte como presidente constitucional y luego vino un sospechoso mutismo. Gabriel Boric tuvo otra *"irrespetuosa intervención"* durante la reunión de la CELAC, pero funcionarios de Relaciones Exteriores de Chile, en declaraciones a la prensa, reconocen a Dina Boluarte.

Evo Morales, declarado "persona non grata" en enero de 2023, impidiendo su ingreso al Perú, hoy tiene un proceso penal por delito contra la seguridad nacional y traición a la patria en la modalidad de atentado contra la integridad nacional, y la justicia peruana solicita su extradición.

El Foro de Sao Paulo dedica las Declaraciones Finales de sus reuniones anuales para lamentar la "injerencia" de organizaciones y naciones en contra de los países aliados. Es posible leer manifestaciones como "Nicolás Maduro, porque es una expresión genuina de la democracia y de las libertades existentes en Venezuela, razón por la cual es apoyado mayoritariamente por el pueblo venezolano en función de dirimir las diferencias por la vía constitucional y pacíficamente, sin injerencias extranjeras". Es evidente que tienen su propia concepción sobre lo que es la democracia. "Denunciar el papel injerencista, al servicio de los EE. UU., de la OEA. Esta sigue operando como fiel ministerio de colonias de los EE. UU., simbolizada por su secretario general Luís Almagro, peón del Imperio". "Realizar una campaña común en contra de las sanciones de la UE a la República Bolivariana de Venezuela y del criminal bloqueo contra Cuba, rechazando las injerencias de la UE en América Latina y el Caribe". Estos son solo ejemplos, pues la lista continua.

La "injerencia", útil y peligrosa herramienta, es usada por la izquierda latinoamericana para atacar y victimizarse.

¿Comisión de la verdad?

El Reporte, 28 de abril de 2023

Narrar una historia al revés. Eso parecen buscar algunas Comisiones de la Verdad. Colombia las define como: "Entidad del Estado que busca el esclarecimiento de los patrones y causas explicativas del conflicto armado interno que satisfaga el derecho de las víctimas y de la sociedad a la verdad, promueva el reconocimiento de lo sucedido, la convivencia en los territorios y contribuya a sentar las bases para la no repetición…"

Ya conocemos los resultados de esta "Comisión de la Verdad colombiana" que lleva a un guerrillero, cabecilla del M19 apodado "Cacas", como presidente de Colombia y que la guerrilla participe en condiciones de ventaja en el Congreso de ese país. Antiguos compañeros del guerrillero Gustavo Petro explicaron el origen del apodo: "en los años 80 Gustavo Petro cumplía labores de carcelero en las "cárceles del pueblo", hoyos bajo tierra de 2 metros donde el M19 mantenía a sus secuestrados. Aseguran que Petro tenía la costumbre de "defecar" en los orificios de salida de "estos habitáculos" para "ablandar y humillar a los secuestrados". Este es el mandatario que se atreve a enfrentarse al Perú para que el presidiario Pedro Castillo recupere su condición de presidente.

En el Perú, la "Comisión de la Verdad y la reconciliación (CVR)" tuvo como consecuencia confundir a la población sobre el verdadero origen del terrorismo, representado por Sendero Luminoso con Abimael Guzmán y el MRTA, que tanto daño causó a los peruanos durante 20 años. Perú no negoció con estos genocidas, fueron a la cárcel 11 mil terroristas, incluidos sus cabecillas.

En 1996 guerrilleros del Movimiento Revolucionario Túpac Amaru (MRTA) incursionaron en la recepción que se celebraba en la embajada de Japón y cuatro meses después, el gobierno peruano se ve obligado a actuar con todas las capacidades para salvar a los 72 rehenes. Pero los grupos de izquierda no entienden que son estos mismos terroristas los que pusieron en peligro la vida de los rehenes y sus propias vidas con este atentado contra civiles inocentes. El régimen de Alberto Fujimori puso punto final a la crisis con una exitosa operación reconocida internacionalmente, pero los grupos de izquierda y "defensores de los derechos humanos" de algunos, siguen victimizando a estos terroristas.

Es lamentable escuchar el poco respeto a la vida y a los seres humanos de aquellos que aun profesan este tipo de pensamiento, quienes han sido liberados a partir del gobierno provisional de Valentín Paniagua, sin haberse arrepentido y mucho menos reformado. Son asesinos liberados también durante el gobierno del expresidente –y hoy presidiario– Alejandro Toledo; pero quedan menos de 100 presos recluidos.

El ejército llevó la peor parte. La comisión de la verdad, utilizando los casos aislados de abuso de autoridad –que, aunque repudiables–, culparon a las Fuerzas Armadas, poniéndolas al mismo nivel que estos genocidas. Es indignante leer un informe de 8 mil paginas donde el "terrorismo" es llamado "conflicto interno armado".

Alejandro Toledo, en su mensaje a la nación del 21 de noviembre de 2003, manifestó que la exclusión social y la ausencia del estado fueron las causas del conflicto, señalando que las violaciones a los derechos humanos fueron excesos dolorosos de algunos miembros de las fuerzas del orden, desatendiendo el contenido del Informe Final. Se centró en las reparaciones civiles para las víctimas y la liberación de muchos de estos asesinos.

El objetivo de la CVR fue "crear un enemigo", alguien a quien odiar y culpar por todos los males. Así fue creado el anti fujimorismo, conveniente forma de tergiversar la realidad para liberar de culpas a esa izquierda radical que no tiene reparos en asesinar en nombre de sus ideales.

Metamorfosis de la Soberanía

El Reporte, 5 de mayo de 2023

La soberanía es el poder supremo y autoridad de un Estado para gobernarse a sí mismo sin la interferencia de otras naciones o entidades externas; implica el derecho exclusivo del estado para tomar decisiones políticas, económicas y sociales dentro de sus fronteras. Así, la no injerencia se relaciona con la soberanía y capacidad de los Estados para gobernarse.

Xi Jinping, gran amigo y prestamista en nuestra región, en marzo de 2014, durante una conferencia en la UNESCO señaló tres principios fundamentales: reconocer la diversidad, promover la igualdad y construir la tolerancia entre civilizaciones. En términos retóricos suena muy bien, pero estos principios propician la soberanía de las naciones, respetando la forma de gobierno de cada cual. En otras palabras, si existe una dictadura, nadie debe intervenir y los debemos dejar ser.

En el Foro de Sao Paulo, Grupo de Puebla, Grupo del Alba y la CELAC incluida, además de antimperialistas, son los abanderados de la soberanía, pero esto es pura retórica, porque somos testigos de la injerencia de estas organizaciones y de los presidentes de los países simpatizantes. Esta es la ley del doble racero, donde el derecho internacional parece acomodarse para ellos y no para el resto de la comunidad latinoamericana.

El 29 de marzo el Grupo de Puebla propuso una "Hoja de Ruta para superar la crisis en Perú", no podía faltar una Comisión de la Verdad que estaría conformada por miembros del progresismo, con el perfil de la nefasta Comisión de la verdad de 2003 que tanto daño causo a la imagen de las fuerzas armadas, con desproporcionada comparación con los terroristas.

Hoy la historia se repite con él informe de la Comisión Interamericana de Derechos Humanos (CIDH), sobre las manifestaciones violentas en Perú. Se ha sugerido que son las Fuerzas del orden las causantes, acusándolas de cometer Violaciones a los Derechos humanos con ejecuciones extrajudiciales, con un sesgo étnico racial. Esta Organización parece haber llegado a nuestro país desinformada y con datos sesgados. Permanecen dos días y lanzan un informe de más de cien páginas que parece alimentado por fuentes parcializadas. Comenzar centrándose en temas de discriminación racial es un absurdo sin relación con las manifestaciones violentas.

Las acciones de grupos subversivos como la toma de aeropuertos o la quema de edificios gubernamentales son actos de violencia y terrorismo que violan las leyes internacionales y los derechos humanos fundamentales; además, ponen en peligro la vida y la propiedad de los ciudadanos, socavando la estabilidad y la seguridad. En términos del derecho internacional, los estados tienen la responsabilidad de garantizar la protección de la vida y los derechos humanos de sus ciudadanos, así como de mantener la seguridad y el orden público dentro de sus fronteras. Si además estos grupos subversivos atentan contra la vida de las fuerzas del orden, quemándolos vivos, atacados con hondas (arma letal de tiempos de los Incas) y piedras, escudados con pobladores indefensos, no se puede minimizar la gravedad de los hechos.

En estas circunstancias, el Perú debe defender su soberanía y censurar estos Informes; pero el daño ya está hecho, el documento circulará internacionalmente con argumentos usados en nuestra contra. Para comenzar, entendamos la urgencia de reemplazar al "Defensor del Pueblo", que tiene poder además para nombrar a los miembros de la Junta Nacional de Justicia.

El lado oscuro de la Diplomacia

El Montonero, 11 de mayo de 2023

Conversé con dos ex oficiales de la inteligencia cubana, quienes trabajaron en distintos períodos y países con Carlos Rafael Zamora, actual embajador de Cuba en Perú. Ambos ex altos oficiales sostienen que tanto el actual embajador de Cuba en Perú como su esposa, son experimentados miembros de la Inteligencia cubana.

En todas las naciones, los servicios de inteligencia se encargan de recolectar información para la seguridad nacional. Esta labor permite tomar decisiones estratégicas y salvaguardar los intereses de sus respectivos países. Sin embargo, el personal de inteligencia a menudo se confunde con los "espías" o agentes encubiertos que vemos en películas y videojuegos, quienes operan en secreto, de manera clandestina y con identidades falsas.

Como máximo representante de Cuba en Perú, el embajador debería fomentar las relaciones bilaterales, promover el diálogo y la cooperación en temas de interés mutuo. Sin embargo, Carlos Rafael Zamora, oficial de alto rango de la Inteligencia Cubana formado por la KGB en la Unión Soviética, usa su cargo diplomático como "fachada" para llevar a cabo actividades encubiertas en Perú. Estas acciones son extremadamente graves, pues violan nuestra soberanía, interfieren en asuntos internos y abusan de la autoridad e inmunidad diplomática para realizar operaciones clandestinas.

El embajador Zamora, también conocido como "el gallo Zamora", ha trabajado en las Naciones Unidas; en Ecuador, donde fue acusado de sobornar a tres candidatos presidenciales en 1988; en Panamá, donde las relaciones se rompieron en 2004; en Brasil durante el mandato de Dilma Rousseff; en El Salvador y en Bolivia, durante el fraude electoral de Evo Morales. Finalmente, llegó al Perú en 2021, cuando Pedro Castillo enfrentaba su primera vacancia y hoy tiene en su agitada agenda tareas de adoctrinamiento y proselitismo con instituciones estatales, grupos de base y diversas agrupaciones.

La lista de organizaciones con las que este Alto Oficial de Inteligencia ha tenido contacto en el Perú es interminable y resulta por lo menos sospechoso que estas visitas a entidades estatales no hayan quedado registradas en las páginas de transparencia. Son muy pocas las reuniones listadas, entre ellas 3 largas citas con Aníbal Torres. Un hecho relevante fue el intentó por borrar los registros de las reuniones sostenidas con el ministro del Interior, Willy Huertas.

Los dos ex altos oficiales de la inteligencia cubana confirmaron que tanto Carlos Rafael Zamora como su esposa, Maura Juanpérez, son importantes oficiales cubanos. Aseguran que reportan al jefe de la inteligencia y su misión es recopilar información clasificada, reclutar y manejar agentes clandestinos en el país.

Enrique García, alto oficial de inteligencia con 12 años de experiencia, trabajó junto a Zamora en Ecuador, donde fungía como representante del ministerio de comercio exterior. Fue García quien lo denunció en 1989 tras presenciar el soborno a tres candidatos electorales. Por otro lado, Orlando Brito Pestana, teniente coronel de inteligencia con 17 años de experiencia, también colaboró con Zamora en la embajada de Panamá en 2002, ejerciendo como supuesto Agregado Comercial. Brito asegura que el cargo de Embajador es simplemente una fachada, pues en Panamá, Zamora rendía cuentas diariamente a Alexis Frutos en las oficinas de Inteligencia de Cuba.

Ambos exoficiales de inteligencia cuentan las mismas experiencias respecto a Carlos Rafael Zamora, con quien mantuvieron una relación lo suficientemente cercana como para visitar su hogar y departir con su esposa. Estos dos exoficiales de inteligencia no se conocían entre sí, ya que, durante los años 1990, entre los aproximadamente 800 miembros de la inteligencia cubana, se especializaban por regiones: García se enfocaba en América Latina, mientras que Brito se centraba en América del Norte y Canadá.

Esta situación que viola todas las reglas del derecho internacional y el Convenio de Viena fue denunciada por el congresista Ernesto Bustamante en 2021, pero no pareció despertar suficientes alarmas; pero hoy, que existen testimonios de primera fuente, esperemos que se tome seriamente estos actos de manipulación, violación de nuestra soberanía y del derecho internacional con un personaje que busca desestabilizar el país.

La isla, legado del sistema soviético

El Montonero, 23 de mayo de 2023

Fidel Castro no fue el líder mesiánico que apareció de la nada. Es el resultado de un largo trabajo desarrollado por la Unión Soviética desde épocas de Lenin. Tan simple como realizar una revisión histórica para entender este proceso.

Luego de la caída de los zares en 1917 y el triunfo bolchevique liderado por Lenin; se forma en 1919 el Komintern o Internacional Comunista, cuyo objetivo fue unir a los partidos comunistas del mundo bajo la dirección y comando de la Unión Soviética.

El RGASPI (Rossiskii Gosudarstvennyi Arkhiv Sotsial'no-Politicheskoi Istorii), es el Archivo Estatal Ruso de Historia Político-Social, que contiene entre sus múltiples datos, "Los documentos del Buró del Caribe para el Secretariado de Latinoamérica de la Komintern", desclasificados con la disolución de la Unión Soviética en 1991. Estos informes permiten reconstruir la historia sobre la penetración soviética en América desde 1919. Cabe anotar que el Komintern emula a la 1ra. Internacional (1864) y la 2da. Internacional (1889), movimientos que se expandieron por el mundo, llegando hasta América. Una evidencia importante fue el triunfo de la 2da.

Internacional en 1910 con la jornada de 8 horas de trabajo luego de masivas protestas en Chicago.

Volviendo a Cuba, los primeros soviéticos llegan en 1919 para fundar el partido comunista, fin alcanzado en 1925. Bajo el comando del Komintern, el Partido Comunista Cubano tuvo una estrategia dual. Estuvo conformada por un Núcleo Central Soviético con el aparato de inteligencia como organización clandestina al que no tenían acceso o conocimiento el estamento del Partido Comunista de Cuba (PCC); esquema que se mantiene incluso después de la Revolución.

En 1959 la Unión Soviética logra el control, otorgando el apoyo financiero que Cuba necesitaba, reemplazando a los Estados Unidos, económica e ideológicamente. Con la grave crisis posterior a 1980, la Unión Soviética corta la ayuda económica, con consecuencias funestas para Cuba, que atravesó por el "Periodo Especial", grave crisis económica que se prolonga entre 1990 y el 2000.

Un año antes de la disolución de la Unión Soviética, Fidel conversa con Lula Da Silva, quien representaba al PT de Brasil, movimiento que iba ganando terreno en la arena política con el apoyo de sindicatos y grupos sociales, para formar lo que hoy conocemos como el Foro de Sao Paulo. El objetivo era emular el estilo de las asociaciones internacionales obreras de la Primera, Segunda y Tercera Internacional (Komintern). En 1999, llega a la presidencia Hugo Chávez y se convierte en la "billetera" del Foro de Sao Paulo, denunciado por diferentes fuentes por financiar a candidatos de izquierda de la región, haciendo posible la "marea rosa" que lleva al poder a presidentes aliados al Foro a principios de siglo.

Hoy, la coalición está formada por las dictaduras de Cuba, Venezuela, Nicaragua y Bolivia, defendidas en todos los Informes Finales del Foro de Sao Paulo; México, Honduras y Colombia, de donde hemos retirado a nuestros embajadores; y otros que niegan la legitimidad de Dina Boluarte como presidente de Perú, defendiendo a Pedro Castillo, como Argentina, Chile, Brasil.

La Unión Soviética impuso la agenda ideológica dictada por Moscú sobre los partidos de la región desde 1919. La meta expansionista del régimen soviético era lograr el dominio "totalitario". Las directivas fueron ejecutadas por grupos comunistas extranjeros que viajaban por la región con la misión de organizar, reclutar y entrenar agrupaciones radicales locales. Eso es lo que Cuba hace hoy con sus diferentes agrupaciones, y parece que el alumno superó al maestro, exportando la misma dictadura, pobreza y miseria que llevaron a los soviéticos al colapso.

La presencia de un destacado miembro de la inteligencia cubana, de larga trayectoria como Carlos Rafael Zamora en el Perú, coincidiendo con el primer proceso de vacancia de Pedro Castillo, no es casualidad. En política no existen las coincidencias. No entender que este es un movimiento regional y negar el protagonismo que Cuba tuvo desde la formación del Foro de Sao Paulo en 1990, es un acto de miopía política.

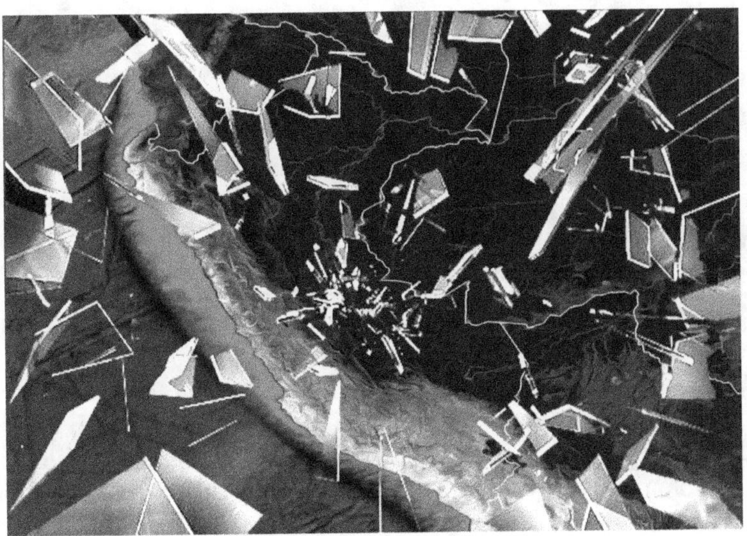

¿Cómo reparar un país roto?

El Reporte, 26 de mayo de 2023

El gran problema del país es la polarización y la ausencia de autoridades que entiendan por qué, para qué, y a quiénes representan al ocupar sus puestos y que comiencen a cumplir lo que demanda la voluntad ciudadana.

El problema de la inestabilidad política se ha vuelto sistémico. No existe ningún candidato que cumpla con las expectativas de la población y los actuales políticos solo buscan agua para su molino, salvo escasas y honrosas excepciones.

En las últimas semanas hemos presenciado hechos en el Congreso, donde la gravedad no radica tan solo en la elección del "Defensor del Pueblo". El problema se inicia con la ausencia de candidatos idóneos para ese puesto. ¿Por qué se presentaron solo dos candidatos para tan importante función? Pero se agrava con otro tema de fondo que se relaciona con la actitud de los congresistas que creen que tienen derecho a tomar decisiones sin escuchar a ese "Pueblo" que los llevó a ocupar esos curules.

En medio de esta situación tenemos que soportar comentarios que evidencian actitudes de soberbia como la del congresista

Jorge Luis Flores Ancachi de Acción Popular quien afirma que "yo tengo mandato imperativo, yo no debo rendir cuentas a nadie". Ese es solo un ejemplo de porque el congreso tiene 6% de aprobación, tendencia descendente que continúa. Estos personajes ya se olvidaron o nunca supieron cuál es su verdadera misión como funcionarios del Estado y como representantes del Pueblo.

La propuesta de reducir el periodo congresal a dos años y medio resulta insuficiente. El mandato debería ser por dos años o menos.   Ya hemos visto todo el daño que un presidente –hoy presidiario como Castillo– puede hacer al país en menos de dos años. Además, es necesario exigir un mínimo de conocimientos y experiencia para todos aquellos que nos representen. Algunos opinarán que no es democrático; pero ya estamos viendo las consecuencias de las "pelotudeces democráticas".

La ignorancia nos rodea y eso es lamentable; pero es un hecho que sí existen asesores de todo tipo para llevar al país a un gobierno sin estado de derecho. Para muestras un botón. ¿Alguien podría creer que esa idea de comprar a congresistas provino de la mente "privilegiada "de Castillo? Ello sería atribuirle méritos que no le corresponden. Esas son practicas comunes en varios países de la región y es la receta que se aplica disciplinadamente para enquistar dictaduras en los países por todos conocidos.

El hecho es que ese congreso plagado de "niños" está concentrado en cumplir con su propia agenda a toda costa, ignorando las verdaderas necesidades y urgencias del país. Dina no dejará el sillón presidencial porque iría presa inmediatamente y ella lo sabe. ¿Entonces, qué hacer? Invoquemos a aquellos congresistas que son escasos para que vuelvan a plantear las reformas al sistema electoral, exigiendo a los partidos políticos condiciones mínimas para presentar a sus candidatos para cualquier puesto político, que los periodos sean más cortos, así la opinión del pueblo podrá ser escuchada con más frecuencia. Esto sólo para comenzar.

Comentario final

Quisiera hablar de un epilogo, pero la historia de las naciones continúa. Los problemas del Perú están lejos de ser resueltos y la inoperancia del Estado persiste, lamentablemente.

La actual presidenta, Dina Boluarte, pertenece a la misma plancha presidencial de un partido de gobierno que se ha ido desarticulando en el tiempo, pero continúa haciendo daño al país con constantes actos de corrupción que quedan impunes. Si bien la calidad y capacidad de los miembros del ejecutivo ha mejorado, distan mucho de cumplir con las cualidades que los problemas del país demandan.

Latinoamérica sufre de un mal crónico llamado corrupción, que sigue incrementándose. La falta de valores da lugar a una incontrolable ola de violencia que se presenta como la principal preocupación de una ciudadanía que reclama una vida tranquila.

El gran problema de la pobreza, lejos de resolverse se incrementa y las élites en el poder de los gobiernos de izquierda se rehúsan a admitir esta dramática realidad que se manifiesta a través de las olas migratorias de personas que huyen de la pobreza y la falta de dignidad por millones.

Es urgente que los defensores de la libertad se unan en un bloque que nos permita buscar soluciones al problema de las dictaduras que intentan multiplicarse, respaldando la corrupción, terrorismo, guerrilla, narcotráfico y todo tipo de delitos contra los derechos humanos, incluyendo la trata de personas y el drama de la esclavitud moderna.

Un camino que Latinoamérica debe emprender es la búsqueda de una democracia que promueva la libertad y la solidaridad en el continente.

Berit Knudsen (Lima -Perú)

Máster en Ciencias Políticas y Gestión Pública por la Universidad Rey Juan Carlos en España, con un posgrado en Marketing en ESAN. Estudió Ciencias de la Comunicación en la Universidad de Lima. Ha sido Catedrática en la Universidad Peruana de Ciencias Aplicadas, en la Escuela de Posgrado de la UPC, el Centro de Liderazgo e Innovación (CLI) y directora de Marketing y Finanzas en la misma Escuela de Negocios.

Colabora con diferentes medios desarrollando artículos de análisis sobre política local peruana y latinoamericana, en medios como El Montonero, El Reporte, el Diario Expreso, La Razón y Lampadia en el Perú, El Nacional de Venezuela y Patria de Marti en Estados Unidos, entre otros.

Ha sido directora de proyectos en diversas organizaciones, realizando trabajos de investigación social en áreas apartadas de la costa, sierra y en especial la selva peruana. Actualmente es directora de la Fundación Lima y directora para América Latina de la Fundación Liberty Plus.

Como empresaria ha incursionado en diversos sectores, como comercio exterior, construcción y gastronomía, desarrollando reconocidas marcas como Disdon, T'anta y Fusión. Su carácter observador la lleva a investigar y recopilar información que plasma en algunos proyectos editoriales.

En 2009 publicó varias ediciones del libro "Historias, Anécdotas y algunas recetas de la Gastronomía Peruana" originalmente en Castellano y en 2010, durante la Feria Mundial "Expo Shanghái", publicó su obra en mandarín e inglés, edición que se convierte en la primera publicación sobre gastronomía peruana en dicho idioma, reconocida por Gourmand International como el "Mejor libro de Gastronomía Peruana del 2010". En 2021 publicó el libro de poesía "Pensamiento tan sólo".